BIOGRAPHIE

DU

CLERGÉ CONTEMPORAIN

Imprimerie de A. APPERT, passage du Caire, 54.

BIOGRAPHIE
DU
CLERGÉ CONTEMPORAIN

PAR UN SOLITAIRE.

TOME PREMIER.

MM. Affre.— Olivier.— La Tour d'Auvergne.— Genoude.
La Mennais.— Combalot.— Frayssinous.— Lacordaire.
De Quélen.— Hohenhohe.— Siéyes.— De Géramb.

aris,

CHEZ A APPERT, IMPRIMEUR-ÉDITEUR,
54, Passage du Caire.

1841.

Au Souverain Pontife

GRÉGOIRE XVI.

Très Saint Père,

Cette œuvre, entreprise pour la gloire de l'Église dont vous êtes le chef, devait naturellement vous être dédiée.

Nous la déposons humblement aux pieds de Votre Sainteté. Puissions-nous voir s'abaisser sur nous un de ces regards qui confirment la foi en donnant le courage de persévérer, expression douce et adorable de la pensée de Dieu que vous représentez sur la terre.

Tel est le vœu le plus ardent de nos cœurs, soumis que nous sommes par toutes les puissances de notre être à vos jugements infaillibles, et aussi absolument disposés à rétracter ce qu'ils condamneraient qu'à nous réjouir de les avoir invariablement suivis.

Daignez agréer, Très Saint Père, avec le présent hommage, celui du respect, de la vénération profonde, et de la soumission sans bornes, avec lesquels nous avons l'honneur d'être,

de Votre Sainteté,

Les très humbles, très obéissants et très fidèles serviteurs,

A. Appert,
Éditeur.

Le Solitaire.

BIOGRAPHIE DE MES BIOGRAPHIES.

> Quand le courroux a deslogé raison,
> Il fait maint cas estrange en la maison.

Ces deux vers sont de Mélanthius, vieux poète tragique dont Aristophane s'est trop moqué dans *les Oiseaux*. Amyot, grand aumônier de France, les a traduits comme on voit.

Effectivement, la passion ne raisonne guère. Capricieuse et emportée, aveugle et superbe, timide et arrogante, égoïste par-dessus tout, elle se jette l'arme au poing sur chaque chose, parce que chaque chose lui fait peur; et tel est le dernier mot de bien des courages. Elle ne saisit des objets qu'un côté, souvent le pire; elle s'y heurte. De là une impression première et définitive, qui devient aussitôt une idée, un obstiné système; de là aussi l'impatience des contradictions, une lutte sauvage contre les résistances, et des désordres lamentables :

> Quand le courroux a deslogé raison,
> Il fait maint cas estrange en la maison.

En soumettant aux épreuves d'une biographie les

ecclésiastiques vivants, j'avais prévu ce qui est arrivé. Une bonne partie du Clergé comprit mon but, et l'approuva. La très faible minorité jugea qu'il n'y avait en ce point nulle révélation possible, si ce n'était au sens de Voltaire et de Lachalotais, ou du *Christianisme dévoilé;* elle me fit part de ses anxiétés.

Or, cette double manifestation détermine nettement mon point de départ et la ligne que j'ai suivie, appuyé constamment par des suffrages magnifiques, et rencontrant sous mes pas des oppositions qui, pour être petites, peu intelligentes et même entachées d'injustice, n'en sont pas moins respectables sous quelque rapport.

Je divise donc mon opuscule en deux parts: l'une relative aux reproches qui m'ont été faits, l'autre aux éloges que je suis fier d'avoir obtenus. Les accidents particuliers, les rectifications, tous les détails purement accessoires se rattacheront d'eux-mêmes au corps du sujet. Je ne veux me cacher de rien, ni du bien, ni du mal, ni même du médiocre, je citerai les pièces tout entières; je me confesse à mes lecteurs et autres dans toute la naïveté de mon âme.

J'ai mis en tête de ma notice sur M. Lacordaire une anecdote qui eût mieux trouvé sa place ici. Voyez la huitième livraison. Voici une lettre à la date de la quatrième :

« Vous avez entrepris une rude tâche, Monsieur, et vous n'en viendrez point à bout, je vous l'affirme. Le talent même que vous y mettez s'opposera au succès, aussi bien que votre esprit de modération et de sage critique. Vous louez trop le clergé pour plaire aux gens du monde, et ne le louez pas assez pour le contenter lui-même. Ce milieu qui conviendrait dans une galerie d'un autre genre n'est pas tenable ici. Les prêtres craignent le jour; c'est un tort, mais c'est un fait. La publicité leur a causé tant de mal, qu'on le leur pardonnerait vraiment, s'ils ne poussaient pas trop loin ces appréhensions. Vous ne leur persuaderez pas que, les temps et l'état des esprits étant changés, ce qui leur nuisait peut les servir. Le malheur, comme c'est la coutume, les a rendus soupçonneux et entêtés.

« Donc, Monsieur, mieux vous rédigerez vos biographies, et plus elles prendront d'essor, plus ils s'efforceront de les anéantir; ils ont pour cela des moyens latents d'une puissance inniable; plus vos allures seront franches, plus aussi leurs yeux y croiront deviner les machinations d'une hypocrisie raffinée et *assassine*. Ils diront, suivant le mot de l'Arioste, que vous les menez par une salle de bal à un cimetière.

« Ceci, Monsieur, est à l'effet de vous signifier encore qu'on vous trouve trop mondain dans la forme, trop feuilletoniste pour un théologien, trop théologien pour un rédacteur de biographies à six sous, trop véridique pour écrire l'histoire.

« Ferdinand-Thomas.
Architecte. »

Ces observations, aussi judicieuses que bienveillantes, durent me frapper; je les avais même pressenties. Mais fallait-il reculer devant une thèse dont chaque proposition, pour peu qu'on la prît à la lettre, impliquait essentiellement un flagrant-délit d'inconséquence de la part du clergé. J'eus un moment d'hésitation; je fis un retour sérieux sur ma conscience, et je discutai avec moi-même mes intentions. Ayant pesé les objections probables, je les trouvai, ainsi que je l'ai dit, méticuleuses, de peu de portée; bien mieux, j'y crus voir un motif d'aborder l'œuvre avec plus d'énergie et de persistance. C'était précisément contre les préjugés que je m'étais mis en campagne! préjugés du peuple qui méprise ou déteste les prêtres, dans leur vie publique dont il ne possède pas le sens, et dans leurs actions privées qu'il ne connaît pas du tout ; mais aussi, préjugés des prêtres qui s'abusent dans leur modestie et couvrent leur face d'un voile trop sombre, présumant mal de la pure vérité, dérobant au peuple un spectacle d'édification qu'ils lui doivent, et l'exposant, si plein de concupiscence et si faible qu'il est, à une foule de jugements téméraires. Je fis ensuite une opération décisive: je dépouillai les scrutins et je comptai les votes; je gagnais la partie dans la proportion de cent contre un, résultat immédiat et incessamment obtenu jusqu'aujourd'hui. Suivant les mesures légales et naturelles, cette épreuve me suffisait donc; je m'en tins à elle par surabondance de raison, et je repris ma plume.

La Biographie de M. de La Mennais avait paru ; je commençais celle de M. Combalot, lorsque mon éditeur reçut d'Orléans la lettre suivante :

« J'ai lu avec un plaisir infini les notices de MM. Affre, Olivier, Latour-d'Auvergne et La Mennais, faites par un Solitaire. Si je connaissais l'auteur, je le féliciterais sur sa manière de dire et d'écrire la vérité ; sa doctrine me semble aussi pure que ses intentions, et ses réflexions aussi orthodoxes que spirituelles. Qu'il continue de marcher dans cette voie, et il aura bien mérité de l'Église.

« P. LEJEUNE,
« Curé de St-Marc, près Orléans. »

Un témoignage pareil m'est singulièrement précieux, d'autant que l'homme dont il émane ne soupçonnait en aucune manière que ce fût telle ou telle personne qui se cachât sous le nom de *Solitaire*, et ensuite par la raison que M. l'abbé Lejeune est un bon prêtre et un bon théologien. Je le dis, et je pourrais le jurer, dans cette lettre si flatteuse pour moi, rien ne m'a causé autant de bonheur que ces mots : *Sa doctrine me semble aussi pure que ses intentions. Ses réflexions sont orthodoxes.* Un peu auparavant, dès mon début, j'avais lu en tête des souscripteurs le nom de M. Morlot, l'Ordinaire de M. Lejeune et l'un des membres distingués du jeune épiscopat français. J'écrirai bientôt sa vie toute pleine de bonnes et belles actions. Je montrerai comment, après la gestion maladroite et déplorable de son prédécesseur, il pourrait réparer un diocèse épuisé, et comprimer avec prudence des abus pour les anéantir tout-à-fait par la suite.

Le 10 et le 21 décembre 1840, M. Axinger, chanoine de Strasbourg, nous écrivait, et certes sans aucune provocation de notre part :

« Je vous offre ma collaboration... Veuillez me faire connaître si mon offre peut vous agréer... Je rédigerai mes notices d'une manière, autant que possible, conforme à celles qui ont paru. »

M. Axinger est un des rédacteurs de l'*Univers religieux* ; ses articles, frappés au coin de l'érudition et de la grâce, n'ont pas peu contribué à faire la réputation de ce journal. En me proposant sa collaboration, l'habile écrivain m'encourageait bien puissamment à continuer mon entreprise, et ratifiait par le fait tout ce que j'avais écrit jusque-là. Je compte son suffrage parmi les plus doux qui me soient acquis,

— VIII —

et je regarderais comme une grande faute et un malheur de le perdre.

Plusieurs lettres fort explicites m'ont été adressées par de vénérables prélats, je me plais à citer les suivantes :

« Evêché de Montauban (M. de Trélissac).

«Montauban, le 12 juin 1 41.

« Monsieur,

« Avec des intentions aussi droites que les vôtres, et avec une aussi admirable impartialité, vous ne pouvez faire que beaucoup de bien. Je suis heureux dans ma vieillesse de voir rendre au clergé toute justice. Vous faites bien de séparer toujours l'homme de la doctrine, quand la doctrine appelle l'anathême. Qu'il y ait toujours grace pour l'homme, c'est une pensée que, moi aussi, je bénis (1). Je recommanderai votre ouvrage au clergé de mon diocèse ; de ses mains il passera dans celles des fidèles.

« Je suis avec dévouement,

« Monsieur,

« Votre très humble et très obéissant serviteur,

« † JEAN, Évêque de Montauban. »

« Evêché de Saint-Flour (M. Margueris).

« Saint-Flour, le 8 juin 1841.

« Monsieur,

« L'œuvre que vous entreprenez demande du courage ; ne vous laissez point abattre ; et en la conduisant à bon terme, vous aurez bien mérité de la religion et de la société. Les préventions que nourrissent beaucoup d'hommes contre le clergé disparaîtront

(1) Voir la lettre de M. l'archevêque de B....

devant les faits honorables que vous signalez. Vos notices sur MM. de Ravignan, Olivier Lacordaire et de Genoude, m'ont ravi; et toutes m'ont édifié.

« Recevez l'assurance de mes sentiments très distingués,

« † FRÉDÉRIC, Évêque de Saint-Flour. »

Je m'arrête pour ne pas remplir de citations l'espace qui me reste. D'autres personnages m'ont écrit; je n'attends que l'occasion de les nommer; j'ai lieu d'affirmer que, du trône le plus glorieux où il soit donné à l'homme de parvenir, un regard de complaisance s'est abaissé sur mes faibles efforts. Des littérateurs en renom, des hommes du monde, des protestants, des israélites ont bien voulu joindre leur témoignage à ceux qui précèdent.

Un rédacteur de la *France*, M. Frapier, vient de m'écrire à son tour.

Mon cher Monsieur,

J'ai trop tardé à vous remercier de votre volume de Biographies; c'est bien assez que l'encombrement politique m'ait empêché jusqu'à ce jour de m'en occuper dans le journal. Votre travail a un côté surtout qui le distingue de toutes les autres publications du même genre, c'est la partie scientifique. Ceux qui ne connaissent pas l'auteur du *Clergé contemporain*, et qui vous croient un docteur émérite, blanchi dans les études de la vieille Sorbonne, peuvent trouver tout simple ce luxe de connaissances techniques dont vos *Biographies* sont si riches. Quant à nous, pour qui le mystérieux *Solitaire* n'a aucun voile, c'est autre chose; et nous rendons d'autant plus hommage à vos brillantes études, qu'il est plus rare de les rencontrer dans un écrivain de votre âge. Vous savez que nous différons essentiellement, vous et moi, dans certaine question philosophique dont les débats ont funestement réagi sur une partie du Clergé contemporain. Vous ne vous étonnerez donc pas si je ne souscris pas à tous vos jugements. Il est vrai que vous condamnez l'erreur aussitôt qu'elle devient une révolte contre l'Eglise ; mais, dans mon opinion, vos ménagements pour l'école d'où elle est sortie, ressemblent trop à à une prédilection... Je m'arrête ; j'oublie que je vous écris seulement pour vous remercier, et que j'aurai lieu de vous dire ailleurs toute ma façon de penser. Vous voyez déjà que nous ne serons pas toujours d'accord.

Adieu, E. Frapier.

Ce 14 Mars.

Un prêtre, dans toute l'étendue de ce nom que les Pères appellent *Surcéleste, supercœleste vocabulum*, M. l'abbé Rousseau m'a fait l'honneur de m'adresser la petite lettre qu'on va lire, et que je conserverai toute ma vie comme le plus précieux des titres de famille.

« Votre Biographie se répand partout. Je ne doute pas que cet intéressant ouvrage ne soit destiné au plus grand succès : toutes les personnes qui le lisent en sont enchantées. »

« Rousseau.
« Curé de Villorceau, près Orléans. »

En regard de ces lignes toutes parfumées de bon vouloir et d'indulgence, je placerais quelques billets anonymes, s'ils ne contenaient des invectives ordurières et des expressions de vil prix. J'aime mieux reproduire la lettre que m'écrivit un calviniste de Soissons, le 12 novembre

« Vous me permettrez de penser, Monsieur, qu'en considération du mobile qui me fait agir, cette lettre ne sera pas une indiscrétion commise. C'est avec plaisir que j'ai vu paraître une Biographie contemporaine du Clergé catholique. Mon intention serait d'en publier une des ministres célèbres de l'Eglise réformée. Nous pouvons nous entendre si vous voulez. Disons la vérité de part et d'autre, cela suffit ; et j'ose vous porter un défi amical.

« Je m'explique. Trop long-temps les prêtres romains ont répondu à nos raisons par du mépris ou en se bouchant les oreilles. Ils nous ont attaqués dans leurs chaires, lorsque la réplique était impossible. Voilà pour un point; pour l'autre, ils ont fait un cas de conscience à leurs fidèles d'examiner soit nos livres, soit nos paroles, soit nos actes. La guerre, je suis forcé de le dire, n'était pas loyale de cette façon. Nous en avons gémi, Monsieur; nous ne demandons qu'à être connus.

« Puisqu'aujourd'hui vous faites preuve de franchise, en des matières qui tombent plus précisément sous le sens des plus simples, j'espère. J'ai vu, par vos premières notices, que vous étiez sincère comme un homme convaincu ; et j'ai résolu de m'adresser à vous, sans savoir qui vous êtes.

« Dites toujours la vérité sur les faits, qu'ils soient bons ou mauvais; je prends à votre égard le même engagement; et si, à la fin de votre collection, les résultats se trouvent militer en faveur des prêtres catholiques, je ne vous dis pas, mais vous pouvez prévoir ce que je ferai et ce que d'autres feront avec moi.

« Ma lettre est déjà longue, et j'aurais encore à vous dire bien des choses. Ce sera pour une autre fois. Votre intelligence suppléera aux développements qu'il eût fallu donner à ma pensée. Qu'il me suffise de vous dire ceci :

« Nous croyons que les prêtres romains ne sont pas des hommes convaincus de ce qu'ils enseignent ; nous croyons même que leur vie est une contradiction palpitante de leurs paroles.

« Je désire, Monsieur, que vous receviez cette lettre avec l'esprit qui l'a dictée.

« CHARTON-FOSSET. »

Je laisse à mes lecteurs le soin de juger cette pièce. De prime abord, l'idée me vint que ce pourrait bien être un piège. Je pris des informations, et je sus que mes doutes étaient injustes. Que faire? J'ai pour conseils un certain nombre d'ecclésiatiques haut placés, et d'hommes du monde dont l'intégrité n'est pas moins remarquable que la prudence et le talent; je portai la cause à leur tribunal. Ils donnèrent une décision bien simple : « Continuez; vous êtes dans les termes du programme. » J'attends la Biographie protestante de M. Charton, et je livre au jour les observations de M. Copplett, israélite de Paris :

« Je m'abonne à la *Biographie*, moins pour la satisfaction de lire de belles choses dites en beau style qu'afin de savoir la vérité sur vos prêtres. J'en ai connu de bien haïssables, j'en ai vu qui étaient des hommes du monde charmants ; mais je leur trouve à tous bien peu de science et surtout beaucoup d'intolérance et de fiel. On les dit hypocrites, tonnant contre les immoralités et s'y livrant, prêchant le jeûne et faisant bonne chère. Défendez-les, si vous pouvez, car c'est avoir beaucoup fait pour prouver une doctrine que de montrer que ceux qui la pratiquent sont bons. Si vous parlez vrai, je ne crois pas que vous en veniez là.

Oserais-je bien, Monsieur, vous demander une petite audience pour un de ces jours.

VOLFG. COPPLETT.

L'entrevue ayant eu lieu, j'ai su jusqu'à quel point les personnes les plus sensées et les plus instruites s'abusent sur la vie intérieure des prêtres chrétiens, et j'ai pu mesurer l'étendue des maux qui en résultent pour l'église. M. Copplett, depuis deux ans, se livre à une étude approfondie *des origines* du Christianisme et du Mahométisme. Il inclinait, dit-il, vers la *foi papale*, plutôt que sur un autre point.

« Les épreuves cruelles que le clergé catholique a subies, dit M. Cherbuliez, n'ont pas été sans fruits avantageux pour lui. Il a trouvé dans la révolution un creuset terrible, sans doute, mais dont il est sorti plus pur et, par conséquent, plus vigoureux qu'avant ; les apôtres de la liberté n'ont pas craint d'appeler à leur aide l'intolérance la plus cruelle. Mais leur puissance éphémère ne pouvait renverser une église si fortement constituée, et celle-ci est sortie de la lutte plus brillante et plus respectée. Aujourd'hui, le bon prêtre qui comprend sa mission et s'en montre digne, qui se renferme dans la haute sphère de son sacerdoce, obtient, à quelque secte qu'il appartienne, la considération publique, et peut exercer une influence salutaire sur le mouvement social. La tolérance a fait plus de chemin dans le domaine des idées religieuses que dans celui des opinions publiques.

«La *Biographie du Clergé contemporain* nous paraît offrir la preuve de ce double progrès par lequel le prêtre est devenu tout à la fois plus estimable et plus estimé. En effet, rédigée *avec un esprit de complète impartialité*, elle nous fait voir dans les membres du clergé des hommes sujets comme les autres à l'erreur et aux faiblesses, mais généralement distingués par leur supériorité morale et intellectuelle. Elle nous introduit dans le sanctuaire de leur vie privée, et si nous y retrouvons quelques traces de légèreté, d'inconséquence, ces ombres inséparables de la nature humaine sont partout effacées par la pratique des vertus chrétiennes. Les noms de Frayssinous, de Quélen, de Genoude, Affre, Hohenlohe, etc., sont également vénérés par toutes les ames pieuses, et toute controverse cesse lorsqu'il s'agit de rendre hommage à leur zèle religieux. Parmi ces biographies, en général sobres d'incidents et d'aventures, il en est quelques-unes qui offrent un intérêt plus vif, parce qu'elles résument assez bien le mouvement actuel des esprits et nous fournissent les éléments d'une histoire ecclésiastique de notre époque. Au premier rang se place celle de M. de La Mennais. L'histoire de cet homme de génie est une énigme dont lui seul, sans doute, sait le véritable mot; mais si le *Solitaire* n'a pu le deviner, du moins il nous met, autant que possible, sur la voie des recherches par un exposé très bien fait des étranges vicissitudes de la pensée qui ont conduit l'éloquent abbé à se déclarer tour à tour le plus ardent soutien et le plus fougueux adversaire de la puissance du pape. Sans partager nullement les opinions actuelles de M. de La Mennais, il ne peut s'empêcher d'admirer son beau talent, et c'est un hommage bien justement rendu à l'un des premiers écrivains de notre temps. Mais nous regrettons qu'il n'ait pas donné plus de développement à l'histoire des idées, qu'à celles de l'homme ; il est vrai que la place lui manquait, le nombre de pages étant limité d'avance, et chaque biographie ne devant former qu'une seule livraison.

Je remercie du fond de mon cœur M. Cherbuliez et parce que son témoignage, comme critique littéraire, est d'un grand poids à mes yeux, et par une autre raison que voici : c'est qu'il y a là un protestantisme très étonnamment catholique. Je songe au mot de Liebnitz : *Usque dùm alterius orbis via puteat inter catholicos et inviti sumus.*

Vous voyez, cher lecteur, qu'après vous avoir annoncé une division bien catégorique, je n'en ai tenu compte. Les évènements se sont présentés pêle-mêle, et je les ai rangés ainsi ; qu'importe donc ? Voici le mal, voilà le bien ; partout est la vérité ; rien n'est obscur ou ambigu ; vous n'en demandez pas davantage. Jusqu'ici donc, vous avez eu l'histoire générale et à vol d'oiseau de la Biographie ; disséquons-la maintenant notice par notice, faits par faits, mots par mots.

PREMIÈRE LIVRAISON. M. AFFRE.

A ce propos, de grandes questions furent soulevées : Pourquoi si peu de faits dans cette notice ? Convenait-il de rapporter les deux discours de M. Affre à Louis-Philippe, puisqu'il en résultait une contradiction fâcheuse ? était-ce enfin chose opportune que d'appeler la restauration des officialités diocésaines ?

Je réponds :

En vous plaignant de la rareté des faits, vous vous permettez contre M. l'Archevêque la plus sanglante satire. d'un côté, je défie qu'on en trouve d'autres ; je vous provoque vous-même ; pouvais-je donc en inventer ? De l'autre, on se demandera, vu vos observations, comment avec des antécédents si vides de réalités, M. Affre parvint au premier siége du royaume ; et on ne le devinera pas ; ou, les suppositions venant à surabonder, Dieu sait où leur flot s'arrêtera.

J'ai constaté par des citations que M. Affre tour-à-tour avait tenu rigueur à Louis-Philippe, et l'avait amoureusement complimenté. Est-ce faux ? ai-je interverti les dates ? prouvez-vous le contraire ? Qui, de vous ou de moi, veut exprimer le poison de cette révélation multiple ? de moi qui expose bonnement et sans commentaire l'état des choses, de vous qui signalez traîtreusement les oppositions à la critique irréligieuse, sous couleur de blâmer le biographe.

Quant à la question des tribunaux ecclésiastiques, nul que je sache n'allègue une véritable raison contre elle. On la dit inopportune, mais on n'explique pas pourquoi. Il y a plus ; j'affirme que sur trois cents ecclésiastiques, ou à très peu près, que j'ai vus depuis six mois, je n'en ai pas trouvé un seul en opposition avec moi sur ce point, pas un qui ne soutienne chaleureusement que l'absence de ces officialités est une plaie pour toute l'église; et je voudrais crier sur les toits que M. Affre a plaidé pour la même cause dans son traité *de l'administration des paroisses*. J'ajoute que déjà plusieurs évêques ont manifesté par des actes leur manière de voir à ce sujet. De toutes parts, on annonce que les juridictions dont il s'agit se reconstituent plus ou moins intégralement. On m'écrit d'un diocèse voisin de Paris.

« Monseigneur n'a pas pensé que la Biographie ait tort. En lisant la notice sur M. Affre avec ses grands vicaires, S. G. s'est arrêtée, et a dit : « J'y songerai. » Huit jours après, nous avions une officialité dont M. D..... fut nommé promoteur, M. P..... Greffier, etc., etc., ce n'est point encore un tribunal, mais la réalité suivra la fiction. C'est un acheminement, et c'est beaucoup.   M.....

M. Olivier, en déclarant à ses diocésains, lors de son arrivée dans Evreux, qu'il n'admettrait aucune dénonciation sans preuves, a fondé aussi définitivement un tribunal ecclésiastique suivant toutes les règles anciennes. Il en sera fait mention dans une édition nouvelle de sa biographie; en attendant, je salue avec bonheur une action si courageuse et si digne d'être imitée.

Ne voulant pas supposer qu'on eût des raisons de m'accuser gratuitement, j'ai souvent cherché jusque dans les replis de la plus petite phrase si quelque chose y donnait lieu à des interprétations défavorables; je n'ai jamais trouvé ce que je cherchais.

— XVIII —

Or savez-vous quelle idée me survint? J'imaginai que mes critiques se vengeaient en changeant de rôle du peu d'accueil que j'avais fait à leurs dénonciations.

Mutemus clypeos, Danaûmque insignia nobis
Aptemus.   Virg. *Enéide.*

Les uns m'avaient écrit; les autres, à force d'instances, étaient parvenus à me voir. Plusieurs avaient osé me représenter M. Affre sous des couleurs fort défavorables. Ils alléguaient ses éternelles transmigrations. Ils juraient que le Clergé voyait ce nouveau venu d'un œil ennemi. Or, je n'aime pas plus les dénonciations que M. Olivier, et j'en ai fait bonne justice.

2ᵐᵉ LIVRAISON. M. OLIVIER.

J'ai dit que M. Olivier naquit rue des Arcis; c'est une erreur. Il est né rue Saint-Honoré, d'un marchand de cristaux et de porcelaines.

« Vous semblez insinuer, écrit un anonyme, en parlant de M. Olivier, qu'il est le fils de M. de Quélen ; c'est abominable, une pareille insinuation! »

Pour l'honneur de sa conscience ou de son bon sens, l'auteur de la lettre a bien fait de cacher son nom. Je n'ai, certes, pas l'envie de m'amuser à tuer un mort. Je copie simplement les passages incriminés.

On lit à la page 42. « Cet excellent homme (Le père de M. Olivier) n'a pas du tout l'air de songer que son fils soit l'obligé d'un autre pour ce qui est de l'existence. » Et je renvoie à la page 50 où se trouvent ces mots: « Ceux qui ont pu lire dans les antécédents de M. Olivier, et jusque dans les traits de son visage qu'évidemment le sang de M. Quélen coulait dans ses veines, ceux qui font si bon marché des convenances, de l'honneur d'autrui, du leur, et du sens commun..... » Est-ce là dire que M. Olivier est le fils de M. de Quélen ? en vérité je rougis de répondre à des tracasseries de cette espèce.

Mais pourquoi en parler ? Ici je m'explique.

S'il s'agissait d'un bruit sourd, d'une noire calomnie comme il en circule tant parmi le peuple, je concevrais la question. Dans l'espèce, il en est autrement. Ce qu'il faut demander, c'est comment et pourquoi cette absurdité, si révoltante qu'elle soit, a pris cours et s'est enracinée dans une certaine opinion publique, à ce point que des années ne suffiront pas pour la détruire. Or, c'est un fait constant, dont personne ne peut douter. Pouvait-il se faire qu'un biographe le laissât passer inaperçu ? Et surtout, devait-il donc s'exposer aux soupçons les plus injurieux et les plus ridicules, pour peu qu'il y fît allusion ? Je n'insiste pas.

Une autre objection se tire de mes humbles remontrances sur les scènes musicales de Saint-Roch. Ma thèse se défend assez d'elle-même. En tous cas, si j'en appelais au jugement du Clergé et des âmes pieuses et raisonnables, l'opinion contraire prévaudrait-elle ? Les vrais artistes eux-mêmes ne sont-ils pas de mon avis ? Mes désirs ne sont-ils pas ceux de tout le monde, hormis M. Olivier et quelques amateurs dont la compétence est fort contestable ? Oui, je préfère le plain-chant, pour l'Eglise, et même *in se*, comme disent les scholastiques, aux livrets d'opéra. Nous sommes d'ailleurs assez riches sur un point, pour dédaigner l'autre, à part les raisons morales et logiques *à personarum conditione et fine*. Une messe de Dumont ou de M. l'abbé Le Guillou renferme plus de réelles beautés que toutes les admirables compositions de Meyer-Beer et de Rossini.

Ai-je maltraité M. Olivier? Je l'ai flatté.

La seule chose que j'aie dite au désavantage de M. Olivier fait l'éloge de M. de Latour d'Auvergne, et j'en suis heureux.

TROISIÈME LIVRAISON.

« En parlant de M. le curé de St-Roch, nous avons admiré, sauf restriction, la manière dont il officie. M. le cardinal de la Tour-d'Auvergne, avec une supériorité physique qu'on ne saurait contester, réunit à un degré pareil les mêmes avantages. La foule afflue aussi pour le voir à l'autel, et n'est distraite de ses pieuses émotions par aucune musique d'opéra. »

On peut valoir moins que M. le cardinal, et valoir encore beaucoup; eh! je n'ai point empêché que M. Olivier fut nommé évêque d'Évreux.

Croirait-on cependant que cette partie de mon œuvre n'a pas été non plus exempte de blâme. Les critiques eussent voulu moins de condescendance pour ce qu'ils appellent les variations politiques de M. de La Tour-d'Auvergne. Eux qui se plaignaient de la disette des détails, les voilà qui trouvent étranges ces lignes de la page 96 :

« M. le cardinal est un très bel homme, incontestablement le plus bel évêque de France. Il a cinq pieds six pouces, la tête superbe, une main modèle, la jambe et le pied de Louis XIV. »

Dans la notice de M. Combalot, des choses pareilles les ont scandalisés :

« Avouons pourtant qu'il a ses faiblesses de friandise, et qu'il aime le tabac; dénonçons sérieusement à l'univers ses penchants pour le bouillon de veau et les pommes cuites dont il fait une consommation fabuleuse, et cette jolie tabatière d'argent, etc., etc. »

M. Henrion trouve charmant de se boucher les yeux et les oreilles pour dire : Nous ne voyons et n'entendons point que le Solitaire a voulu faire diversion au sérieux continu de son livre, que ces légers détails frappent davantage par leur opposition à des traits magnifiques; qu'il est bon, pour se faire lire, d'amuser les gens peu éclairés, de plaire aux enfants, de dérider aussi le front des vieillards; que rien n'est indifférent de ce qui touche à de grandes existences, que ces feuilles sont, comme l'a dit un écrivain spirituel, des satellites de la grande histoire, des indiscrétions du coin du feu où les annalistes futurs auront leur choix à faire selon qu'ils l'entendront; et enfin, si j'ose employer ici l'autorité d'un grand nom, que Tacite lui-même, dans la vie d'Agricola, ne dédaigne pas des particularités plus minutieuses encore. Mais, direz-vous, M. Henrion a-t-il lu Tacite ?

Je confesse qu'il y a une erreur à la page 86 :

« En présence de l'évêque et du chapitre, chacun discute à son tour et librement une thèse donnée; successivement aussi chacun monte dans la chaire et prononce un discours. »

Ce n'est point ainsi que les choses se passent. M. le cardinal fait venir un prêtre quelconque, à une époque déterminée, pour prêcher à la cathédrale; et là il juge de ses études et de son mérite. M. Du Pont n'en fait pas moins à Avignon.

— XXII —

Depuis quelque mois une sentence de Cour royale m'a forcé de modifier aussi le passage relatif au cœur du Premier Grenadier de France. Il est actuellement entre les mains des Kersausie.

Cette notice est du reste une de celles qui m'ont valu les plus nombreux suffrages.

J'ai eu l'insigne honneur de faire une visite à Son Eminence, lors de son voyage à Paris pour le sacre de M. Affre; et j'ai reçu, par l'entremise du vénérable M. Herbet, le témoignage de son auguste satisfaction.

QUATRIÈME LIVRAISON.

J'ai dit que M. de Genoude avait perdu sa mère, et qu'il avait été ordonné prêtre par M. de Quélen; c'est une double erreur : je reconnais la première avec autant d'empressement que de plaisir. Que le bon Dieu donne à cette vénérable dame, et au centuple, les jours que je lui avais enlevés d'un coup de plume. Pour réparer la seconde erreur, je dois dire que M. de Genoude a reçu la consécration sacerdotale des mains de M. Blanquart de Bailleul, évêque de Versailles.

On dit que j'ai choqué M. de Genoude en le comparant à un aumônier de régiment.

« La barbe qui ombrage la partie supérieure de ses joues, en ajoutant à la mâle fierté de ses traits, lui donne aussi un peu trop l'allure typique d'un aumônier de régiment. »

Comme ce n'est point ici une question de dogme, je me contente de livrer le passage à l'appréciation des experts, et je vous prie de remarquer que, pour avoir été un aumônier de régiment, on n'en est moins apte à devenir une des gloires de la chaire catholique ; M. du Guerry et d'autres l'ont bien prouvé.

CINQUIEME LIVRAISON.

Puisque j'ai vu M. de La Mennais, je quitte M. de Genoude.

Dès la première livraison, les critiques avaient murmuré : c'est encore un mennai-ien ; l'*Ami de la Religion* n'en voulut pas davantage pour fulminer. Mais quel était ce mennaisien ? Un prêtre insoumis, disait M. Picot ; un professeur de l'Université, disait un autre. Chose pyramidale, et qui me flatta monstrueusement, on osa nommer, après M. Combalot, M de Salinis, M. Orsini et M. de La Mennais lui-même ! On monta jusque-là ; et on redescendit jusqu'à un échappé de sacristie. On n'a pas encore été jusqu'au suisse de Notre-Dame... Enfin, où prenait-il ses informations, ce Solitaire ? Était-ce donc un faux-frère ? Les critiques se soupçonnaient entre eux ; j'aurais vu sans m'étonner que chacun se soupçonnât lui-même, tant l'impatience était grande et furieuse ? M. Estienne jeune, mon éditeur d'alors, homme de discrétion, était entouré d'un siège en forme, et se barricadait dans son comptoir et son silence, comme le fait maintenant mon autre éditeur et ami, M. Appert. Les critiques en ont été pour leurs conjectures.

Le Solitaire n'est rien de tout ce qu'on a dit. C'est un être abstrait, une idéalité ; ou, si l'on veut, il a étudié depuis quatorze ans la théologie, ce bonheur de son existence ; et il n'est pas prêtre. Il n'est point un faux frère ; il n'est ni pauvre ni riche, mais indépendant par le fait, comme par le fond de sa nature. Le Solitaire est un de ces hommes qui en ont vu plus qu'ils n'osent ou ne veulent en dire ; mais qui ne disent rien qu'ils n'aient vu. Il vit dans le tourbillon du monde, et assiste aux plus secrets conciliabules des ecclésiastiques. Le *Solitaire*, c'est la *Biographie du Clergé contemporain*; c'est la vérité. Que vous faut-il de plus ?

Il n'a pas pris en main la cause de la révolte ; il vous a dit : « Quand M. de La Mennais suivait les droites voies dans la force de son génie, vous l'avez décrié comme *toute lumière venant en ce monde*. Vos persécutions l'ont lassé, parce qu'au fait il était un homme. Les erreurs où il s'est précipité, je ne les approuve pas; mais je n'insulte pas non plus, comme vous le faites, à sa chute. J'espère, parce que Dieu est miséricordieux ; je prie, parce que j'espère ; et je me voile la face de honte en vous voyant, par des hourras sataniques, encourager les vers à ronger ce vénérable cadavre. Lisez encore les belles paroles de MM. les évêques de Montauban et de Saint-Flour.

Rogum vino ne respergito, dit la loi des Douze Tables.

Avant de passer à la notice de M. Combalot, je constate qu'il a existé autrefois un abbé de La Mennays, auteur d'un *Examen sur l'histoire des diables de Loudun :* je dois à M. Madrolle la découverte assez curieuse de cet homonyme.

SIXIÈME LIVRAISON.

M. Combalot a écrit ses lettres plus contre lui-même que contre M. de La Mennais. Expliquer par un motif de charité sacerdotale les passages où il lui reproche d'avoir fui à Rome, non pas pour consulter le Pape, mais pour fuir les gardes du commerce, ce serait une dérision. Je maintiens donc mon dire; je proclame hautement que la belle vie de M. Combalot souffrira de cet incident, et qu'il y a là bien des repentirs.

Je me hâte de rayer le nom de M. Rohrbacher, compris à tort parmi ceux qui n'ont protesté qu'avec réserve contre leur ancien maître. J'arrête maintenant mes regards sur M. Frayssinous. Son existence, bien qu'elle présente aussi quelques agitations, semble calme et limpide auprès de cette autre existence, l'une des plus orageuses dont l'histoire ait conservé le souvenir.

Mais je vous annonce que M. Combalot prêchait à Rome dernièrement, et que S. S. Grégoire XVI l'a nommé vicaire apostolique.

SEPTIÈME LIVRAISON.

Sur cette notice, aucune réflexion n'a été faite au Solitaire, sinon qu'elle contient une citation trop longue. Je m'incline, et j'avoue qu'il aurait mieux valu remplir l'espace avec des faits. Cette faute peut se réparer. Je promets d'y pourvoir au plus tôt.

Avant d'aborder M. Lacordaire, il me semble à propos de placer ici certaines observations typographiques. La loi qui punit des fers, ou d'autres supplices pareils, les vols avec effraction, n'a pas prévu le cas où je me trouve. Des compositeurs se sont rencontrés, doués d'une étourderie raffinée et d'une main néfaste, qui m'ont dilapidé en saccageant mes manuscrits, mettant des v à la place de mes i, des virgules là où étaient mes points, comme on remplace des sous par des cailloux, et me laissant là tout meurtri et défiguré. Que sera-t-il fait à ces compositeurs avant le jugement dernier ?

Ainsi, j'avais écrit :

M. Frayssinous, en dépit de ses ennemis quand même, n'a jamais été odieux à ce qu'on appelait le parti libéral sous la restauration, sur des exceptions que j'ai, ou à peu près, signalées. — Sa politique procédait de la probité.

Ils ont imprimé :

M. Frayssinous, en dépit de ses ennemis quand même, n'a jamais été odieux à ce qu'on appelait le parti libéral sous la restauration. — Sauf des exceptions que j'ai, ou à peu près, signalées, sa politique procédait de la probité.

Au lieu d'un éloge, bien juste du reste et bien mérité, c'est tout simplement une grossière injure qu'ils m'ont fait dire à M. Frayssinous.

Dans la notice de M. Combalot; j'ai écrit, en parlant de M. Henrion :

Puisse M. Picot, en même temps qu'il laisse à des mains non moins capables que les siennes l'Ami de...

Ils ont imprimé :

Puisse M. Picot, en même temps qu'il laisse à des mains moins capables...

Et ils ont l'audace de soutenir cette dernière version.

A la page 179, au lieu de *elle*, qui n'a rapport à rien, lisez : *la cour de Rome*. A la page 220, lisez : *Espalior* et non pas *Espalier* (7ᵉ ligne). A la page 288, lisez : *mandat* et non *mendat* (12ᵉ ligne). A la page 396, ne dites pas : *Genovéans*, dites : *Genovéfains*.

Il a paru une seconde édition de cette notice.

HUITIÈME LIVRAISON.

On m'objecte que le frère aîné de M. Lacordaire n'est pas positivement ingénieur, bien qu'ayant dirigé les travaux d'un canal fameux ; et moi je demande ce que fait cette erreur, si c'en est une, au corps de la biographie. — A quelles fins rappeler que M. Lacordaire fut irréligieux et même athée ? c'est d'abord pour glorifier la puissance de Dieu ; ensuite parce que saint Augustin, dans ses *Confessions*, s'accuse des mêmes extravagances ; parce qu'il y a un motif immense à ces conversions-là, et que bien des jeunes gens, en méditant ce motif, pourront suivre M. Lacordaire dans sa voie ; parce qu'enfin j'écris de l'histoire, et que telle est la vérité.

Pour pousser jusqu'au bout la chicane, les critiques déplorent le mauvais goût du Solitaire dans ses prédilections scientifiques. Où a-t-il pris, disent-ils, que M. Guillemin fût un grand avocat, et surtout un homme érudit et un poète ? M. Guillemin parle mal et péniblement ; s'il a composé des espèces de livres, c'était pour commettre les plus étranges bévues en linguistique et en histoire ; c'était pour parodier, de la façon la plus burlesque, les psaumes et le divin Cantique des cantiques.

Quoi qu'en disent mes adversaires, je n'ai pas encore effacé ce que j'ai écrit sur M. Alexandre Guillemin ; je ne veux pas même savoir qu'ils ont raison ; et, si je me trompe, j'aime assez mon illusion pour la conserver. Quand j'aurais exagéré l'importance d'un homme, quel mal y a-t-il ? encore une fois, que conclure de là contre la *Biographie du Clergé contemporain*, et celle de M. Lacordaire spécialement ?

Grandes exclamations !!! — A la page 235 (ligne 17) l'œil s'arrête sur cette phrase : « *Il n'est malheureusement pas ordinaire de trouver, parmi les jeunes ecclésiastiques, des hommes aussi distingués que l'était le nouveau venu.* » Y êtes-vous ? Il a censuré la tenue des séminaires ! Il a dénoncé l'ignorance du jeune clergé ! Il est injuste et diffamateur !

Non, le Solitaire n'est point injuste. Il croit, parce qu'il le sait, qu'à leur sortie des études, les clercs ne savent presque rien, même en théologie ; pas un sur cent ne possède l'histoire et la géographie aussi bien qu'un collégien de quatrième. Étrangers aux connaissances les plus vulgairement répandues dans le monde, et forcés par état de fréquenter les classes éclairées aussi bien que la partie obscure du peuple, ils s'exposent à des déboires continuels et à des humiliations de toutes sortes. J'ai entendu de mes oreilles un vicaire de cathédrale, qui enseignait le catéchisme aux enfants, leur dire : *Le diacre Pâris était un prêtre protestant ;* un autre placer *Constantinople au Japon ;* un autre traduire le mot latin *Aristoteles* par le mot français : *Aristotèle*, et s'enquérir de la qualité de cet allemand-là. Cela est incroyable, mais cela est. A Dieu ne plaise que je répudie les exceptions. Certes, les hommes dont je trace la vie seraient là pour protester contre moi ; on pourrait citer après eux beaucoup d'illustres intelligences nées et formées au sein du Clergé. Mais j'en induis uniquement qu'ils se sont éloignés de la misère commune ; et je n'ai pas besoin de dire ce qu'il leur en a coûté. Plus tard, l'occasion se présentera de donner à toutes ces idées plus de développement, car je réserve une place dans ma galerie aux Jésuites, aux Lazaristes, aux Sulpiciens, et à tous les corps enseignants des maisons ecclésiastiques.

En rendant au génie oratoire de M. Lacordaire une justice éclatante, méritée, j'ai admis des tempéraments comme toujours, attendu que nul n'est parfait, si ce n'est Dieu. J'ai dit, page 274 (ligne 10): *Je doute... qu'en une matière quelconque, M. Lacordaire fasse jamais bien un grand ouvrage. Son genre est excellemment la soudaineté ; il a de l'illumination, des aperçus brillants, des échappées saisissantes; il a beaucoup d'esprit, mais mon avis est qu'il manque vite d'haleine quand il est à la poursuite des idées ; il n'en a pas amassé une somme suffisante pour traverser sans crainte une longue étendue. Le peu qu'il a, il le délaye et l'épuise en combinaisons intarissables de mots souvent magnifiques, souvent étranges. Un livre de M. Lacordaire n'est pas possible.*

« Rien de plus vrai, réplique un séide de M. Lacordaire ; mais il ne fallait pas le dire. » L'ami et la réplique sont jugés.

Fallait-il dire avec l'*Univers* que M. Lacordaire s'est mis à la tête de la littérature contemporaine en publiant la vie de saint Dominique; et que décidément, après son dernier discours de Notre-Dame, il est le premier orateur du monde ? J'aurais bien plus fait tort à M. Lacordaire. L'exagération de la vérité touche à la négation absolue; comme on le répète depuis Adam : les extrêmes se touchent.

En somme n'ai-je pas plutôt flatté que rudoyé M. Lacordaire? Dans un parallèle étendu entre M. Frayssinous et lui, n'ai-je pas donné au jeune homme la préséance? Est-ce un rôle désavantageux que le sien au vis-à-vis de M. Persil? Mon Dieu! Mon Dieu! si j'insinue qu'il poussa trop loin ses ferveurs juvéniles; si je rapporte, sous la forme dubitative, certains propos inconsidérés sur M. de La Mennais, ai-je détruit par cette franchise mes admirations? *est modus in rebus.* N'eussent-elles que le mérite de rendre les éloges croyables, ces réserves seraient bonnes à quelque chose. Je gagerais bien que M. Lacordaire m'en veut moins que ses imprudents amis.

On a beau faire, il faudra bon gré mal gré, tôt ou tard, comprendre que l'intolérance et les idées despotiques dévorent ceux qui s'appuient sur elles. A force de convoiter, on se fait une conscience fausse; on tombe dans les vertiges, et on se jette dans des aberrations brutales et stupides. Savez-vous ce qui est arrivé, lorsque parut la notice de M. Quélen?

NEUVIÈME LIVRAISON.

Je fais d'abord une supposition.

Voyez la page 321, ligne 11me, jusqu'à la fin.

Ces paroles évidemment ne sont pas les miennes, mais j'y adhère de cœur et d'âme. Elles émanent d'une autorité sainte, irrécusable; M. de Quélen, qu'on le retienne bien, les a formulées lui-même et prononcées hautement devant une foule de prêtres, réunis en retraite, non pas une fois, mais fort souvent.

Or, une chose curieuse, mais qui n'arrivera pas serait qu'on les reprît dans cette notice comme anti-catholiques et séditieuses. Car il y a dans l'égoïsme de ces escobarderies-là; et l'égoïsme assaisonne toute chaire humaine, au sens de Montaigne. On feindrait, dans l'espèce, de nier l'authenticité de la citation, ou d'oublier qu'il s'agit d'une citation, pour n'en citer que le commentaire, et le déclarer aussi désordonné qu'absurde. On le prouverait en disant que l'auteur du commentaire a fait jadis un roman sous le nom de *Vie de la Sainte-Vierge*, si tant est que ce roman soit l'œuvre de celui qui l'a signé, et non d'une dame qu'on nommerait peut-être...

Cela se passerait, par exemple, à Saint-S.... autour d'une chaufferette de sacristie, on finirait fort conséquemment par une diatribe à brûle pourpoint contre M. Affre, le successeur de M. de Quélen.

Je fais une hypothèse *ex absurdis*, comme s'expriment les doctes. Puis-je croire le fait possible?

En tous cas, les critiques devraient bien se cacher des bedeaux indiscrets.

Il faudrait éviter aussi de dire à son marchand de bouquins, religieux ou autre, si l'on en dirigeait un pauvre d'esprit et peu riche d'argent, mais en soif de gain : « La notice de M. de Quélen est parfaite, jusqu'à la page 321, ligne 11. Là, le Solitaire prétend que MM. les Curés de Paris dont le revenu s'élève à quarante mille francs seraient bien capables de résigner une modique partie de cette somme en faveur des prêtres qui travaillent encore plus qu'eux, et qui n'ont pas leur pain de chaque jour. Cette notice est donc téméraire, erronée. Ne la vendez pas, je vous le défends *sub gravi*. »

Etonnante chose! Les boutiques, c'est-à-dire ce qu'il y a au monde de plus négatif aux environs de l'intelligence et de la morale, les boutiques sont affectionnées ordinairement par les émeutiers de religion, qui en ont fait très souvent leur club. On sait que les premiers calvinistes conspiraient à leur naissance chez un marchand de la rue de la Huchette, Etienne de la Forge; puis chez son beau-frère Eugène Grand, bibliopole au Pont du Châtelet. Ces exemples, je le répète, sont fréquents.

Relevons une faute qui m'est échappée. *Le S. P. voulut lui donner une marque de son estime, c'est pourquoi M. de Nisibe lui remit le Pallium*, etc., etc. Ordinairement, sinon toujours, le Pallium est donné par le S. P. à tous les archevêques. On le demande pour la forme; sans cet ornement, le métropolitain peut administrer sans nul doute, mais non remplir les fonctions pour lesquelles il doit être revêtu de tous ses habits pontificaux; confirmer, par exemple, faire une ordination, etc., etc... Sous ce rapport, il a même perdu provisoirement ses pouvoirs d'évêque en recevant sa nomination d'archevêque.

DIXIEME LIVRAISON.

Celle-ci n'a soulevé aucune récrimination. Quelques lecteurs l'ont trouvée trop courte: c'est la faute du format in-18, 36 pages. Pour détailler convenablement une vie aussi pleine que celle du Prince de Hohenlohe, il eût fallu deux fois 36 pages, c'est-à-dire la partager en deux livraisons. Je n'ai pas cru devoir le faire maintenant. Plus tard la chose sera possible.

Sur les miracles que j'ai rapportés, les sentiments n'ont pas été unanimes. J'ai reçu des provocations auxquelles j'ai répondu en exhibant mes preuves fort au long, ce qui m'a réussi, à ma grande consolation, pour plus d'un incrédule; ceux qui ont ri, je les ai laissé rire.

ONZIÈME LIVRAISON.

Quels étaient les titres de Siéyes à la Biographie ecclésiastique? Je me suis expliqué sur ce point.—Mais Siéyes était un républicain? Peu m'importe l'opinion. Je ne déifie pas mes personnages parceque j'écris leur vie. Je les donne à juger tels qu'ils sont. — Mais vous appelez de tous vos vœux une seconde Constituante à la page 367? Non, je dis que l'action sociale se complique de nouveau, que nous sommes à la veille d'un grand travail, sans savoir même de quelle nature sera l'œuvre, et je souhaite à la génération présente des génies aussi vastes que ceux-là, non pas des mœurs comme les leurs.

Ici du reste la question ne peut se trancher d'un mot, et je l'ajourne; en attendant visitons la Trappe.

J'ai oublié deux faits curieux.

Voici le premier : Siéyes disait la messe aux princes et princesses de la maison d'Orléans dont il était l'aumônier. Se retournant pour le *Dominus vobiscum*, et n'apercevant plus que les valets, il ferme le livre et s'en va, en disant qu'il n'était pas payé pour dire la messe à la canaille.

Une autre fois on avait exposé son buste en costume d'abbé, ce qui le mit en fureur. Il courut, pour réclamer, auprès de Napoléon.—Monsieur, dit l'empereur, je l'ai fait retirer. Sièyes fut si content qu'il s'évanouit. Alors Napoléon prononça un mot italien que je n'ose dire; c'est un mot assez grivois qu'il affectionnait. Il a jugé en effet Sièyes comme je l'ai rapporté : Sièyes, après tout, était probe, honnête et surtout fort habile ; la Révolution lui doit beaucoup. — Mais savait-il que Sièyes avait conspiré contre lui dans l'affaire de Clément de Ris ?

DOUZIÈME ET DERNIERE LIVRAISON.

Voilà M. de Géramb. Je déclare que si un mot lui déplaît dans cette notice, la faute en est à une dame qui s'était chargée de me donner les pièces, et ne l'a pas fait. Nulle instance, nulle recommandation d'ami n'a pu la décider à ouvrir son dossier.

S'il fallait mentionner la conversion de cette malheureuse femme, depuis longtemps perdue de débauches, et dont il fit une fervente religieuse dans un couvent de Lyon ; s'il fallait le présenter en costume de général, traversant une rue de la même ville, voyant un prêtre passer avec le Saint-Viatique, et des enfants de chœur qui l'assistaient et riaient, puis se précipitant, souffletant l'un de ces petits sacrilèges, et lui prenant le bâton du dais, pour accompagner ainsi et ramener chez lui le vénérable prêtre saisi d'étonnement ; s'il fallait qu'il en fût ainsi, pourquoi n'ai-je rien dit de pareil ? nul ne m'avait fait savoir que tel fût son désir.

Il y a deux versions sur la mort de madame la Baronne de Géramb, sa femme. Je transcris la première qui rappelle les fantastiques créations des Mille et une Nuits.

A sa sortie du Château de Vincennes, le Général se dirigeait vers l'Allemagne pour rejoindre sa famille ; et Madame de Géramb venait à sa rencontre. Ils arrivent l'un et l'autre au bord du Rhin, si je ne me trompe. A cet endroit les eaux étaient resserrées dans un lit fort étroit, et n'en étaient que plus profondes et plus rapides. On avait détruit tout récemment un petit pont qui joignait les deux rives. Les dernières lueurs du soleil couchant flottaient péniblement sur les lignes fuyantes et brisées de l'horizon. C'était un un crépuscule plus opposé au jour que la nuit même. Les deux époux s'étaient aperçus. M. de Géramb était à cheval; il met pied à terre. Madame de Géramb descend de sa voiture. Ils touchaient au bord du fleuve. Hélas! l'infortunée ne voit pas le précipice; elle s'élance vers son mari qui lui tendait les bras, et disparaît dans les flots.

Je n'ai pas raconté ce fait, parce qu'il ne m'est pas prouvé. La Dame dont j'ai parlé ne m'avait rien dit là-dessus.

J'ai su depuis quelques jours que M. de Géramb poussait jusqu'à une espèce de fanatisme furieux son amour pour le travail, et qu'on pourrait presque lui appliquer ces paroles écrites par un biographe de Budée : il travailla quatre heures seulement le jour de son mariage. Mais ce n'est pas Madame C..... qui me l'a dit; et je ne l'ai su que depuis quelques jours.

Madame C..... ne raffole pas que je sache de la messe à sept points, comme les Dames d'Etampes, de Caen et de Pisseleu, au temps de François 1er; mais je la tiens pour une cruelle religionnaire à sa façon.

Je termine. De tout ce qui précède, quiconque pesera bien la valeur des témoignages et les raisons, soit contraires, soit à l'appui, conclura que nul œuvre n'échappe à la loi trop commune des contradictions, et qu'au fond je devais naturellement suivre la condition de tout écrivain.

Il conclura, de plus, je l'espère, que si l'homme,

dans sa position contingente et dégénérée, ne peut agir que sur des probabilités plus ou moins imposantes, jamais sur des certitudes, je suis fondé largement à poursuivre mon dessein, puisque les suffrages que j'ai eu le bonheur d'obtenir l'emportent beaucoup par le prix et par le nombre sur les improbations.

Je poursuivrai donc, appuyé de ma conscience et de ma foi. Puissé-je toujours répondre aux encouragements du Clergé supérieur et secondaire, en ce qu'il renferme de notabilités intelligentes; me faire lire des hérétiques ou dissidents qui cherchent sincèrement la lumière, et des gens du monde qui me savent gré de les édifier en les amusant! je suis assuré du zèle et de l'habileté bien connus de mon Editeur. Mes lecteurs connaissent à présent l'excellent artiste qui nous a gravé des portraits d'une exécution si parfaite; son crayon nous appartient pour longtemps.

Moyennant toutes ces conditions, viendrai-je à bout des critiques? ceci m'occupe fort peu. Alors même qu'ils ne seraient que récréatifs, par leur acharnement, ces critiques mériteraient que l'on tînt à les conserver. *Les ans sont courts* comme dit M. Victor Hugo, et le bonheur est une chose lente à venir. Le sage ne laisse pas s'échapper les occasions d'hilarité, quand il s'en présente; bien qu'il puisse avoir d'ailleurs de grandes causes de tristesse. J'ai lu dans La Bruyère, qu'il faut rire avant que d'être heureux, de peur de mourir sans avoir ri.

Paris.—Imprimerie de A. APPERT, Passage du Caire, 54.

Biographie du clergé Contemporain

M. AFFRE,

ARCHEVÊQUE DE PARIS.

> Humainement parlant, définissons la vérité, en attendant mieux : *ce qui est énoncé tel qu'il est.*
>
> VOLTAIRE, *Dictionn. philosoph.*, art. VÉRITÉ ; — et non *Ami de la Religion* du 4 juillet 1840.

> Rarement l'Église, *et même l'État*, en leurs mauvais jours, se sont trompés dans le choix de leurs premiers fonctionnaires, de ceux dont tous les autres dépendent de près ou de loin ; et, plus rarement encore, les premiers fonctionnaires, une fois consacrés, se sont trouvés au-dessous de leur dignité.
>
> MADROLLE, *le Prêtre devant le siècle.*

IL y a, aujourd'hui plus que jamais, deux hommes dans un Archevêque de Paris : l'homme de l'Église et l'homme de la politique.

Chose excellente assurément, lorsque la politique et l'Église se rapprochent par de consciencieuses sympathies, et lorsqu'elles manifestent des tendances analogues.

A une autre époque, le choix d'un Archevêque n'était pas non plus sans se ressentir des passions et des exigences des gouvernemens; ceux-ci, dès-lors, appréciaient à sa réelle valeur un homme si haut placé dans la foi publique; ils comprenaient son influence presque mystérieuse, mais d'autant plus irrésistible, dans l'ensemble ou le détail de la vie des individus et des masses; ils savaient bien tout ce qu'il peut sur le clergé secondaire, et ce que peuvent, par induction, les simples prêtres sur la communauté chrétienne qui, en France particulièrement, forme la majorité.

Aussi voyons-nous cette prérogative de la nomination toujours disputée, et avec un acharnement effroyable; de là les querelles de l'Empire et du Sacerdoce, cette guerre des investitures, les Pragmatiques, les Concordats, les perpétuelles et inextricables chicanes que suscita aux Papes la cupidité hargneuse des empereurs et des rois.

Mais à l'heure qu'il est, ce qui était ou une affaire d'ambition ou un besoin, devient une nécessité ; voici comment :

Certes, la révolution de juillet 1830 n'a pas été faite, que nous sachions, pour le triomphe des idées catholiques; si telle fut sa cause, on l'a bien cachée, du moins pendant trois ou quatre ans; et ce qui nous a été le plus clairement démontré depuis, ce n'est pas cela.

Toutefois un changement s'opère; la dynastie nouvelle, après avoir cherché en elle-même, et dans un certain ordre d'innovations téméraires, la force de son existence, la consécration de ses droits et la raison de son avenir, paraît incliner vers les croyances des aïeux; déjà elle a tenté des transactions qui sont restées et devaient être illusoires; elle invoque maintenant sans détour une réconciliation complète. Et bien lui en a pris, selon Bayle, car « les démêlés des plus puissans « princes avec l'Église se terminent presque « toujours à leur confusion. »

Ainsi, quelques pas ont été faits; mais il en reste encore à faire, et ce sont les plus difficiles, à coup sûr. Louis-Philippe a tendu la main, reste à savoir si on la touchera; quelques-uns se sont ralliés, et le grand nombre s'abstient; nul ne conspire, et presque tous ont de vieilles convictions sur le principe de légitime justice, où leur conscience s'attache et se fie; rien n'est tenace comme une conscience.

Réalisez donc ce projet de rapprochement et de fusion; la chose est énorme; elle est impossible s'il ne surgit une lumière soudaine qui, en éclairant cette insondable sphère des systèmes, des opinions et des disputes politiques, transformera les idées et révèlera, entre des élémens jugés inconciliables, les plus étroites analogies; s'il ne nous est envoyé un homme de grande science et de grande sagesse, véritablement le fils de son époque, sans précédens qui l'obligent et le circonviennent, apportant dans son cœur la bonne nouvelle, et doué d'un courage de prophète pour la dire.

Aux yeux du pouvoir, M. de Quélen ne remplissait aucune de ces conditions; ni il n'était, ni il ne pouvait être un homme intermédiaire, son caractère étant absolu comme ses opinions et sa foi.

Libre, comme il l'était, dans l'élection, après la mort de cet ennemi bien aimé et bien redouté, le pouvoir a hésité durant plusieurs mois; les négociations entamées avec le cardinal de la Tour-d'Auvergne ne pouvaient avoir que la portée d'un ajournement; il fallait plus de temps à la maturité des réflexions; c'est en quelque sorte d'un coup d'état qu'il s'agissait. Enfin, la décision a été prise, et la question, désormais, est de savoir si, par le choix qu'il a fait, le pouvoir atteint son but ; elle est aussi pour nous d'examiner subsidiairement si le succès de la politique serait, dans l'hypothèse, celui de l'Église.

Sans rien préjuger de ce que l'avenir nous réserve, demandons au présent et au passé des garanties ; interrogeons la moitié d'une existence qui peut-être nous racontera l'autre par anticipation ; voyons, sur un simple exposé biographique des faits bons ou répréhensibles qui ont accidenté quarante-sept années, quelle sera, selon toutes les probabilités, la fin de ce commencement, et qui donc remplira l'immense mission que nous venons de signaler.

Denis-Augustin Affre est né à Saint-Rome-de-Tarn, département de l'Aveyron, le 17 septembre 1793. Il est frère d'un petit avocat de Rhodez, qui vient d'arriver bien vite à Paris ; neveu de M. l'abbé Boyer, l'un des plus studieux théologiens et des controversistes les plus actifs de notre époque, et parent à un degré plus éloigné de l'évêque d'Hermopolis, M. Frayssinous.

Peu importe que son véritable nom patronymique soit M. de Saint-Rome, ainsi qu'une personne nous l'affirme, et qu'il ait adopté, en recevant le sacerdoce, celui sous lequel nous le connaissons; la modestie a ses caprices bien permis et bien innocens; nous croyons peu, du reste, à ce menu sacrifice; car, par le temps qui court, c'est déjà trop faire pour une particule nobiliaire que d'y songer pour l'abdiquer. Il y a bien aussi des sortes de vanités; mais la plus belle est celle qui, ne s'arrogeant aucun titre, rend presque tous les autres ridicules.

La même personne ajoute que sa famille lui laissa en héritage de bons souvenirs de vertus, de la pauvreté et le devoir tout à-la-fois onéreux et doux d'alimenter ceux qui lui avaient donné la vie.

Peu nous importe encore.

Quoiqu'il en soit, rien n'a manqué à son éducation. Dès un âge tendre, son père le plaça au collège de Saint-Affrique ; il y fit avec succès ses premières études, et, au sortir de rhétorique, vint à Issy suivre le cours de philosophie.

Il avait quinze ans.

C'est une chose curieuse à observer que cette vie nomade et pour ainsi dire aventureuse sitôt commencée, qui doit si long-temps durer, et se fixer définitivement à une magnifique station. L'expérience prouve du reste que ces ballottemens-là sont presque toujours les indices des prédestinations supérieures ; ils font les grandes idées et les grandes vertus. Ainsi M. Frayssinous, lui-même, était arrivé à sa grande fortune ; ainsi M. Boyer, l'oncle de M. Affre, ne perça l'obscurité où fût resté enfoui son talent, que par suite d'un léger mécontentement qui le fit passer d'un vicariat de campagne à Saint-Sulpice.

Euripide a dit en un fort beau vers que la patrie de l'homme est là où il trouve du bien à faire ; nous féliciterons donc autant de fois ces hommes qu'ils auront eu de patries différentes.

Quelque chose d'impérieux semblait aussi pousser incessamment M. Affre vers Paris ; quelque chose de non moins fort le jetait perpétuellement à de vastes distances, au cœur des provinces. En un an, en un mois, en une semaine même, tout conspirait pour et contre son élévation future. Il va de Saint-Affrique à Paris, de Paris à Viviers ; de Viviers il revient à Paris, qu'il quitte pour professer quelque temps la philosophie à Nantes, et y revenir encore. Il entre dans la Congrégation des prêtres de Saint-Sulpice, dont un des engagemens principaux est de n'accepter aucune dignité ecclésiastique ; et sa santé altérée par les fatigues de l'enseignement l'oblige à quitter Paris derechef ; à vingt-sept ans, il échange une chaire de théologie pour des fonctions de grand-vicaire à Luçon ; migrations nouvelles : Paris le revoit ; mais, à vingt-neuf ans, il est distingué par M. de Chabons, dont il devient le grand-vicaire; et, comme ce prélat, vieux et infirme, ne suffisait plus aux devoirs de sa charge, M. Affre gouverne durant dix ans le diocèse d'Amiens, puis rentre, pour y rester sans doute, dans Paris.

Là, il s'est endormi, pour ainsi dire, comme les sept Épiménides de la *légende dorée;* reste maintenant à se rendre compte des changemens survenus durant son sommeil, et des questions curieuses qui lui sont adressées.

Nous l'avons laissé provisoirement à Issy, élève de philosophie et se faisant déjà remarquer par ce même genre de qualités d'esprit et de cœur qui, développées et fécondées par le temps et l'expérience, devront bientôt porter des fruits précieux.

Ceux qui l'ont connu ne disent pas qu'il fut positivement un sujet brillant; il promettait ce qu'il a donné, rien de moins, rien de plus: sens droit et rassis, tête carrée, âme froide mais agissante, conception lente mais tenace et limpide, cœur géométrique, si cette expression nous est permise, élocution simple et peu facile, mais élégance et netteté remarquable de style dans ses productions écrites. Tel est encore, selon nous, le jugement à porter sur lui ; c'est aussi l'opinion qu'en avait M. Émery, qui l'honorait d'une bienveillance particulière, et qui savait bien son monde.

Lorsque M. Emery mourut en 1811, M. Affre avait dix-huit ans. Ce fut lui qui prononça devant toute la Communauté l'éloge du vénérable supérieur ; et, dans une si profonde affliction, ayant à exprimer tant de regrets et à louer dignement une vie si admirable et si pleine, il ne fut pas trouvé insuffisant.

Si le jeune lévite d'alors eût pu prévoir ce qui lui arrive, quel n'eût pas été son saisissement ! quelles douloureuses paroles il eût jetées sur cette tombe à peine ouverte où descendait le modeste grand homme qui fut le conseil des plus hautes puissances du monde, qui l'aimait d'une affection paternelle, qui, s'il avait prolongé son existence, eût puissamment guidé ses pas dans sa carrière épiscopale, et lui en eût adouci les effroyables labeurs !

Privé de M. Emery, il le retrouva tout entier dans M. Duclaux, son successeur ; mais il fut bientôt obligé de quitter le séminaire que des circonstances déplorables avaient détourné de sa destination naturelle, et il alla continuer ses études à Clermont, sous M. Molin, docteur de Sorbonne, qui fut depuis évêque de Viviers. Il y resta trois mois.

Il revint à Saint-Sulpice après la restauraration, et y fut ordonné prêtre en 1818, le 16 de mai. C'est alors qu'il entra au noviciat d'Issy, qu'on appelle : *la solitude*, pour y passer son temps d'épreuve, et entrer dans la congrégation des prêtres sulpiciens.

Nous ne reviendrons pas sur ce que nous avons dit de ses nombreuses pérégrinations, et des postes divers qu'il a occupés. Dans l'histoire de ces hommes qui consacrent toutes les énergies de leur nature à l'établissement et au perfectionnement de l'ordre, les anecdotes ne fourmillent pas ; il y a quelques faits et des dates uniformément groupés autour d'un principe immuable, et hors de là quelques lignes secondaires se dessinent, à peine saisissables ; ce sont de petits remuemens, des rivalités jalouses, de calomnieuses insinuations, des exagérations d'éloges qui ne valent pas des injures; c'est une nuée confuse de choses infimes, ou révoltantes, ou nulles, qu'il faut côtoyer en passant, mais où il n'est pas sain de s'arrêter. M. Affre était de taille à n'en avoir, de tout cela, que jusqu'à la cheville du pied.

Il en tira, du reste, comme de ses déplacemens répétés, cet immense avantage qu'en voyant les hommes et les choses sous des aspects si divers et en si grande quantité, il se rompait, pour ainsi dire, à la pratique de celles-ci et à la connaissance de ceux-là. En tous temps, les voyages furent regardés comme le complément nécessaire de la science, et il est rare, comme nous l'avons déjà dit, qu'un homme qui a beaucoup vu et agi beaucoup, reste médiocre. Les ouvrages de M. Affre sont là pour prouver, aussi bien que ses actions, la vérité de nos dires.

En 1820, n'ayant encore que vingt-sept ans, il publia un *Traité de l'administration temporelle des paroisses*. Ce livre, sur plusieurs points, est un chef-d'œuvre ; c'est le premier qui soit sorti de sa plume, et, nous le pensons du moins, le meilleur, parce qu'il est le plus complet et le plus vrai. On ne saurait dire ce qu'il a fallu d'érudition pour amasser tous ces matériaux, de justesse de vues et d'habileté pour les coordonner si parfaitement, de profondeur de raison, pour conduire ainsi son sujet de divisions en subdivisions, d'argumens en argumens, de citations en citations, jusqu'à une conclusion, la plus rigoureuse, la plus péremptoire et la plus précise qui soit. Il a de M. de Cormenin le nerf et le mordant, sinon la chaleur et l'abondance. Il est là théologien comme M. Carrière, canoniste comme M. Dupin, jurisconsulte comme Henrion de Pansey. Il est philosophe, arithméticien, homme d'affaires, causeur charmant. Il est l'homme du pontife à la mitre d'or comme du curé de campagne et du plus modeste des fabriciens; et ce qui surpasse seul le talent dans son livre, c'est l'excellence de la fin qu'il s'y propose et qu'il atteint, c'est-à-dire l'anéantissement des dissensions malheureuses que la vicieuse organisation des fabriques ou l'ignorance des lois qui doivent les régir avaient jusqu'à présent multipliées à l'infini.

Adoptant la division du Code civil, l'auteur partage son livre en deux parties principales, où il traite des personnes d'abord, ensuite des choses.

La première de ces divisions concerne la formation du conseil de fabrique, les attributions du curé, du président et de chacun des membres, etc., etc.

La seconde, la gestion des biens, la nature des charges relatives aux constructions et réparations, etc., etc.

Rentrent dans l'une et dans l'autre, selon leur nature particulière, différens chapitres qui regardent la police de l'Église, les processions extérieures, le traitement des curés, la célébration des mariages, les quêtes, les confréries, les pompes funèbres, les refus de sépulture et les crimes ou délits commis par des ecclésiastiques, etc., etc.

En tête du Traité se trouve l'histoire des fabriques, et à la fin sont cités les arrêts de cassation, lois, décrets, ordonnances et avis du conseil-d'état, toutes les pièces justificatives.

C'est ce Traité qui donna à M. Feutrier l'idée d'appeler M. Affre au secrétariat des affaires ecclésiastiques, et à M. de Montbel, celle de le faire maître des requêtes; honneurs qui ne furent pas acceptés.

Oserons-nous dire maintenant qu'une chose nous a paru regrettable dans ce même Traité? C'est qu'après avoir tiré de toutes les autres questions le plus grand parti possible, M. Affre, quand il est arrivé à celle des crimes et délits commis par des prêtres, n'ait pas expliqué plus amplement sa pensée sur les officialités diocésaines.

Nous sommes aussi éloignés que lui de méconnaître ce qu'il y a de lumières et de vertus dans le Corps des Évêques de France; mais nous n'avons pas la force d'approuver l'autorité sans limite qu'ils exercent sur les simples prêtres; et, si nous avons bien compris, M. Affre lui-même n'est point partisan non plus de cet *arbitraire*. Étant évêques, ils n'ont pas cessé d'être des hommes, toujours sujets aux erreurs et aux faiblesses de leur nature. Les soins de l'administration qui les absorbent leur ôteraient le temps d'examiner par eux-mêmes tous les détails des accusations journalières qui sont portées à leur tribunal, quand même les plus détestables passions ne conspireraient pas pour faire d'eux des instrumens involontaires, mais puissans, de mort; quand même, étant parfaitement informés et libres d'influences perverses, l'infaillibilité de leurs appréciations et de leur jugement serait démontrée jusqu'à l'évidence. Plus d'une fois il arrive que, de leur aveu même, leur justice du lendemain dément celle de la veille; une fois serait de trop : qu'ils y réfléchissent !

Partout s'est propagée cette institution salutaire du jury ; l'Église seule, après en avoir doté les tribunaux civils, s'en est dessaisie pour essayer de l'*arbitraire*, comme vous dites fort bien, Monseigneur.

Eh bien, vous êtes un homme nouveau, faites des choses nouvelles. Vos prédécesseurs ont vécu et ils sont morts, ayant été des saints en leur temps; vous serez saint selon le vôtre. Il y a le bien absolu et le bien relatif; suivez leurs voies pour le premier; pour l'autre, éloignez-vous-en. Vous avez assez de pouvoir et d'indépendance, et Dieu vous a donné le génie de l'administration ; créez, ressuscitez donc les officialités ; rendez aux prêtres leurs pairs qui les jugent, leurs défenseurs qui les assistent, toutes les formes de leur vieille et chère procédure que ne répudierait pas l'esprit des temps actuels ; et nous verrons moins d'innocences opprimées, moins de vices impunis ; et les Évêques eux-mêmes, en diminuant leur responsabilité déjà si grande d'ailleurs, diminueront aussi les angoisses de leurs âmes et le poids des malédictions que leur attirent souvent des sévérités même méritées.

Bien des exemples sont à citer : nous signalons le plus remarquable de tous, et le plus pénible. Eh bien ! qui sait si M. de La Mennais, qui s'est insurgé contre une autorité individuelle, quelle que fut d'ailleurs sa portée, et contre un interdit qu'à ses yeux son Ordinaire ne motivait pas, qui sait si M. de La Mennais ne se fût pas incliné humblement et sans hésitation devant une sentence résultant d'un débat juridique, d'une procédure solennelle et libre ?

Non que nous l'approuvions d'avoir agi ainsi; hélas! s'il eût gardé, malgré toutes les tempêtes qui l'assaillirent, la grande position qu'il s'était faite, c'eût été assurément un spectacle digne d'admiration. Le temps n'est pas éloigné où il le reconnaîtra lui-même!

Ici, sauf la vénération profonde que nous professons pour le noble caractère de M. Affre, nous dirons notre pensée sans détour sur sa brochure *De la suprématie temporelle du Pape et de l'Église*. En ce cas, nous l'avons trouvé, non-seulement faible et dénué de toutes les éminentes qualités d'esprit qui le distinguent, mais peu à sa place comme prêtre et comme chrétien; nous voudrions effacer aussi du nombre de ses productions la note qu'il écrivit dans l'*Ami de la Religion*, à la date du 12 août 1829.

Certes, M. de La Mennais avait assez de son immense talent pour réfuter qui que ce fût, si la raison eût été de son côté, et nous répétons qu'il eut tort de chercher autre part ses armes; mais M. Affre, lui aussi, avait assez de sa vie et de son talent réel, quoique inégal, pour que les violences de son adversaire ne l'atteignissent pas, et rien ne peut justifier les moyens de défense qu'il employa.

Non, ni M. Affre, ni personne, ne pouvait deviner, en 1829, le La Mennais de 1840. Dans ses ruines d'aujourd'hui, chacun le montre de loin, et dit : je l'avais prévu. Nous voyons là de la suffisance et des mots, et nous restons convaincu, pour notre compte, que livré aux seules inspirations de son génie et de son cœur, l'auteur de l'*Essai sur l'indifférence* eût paru jusqu'au bout sur la brèche, sans peur et sans reproches, inébranlable, triomphant, l'un des défenseurs les plus illustres, l'une des gloires les plus pures de la cause catholique; et nous pensons de plus que le zèle exagéré de ses antagonistes, leurs tracasseries mesquines, leurs fatales appréhensions, leurs anathèmes précoces, leurs étranges menaces, leurs petites conspirations sourdes pouvaient suffire à blesser une âme si impressionnable et si fougueuse, et à détourner de sa direction normale une activité de cette force. Il y a dans l'homme la partie supérieure et la partie inférieure; la plus sensible est souvent la dernière; et l'éprouver trop violemment, c'est la faire monter comme l'écume qui jaillit à la surface d'un vase agité; c'est lui donner momentanément une supériorité sur sa rivale, plus paisible et plus lente.

M. de La Mennais a maltraité l'Eglise gallicane et ses articles de 1682, que d'autres défendaient; mais ce qu'il défendait, lui, on le maltraitait d'autre part; qui avait tort?

Quand il écrivait dans le *Mémorial catholique*, était-ce donc en collaboration avec des athées? M. O'Mahoni s'en souvient-il? qu'en dira M. Gerbet et le spirituel abbé de Salinis?

Il attaqua M. Feutrier; eh! qui donc ne l'attaquait pas alors, parmi les hommes sages? L'Evêque de Beauvais avait-il donc bien fait de limiter le nombre des élèves dans les petits séminaires, et d'en chasser les Jésuites, les seuls véritables instituteurs que la France ait jamais eus, quoique les pires de tous les hommes politiques? Sans renier la *Quotidienne*, M. Laurentie n'a-t-il pas fait autant et plus que lui, dans une brochure que nous avons sous les yeux? M. de Quélen ne fit-il pas défendre au ministre des affaires ecclésiastiques, son ancien ami, les portes du palais archiépiscopal?

Voilà pourtant ce qui vous révélait, dites-vous, les fautes à venir de M. de La Mennais!

Encore une fois, sans absoudre celui qui a chancelé dans sa foi, c'est avec douleur que nous avons rencontré parmi ses détracteurs les plus passionnés, l'homme dont nous écrivons la biographie; et nous persistons à dire que le *Traité historique de la puissance temporelle des Papes et de l'Église* n'est pas plus un monument de charité que de logique: c'est un recueil d'assertions, comme celles-ci : « *M. de* « *La Mennais a mal interprété les actes de saint*

« *Grégoire-le-Grand, les canons du concile de*
« *Trente, les censures de la Faculté de Théologie,*
« *et l'approbation donnée par Clément V à la bulle*
« UNAM SANCTUM; » sans idées qui se tiennent,
sans le moindre mérite de style.

C'est, comme dit le Shasta, d'une conspiration dans le ciel : le coup de pied donné trop haut qui fait qu'on tombe à la renverse. C'est quelque chose, enfin, qui ne laverait pas M. Affre du reproche d'ambition que lui adressent tout bas certains membres du clergé, s'il n'avait d'ailleurs pour lui l'intégrité de sa vie entière.

A propos d'ambition, une objection se présente, pour couper court à nos digressions, qui sont bien longues, mais que nous avons jugées souverainement utiles.

C'était en 1831. Louis-Philippe passait par Amiens; M. Affre fut chargé de le complimenter, en l'absence de l'évêque, M. de Chabons; et il s'en acquitta, dit-on, de manière à choquer de royales susceptibilités et les peureuses délicatesses des hommes considérables du pays. Peu après, il revenait, selon sa coutume, à Paris, et, pour prix de sa disgrâce, était nommé vicaire-général et chanoine titulaire par M. de Quélen.

Nous citons son discours :

« En visitant cette province, vous exercez,
« Prince, l'une des plus nobles missions. Vous
« venez vous enquérir de tous les besoins,
« écouter l'expression de tous les vœux. Le
« clergé de ce diocèse ne vous exprimera qu'un
« seul désir, celui d'exercer avec une sainte
« liberté un ministère qui n'est pas sans in-
« fluence sur le bonheur de cette contrée. Faire
« respecter les mœurs, inspirer la modération
« des désirs, calmer les haines privées, telle
« est une partie importante de notre mission ;
« et c'est aussi le seul dévoûment que vous
« puissiez réclamer de nous. Nous serions
« plus que récompensés de nos efforts, si la
« droiture de nos intentions était universelle-

« ment reconnue, et surtout si nos travaux ne
« demeuraient pas sans succès. »

C'était, d'autre part, en 1840, la fête de Louis-Philippe, le 1ᵉʳ mai. Le siége de Paris étant vacant, M. Affre, chanoine capitulaire et coadjuteur nommé de Strasbourg, fut envoyé aux Tuileries pour y représenter le clergé. Les courtisans et le maître n'eurent jamais de joie pareille; il leur fut annoncé que l'esprit des prêtres tendait sensiblement à se détacher de certaines adorations chimériques pour embrasser la cause du fait. — A quelques jours de distance, M. Affre recevait et acceptait sa nomination d'archevêque, et M. Morel donnait sa démission de grand-vicaire.

Mais citons encore :

« Sire,

« En venant souhaiter au roi une bonne
« fête, nous le prions d'agréer les vœux que
« nous formons pour son bonheur, pour ce-
« lui de son auguste famille, et de cette jeune

« princesse, qui lui apporte des joies si pures,
« y possède déjà tant d'amour, et est appelée
« à imiter les touchantes vertus d'une seconde
« mère.

« Nous formons des vœux pour notre pa-
« trie, qui doit, sire, à votre profonde intel-
» ligence de ses besoins le calme dont elle
« jouit.

« Votre sollicitude pour les intérêts de la
« religion vous a acquis notre reconnaissance
« et celle de tous les catholiques français.

« Nous sommes heureux de vous assurer
« qu'à aucune époque le clergé n'a mieux
« compris quelle devait être la nature de son
« dévoûment pour cette France bien-aimée,
« qui ne nous trouvera jamais insensibles à sa
« gloire, à sa prospérité, et à toutes les vicis-
« situdes de sa bonne ou de sa mauvaise for-
« tune.

« Pour la servir avec zèle et avec amour,
« nous ne désirons point ce que d'autres ap-

« pelleraient des bienfaits, ce que nous re-
« douterions comme de graves dangers. Les
« richesses du clergé et ses influences politi-
« ques, que d'éminentes vertus firent si sou-
« vent servir au bonheur de la société, à la
« double gloire de l'Église et de l'État, con-
« tribuèrent aussi fréquemment à paralyser
« un ministère qui, pour être exercé avec suc-
« cès, commande une si grande abnégation.

« Elle sera bien douce pour nous, cette ab-
« négation, si elle nous aide à remplir la tri-
« ple mission que nous avons reçue de notre
« divin maître, de consoler les pauvres, d'in-
« spirer à tous cette paix et cette bienveillance
« chrétienne qui apaisent ou préviennent les
« commotions politiques. C'est dans le seul
« intérêt d'une aussi sainte mission que nous
« aspirons à jouir de la liberté évangélique
« nécessaire pour la remplir.

« Puissent ces sentimens, dont Dieu con-
« naît toute la sincérité, devenir de plus en
« plus évidens! Puissent-ils nous servir à sa-

« tisfaire la plus noble ambition qui puisse
« faire palpiter nos cœurs, celle d'être un lien
« d'autant plus fort, qu'il sera plus désinté-
« ressé, entre tous les membres d'une société
« où nous ne voyons que des amis et des
« frères!

« Je bénis la Providence d'avoir pu les ex-
« primer au roi avant d'aller consacrer le
« reste de mes jours à une des plus grandes et
« des plus illustres églises de ce royaume. »

A ce sujet, *la Mode* raconte cette parole d'un missionnaire à un roi : « Sire, je ne vous ferai
« point de compliment, je n'en ai point trouvé
« dans l'Évangile. »

Nous n'avons point de pensées timides ou rancuneuses sur M. Affre; nous croyons que la certitude seule de sa vocation, et la conscience du bien qu'il peut faire, lui ont donné le courage de prendre un si pesant fardeau; car, sans compter les difficultés dont nous avons parlé au commencement, l'épiscopat, de nos jours, n'est pas une sinécure, c'est souvent un martyre. Mieux que personne, il le sait, lui qui a vécu dans l'intimité de son prédécesseur, qui fut l'un de ses plus chers confidens, et qui le méritait bien, puisqu'il sut, avec une égale fermeté, lui dire la vérité pendant sa vie, et la dire de lui après sa mort.

Nous touchons à la fin d'une tâche difficile; Dieu veuille que nous l'ayons remplie avec autant de bonheur que de bonne foi. Nos jugemens, lorsque nous nous sommes permis d'en porter, ont été sincères, car nous sommes personnellement bien désintéressé dans les questions dont il s'agit, et bien libre, puisque nous sommes aussi inconnu de M. Affre que de ceux qui nous lisent.

Il est juste de dire cependant que nous avons vu M. Affre. Le 29 mai de cette année, sur les sept heures du soir, deux ecclésiastiques se rangeaient sur un trottoir de la rue du Petit-Bourbon, pour nous livrer passage. Leur politesse avait pris les devants sur la nôtre, il faut l'avouer, et nous en fûmes aussi charmé que confus. L'un nous est resté inconnu ; nous savons maintenant quel était l'autre.

Taille au-dessus de la moyenne, peu d'embonpoint, tête large et bien portée, quoique légèrement inclinée sur l'épaule ; œil doux et vif, sombre et luisant ; traits fortement accentués, front saillant et significatif ; mise d'une certaine simplicité, et sans rien qui désignât sa nouvelle dignité de coadjuteur ou d'archevêque, si ce n'est que la frange de sa ceinture était entremêlée de grains de laine jaunâtres. Ses lèvres, d'une expression tout-à-fait inouïe, pincées et dilatées tour-à-tour, ont l'air de chatoyer : il y a du chat et du renard dans cette physionomie ; elle nous rappelait aussi, et bien bizarrement, ce que nous avons lu du visage d'Odin dans l'Edda.

Quelqu'un nous a dit : Voilà M. Affre.

Or, beaucoup d'hommes ont un extérieur pareil et ne sont pas archevêques. M. de Qué-

len avait plus de majesté et de beauté dans
l'extérieur ; il marchait moins vite et plus
droit. Il *représentait* mieux ; et M. Affre, ce
grand administrateur, cet écrivain distingué,
ne chante pas, et n'a pas même assez de voix
pour entonner *Dominus vobiscum*, quand l'autre
chantait si bien !

Trois choses sur lesquelles vous êtes priés
de réfléchir, trois questions importantes
comme celle-ci : Pourquoi Dieu a-t-il mis les
citrouilles à terre dans nos climats ? à quoi
Voltaire répond : « C'est de peur qu'en tombant de haut elles n'écrasent le nez de *Mathieu Garo*. »

Du reste, nous ne savons rien de positif sur
la vie intérieure du prélat ; il paraît l'avoir soigneusement cachée dans le secret de Dieu. Ce
qu'on a pu en découvrir, nous le devons à des
indiscrétions de reconnaissance. S'il a sujet
de prendre en défiance sa tête quelquefois, il
en est autrement de son cœur. Il aime bien,
en vérité, Dieu et son prochain ; les journaux

ont rapporté de lui plusieurs anecdotes charmantes, qui sont l'éloge de sa gracieuse charité; et il nous a suffi de le voir dire sa messe angéliquement, pour avoir sa piété en admiration.

Tel est celui que le gouvernement a choisi comme l'homme de la circonstance; tel est l'Archevêque dont la nomination vient d'être confirmée par Grégoire XVI; tels sont les deux hommes en un seul que trouvent la Politique et l'Eglise; voilà, dans ses données principales, la vie de M. Affre.

Répondra-t-il en effet à nos besoins? Il y en a qui se taisent; le plus grand nombre tient pour l'affirmative; et nous sommes de l'avis du plus grand nombre. Les oppositions sincères s'évanouiront vite; les autres ne valent pas qu'on s'en occupe. Que M. Affre s'entoure de conseillers intègres, et le clergé n'en manque pas. Qu'il travaille à d'importantes réhabilitations. Qu'il n'oublie pas dans son élévation les petits pour lesquels il a eu des prédilections. Qu'il répande gratuitement et par milliers dans les campagnes ses meilleurs ouvrages : le *Traité de l'administration des paroisses*, celui *De la propriété des biens ecclésiastiques* qu'il publia en 1837, et son Instruction du 15 septembre 1824, touchant les biens des fabriques ; qu'il retouche certaines parties plus négligées de son *Traité des écoles primaires* ; et complète, des découvertes faites depuis 1834, son *Essai sur les hiéroglyphes égyptiens*. Le temps, quoiqu'on en dise, ne lui faillira pas, et ces sortes de travaux sont de bons loisirs pour un Archevêque de Paris.

Qu'il dîne volontiers chez le pharisien, comme Jésus-Christ l'a fait. Qu'il laisse à d'autres le soin des disputes d'un jour qui tourmentent nos vanités et les amusent ; qu'il soit inflexible sur les principes éternels du droit, qui n'est du reste pas plus la légitimité que la république ou le juste-milieu, telle individualité que telle autre. Qu'il tempère un peu cette sévérité qui a décidé la retraite de M. Morel en effarouchant la bonne et belle âme de ce saint prêtre; qu'ils se donnent, lui et M. l'abbé James, le baiser de paix. Qu'il s'estime le père plutôt que le seigneur de ses subordonnés. Qu'il réalise ce vœu de notre cœur et du sien, ce projet de restauration des officialités ecclésiastiques pour les délits du clergé, qui ne ressortissent pas des tribunaux civils; qu'il reconquière M. de La Mennais : et son épiscopat sera béni parmi tous les autres, et il aura tenu ce qu'il promet et ce qu'on attend universellement de lui.

La première livraison de cet ouvrage nous a valu des témoignages d'autant plus flatteurs qu'ils étaient adressés par des inconnus à un inconnu. Le succès a dépassé toutes nos espérances, et déjà le public réclame impatiemment une édition nouvelle de la Biographie de M. Affre.

Toutefois, les approbations n'ont pas été unanimes, il faut l'avouer; quelques-uns nous voulaient moins élogieux; plusieurs aussi ont cru découvrir, sous le voile trompeur de la bienveillance et de l'admiration, une pensée hostile au clergé en général, et à M. Affre en particulier. On s'est demandé pourquoi et par quelle inconséquence nous signalions telles qualités comme décisives pour l'élection de l'archevêque récemment préconisé au Consistoire, et immédiatement, contre son élection, telle ou telle imperfection non moins réelle, édifiant d'une main ce que nous ruinons de l'autre. Nos vœux mêmes pour le rétablissement des vieilles disciplines diocésaines, et pour la réconciliation de l'illustre M. de la Mennais avec l'Église, n'ont été, aux yeux de certains, que des utopies et des témérités.

A cela, nous répondons d'abord ce que nous avons déjà dit : à savoir que personnellement nous n'avons aucune raison d'aimer ou de haïr M. Affre, n'ayant jamais eu avec lui le moindre rapport, ne l'ayant même jamais vu, si ce n'est à l'autel durant qu'il disait la messe, et dans la rue, à cinquante pas. Indépendant comme nous l'étions, il nous a semblé que, pour bien juger un homme, la chose la plus essentielle et la plus logique n'était pas de le considérer sous un point de vue seulement, et de constater, à l'exclusion de l'un des deux, soit le bien, soit le mal qu'il peut avoir fait. Écrire une vie, c'est écrire une révolution. Rien, en effet, ne varie comme les passions, et nous en avons tous, quelle que soit d'ailleurs notre supériorité morale. Nul n'a été toute sa vie uniquement bon ou uniquement mauvais, et nous affirmerions le contraire qu'on ne nous croirait pas.

S'il se fût agi d'un panégyrique, incontestablement nous avions manqué le but, et la rhétorique du *Solitaire* était en défaut. Mais il n'est ni dans les règles ni dans nos goûts d'exploiter ce genre de discours, à l'endroit d'un homme vivant surtout ; nous aimons bien mieux la vérité, et pour nous, et même encore plus pour celui dont nous avons parlé.

D'autre part, nous évitons de trancher aucune question ; nous ne dogmatisons pas, nous exposons des faits ; pourvu qu'ils soient avérés, nous les affirmons ; quand ils sont douteux, nous les donnons comme tels ; sans expliquer les anomalies et les incohérences qu'ils impliquent, nous les signalons dans l'ordre qu'ils ont suivi, et avec leurs physionomies successives, disparates ou uniformes ; au lecteur d'en tirer des conséquences, s'il y en a. Nos réflexions, quand il nous arrive d'en faire, ne sont, dans l'intention du moins, que notre avis, et point des décisions. Alors même que la puissance nous eût été donnée pour prononcer souverainement en de graves matières, nous n'aurions pas voulu nous en servir, de peur de ressembler à tout le monde.

Nous persistons, du reste, à désirer la restauration des tribunaux ecclésiastiques et le retour de M. de la Mennais à l'orthodoxie, que nous n'avons pas le désolant courage de trouver impossible.

Biographie du clergé Contemporain

au bureau central rue du mail

M. OLIVIER,

(... ... ...)

... ...
... ...
... ...
... ...
... ...
... ...

M. O... ... ...
... ... curé des ...
... ...

Je ne connais point d'hommes qui
fassent plus d'honneur à l'humanité que
les curés de Paris.
                                    R...

Nicolas T... ... ... à Paris, ...
... ... 1783, ...
... ...

... ...
... ...
... ...

Biographie du clergé Contemporain

Au bureau central rue du meaux

M. OLIVIER,

CURÉ DE SAINT-ROCH.

> Si vous l'avez vu par sa bonté compâtissante donner au repentir presque les grâces de la pudeur et de l'innocence, vous l'aurez vu aussi, selon la belle expression de Tertullien, par son seul regard, confondre le vice hypocrite et le pécheur endurci : *de occursu vitia suffundens.*
>
> M. OLIVIER, *Oraison funèbre de M. Desjardin, curé des Missions étrangères.*
>
> Je ne connais point d'hommes qui fassent plus d'honneur à l'humanité que les curés de Paris.
>
> BURNET.

Nicolas-Théodore Olivier est né à Paris vers 1798, et non à Monerville, en 1793 ; il a un peu plus de quarante-deux ans.

Son père, qui vit encore, était à cette époque un petit commerçant de la rue des Arcis, où, moyennant beaucoup d'activité et d'économie, il se fit un revenu de cinq à six mille francs, et vendit avantageusement son fonds. Il a acheté depuis une modeste et jolie propriété dans le voisinage d'Étampes.

Cet excellent homme, en donnant, avec l'aide de Dieu, beaucoup d'esprit et de gaîté à son fils unique, n'a certes rien perdu de ce qu'il possédait, sous l'un et l'autre rapport. Nous l'avons vu plusieurs fois : c'est bien la plus heureuse et la plus charmante de toutes les physionomies de vieillard; ses soixante-douze ans surabondent de sève et de verdeur; il a ses yeux du printemps, et point du tout l'air de songer que son fils soit l'obligé d'un autre pour ce qui est de l'existence (1).

Madame Olivier n'existe plus. Le curé de Saint-Roch se plaît à répéter que cette douce et pieuse mère fut pour lui une providence visible; qu'elle développa dans son âme, avec une admirable sollicitude, ses inclinations natives pour le ministère évangélique, et le

(1) Voir page 50.

soutint bien efficacement dans les difficultés qu'il y rencontra dès l'abord.

Après lui avoir elle-même enseigné les vérités fondamentales du christianisme et les premiers élémens du langage, elle le confia aux soins d'un ecclésiastique dont le nom nous est inconnu, et, peu après, le mit entre les mains de M. Boucher, curé de Saint-Merry, auteur justement estimé des *Vies de Marie de l'incarnation et de sainte Thérèse*, homme de science profonde et d'angélique pureté, qui est mort en 1827, à l'âge de quatre-vingt-sept ans, le plus pauvre de toute sa paroisse.

La vocation du jeune Olivier n'était plus dès-lors l'objet d'un doute.

Vers le milieu du mois dernier, M. le curé de Saint-Roch visitait avec son père les chapelles de son église, lorsque, s'arrêtant tout-à-coup, celui-ci lui dit : « Vous en souvient-il, « mon fils, vous êtes venu ici avec moi, en cet « endroit même, il y a trente-sept ans ; c'était

« à pareil jour : on disait la messe à cet autel,
« et comme, en quittant l'Église, vous vouliez
« qu'on vous fît tout de suite curé de Saint-
« Roch, je vous répondis : Tu le seras; ce qui
« parut vous réjouir singulièrement. »

Voilà une prévision fort étrange, en effet, et qui n'a pas moins d'importance que bien d'autres, si on veut y réfléchir, et apprécier, comme il le mérite, le rôle que joue M. Olivier dans sa sphère d'action.

Tout concourait du reste à la réaliser; jamais dispositions plus évidentes; jamais éducation plus religieuse et plus pleine. Quand il fut assez âgé pour suivre des cours publics, on le fit entrer au petit séminaire de Saint-Merry. Ses succès y furent brillans comme depuis dans des études supérieures, et les prix qu'il y remporta forment encore une partie notable de sa bibliothèque.

Ce qui montre d'ailleurs quelle idée on avait de sa capacité, c'est qu'à l'âge de quatorze ans, on le nomma catéchiste. Il s'acquittait merveilleusement de cet emploi difficile ; il préludait ainsi à sa renommée de prédicateur, et s'essayait au genre des instructions familières et des prônes, où il est aujourd'hui incomparable. Des témoins oculaires nous affirment que déjà on accourait de toutes parts pour le voir. Nous croyons quelquefois les témoins oculaires.

Cinq ans plus tard, à dix-neuf ans, il fit sa philosophie au séminaire de Saint-Sulpice, et, à vingt ans, il entra en théologie, où il eut pour professeur, ou pour maître des conférences, M. l'abbé Affre.

Nous avons esquissé rapidement cette première partie de sa vie qui n'a rien de très caractéristique. Jusqu'ici, les passions, quelles qu'elles fussent, prudemment et fortement dirigées vers des voies austères d'obéissance, et n'ayant du reste qu'une énergie passive, ont cheminé sans efforts comme sans répugnances. Elles vont maintenant s'individualiser et se constituer, devenir actives, se demander compte d'elles-mêmes à elles-mêmes, discuter les mobiles et les obstacles : le caractère naît, l'homme se fait.

L'étudiant de théologie dévorait son Tournély et son Billuart, comme autrefois son Virgile et son Démosthènes. A peine il avait paru sur les bancs que déjà nul ne prétendait l'égaler. La facilité naturelle faisait plus encore pour lui que le travail, et ce que ces deux qualités réunies produisaient, une assurance tant soit peu voisine de l'audace le mettait en œuvre. Ses confrères se rappellent avec un indicible plaisir les thèses qu'il soutint en différentes occasions, et les discussions où il guerroya contre ses maîtres, aux applaudissemens de tous.

Dans ces discussions toutefois, on lui reprochait de la brusquerie, souvent même de l'arrogance et une excentricité dangereuse. La compagnie de Saint-Sulpice professait alors les doctrines ultramontaines, comme étant seules catholiques, ou à-peu-près ; M. Olivier, d'autre part, fut toujours gallican comme un président à mortier. Une fois sur le terrain brûlant des *quatre articles*, chacun sait à quel point les théologiens se divisent et se déchirent d'ordinaire, selon toute la force du mot : *scinduntur*; on se divisait donc, et on s'endommageait; et M. Emery était effrayé, le vénérable et saint prêtre; et M. Affre lui-même, le fougueux antagoniste des prérogatives papales, n'osait pas trop dire ce qu'il pensait de son digne élève.

Mais ces appréhensions se dissipèrent bientôt; la conduite exemplaire de M. Olivier fit contre-poids à ces impressions fâcheuses; il n'en aima que plus ses excellens supérieurs, qui le lui rendirent bien; et le fameux abbé Maury, ayant entendu parler de lui, voulut le voir, le félicita, et lui promit un bel avenir.

Grâces soient rendues aux sulpiciens d'en avoir agi si sagement avec lui ! en lui laissant une liberté innocente, ils formèrent un grand ouvrier de conversion; s'ils avaient eu l'imprudence de le brusquer, qui sait ce qui fût advenu? Espérons que dans leur gallicanisme d'aujourd'hui, leur modération n'a pas failli et ne faillira pas non plus.

En 1822, à vingt-quatre ans, M. Olivier reçut la prêtrise, et fut nommé vicaire de Saint-Denis où il resta peu de temps; puis premier vicaire de Saint-Etienne-du-Mont, qu'il quitta bientôt pour y revenir en qualité de curé, après avoir occupé avec une rare distinction la cure de Chaillot.

Dans la paroisse de Saint-Etienne surtout, M. Olivier fut, suivant toute la rigueur du terme, un bon curé; son zèle que rien n'épuisait se dirigea particulièrement vers la jeunesse des écoles, cette partie si intéressante de la population dont on s'occupe trop peu en général. Il avait établi pour certains jours de la semaine des conférences réservées aux collèges, aux pensions et aux écoles de droit et de médecine. Il y régnait un ordre parfait. A la fin des conférences ceux qui voulaient lui faire des observations, lui soumettre des difficultés, se rendaient au presbytère, sûrs d'y trouver le plus gracieux accueil, un joli jardin, et même un excellent billard au service des amateurs; car M. Olivier, disons-le bien vite, a un faible pour le billard et jouit d'une réputation fort honnête d'habileté au bloc et au carambolage.

Or, c'est par manière de récréation et dans les calmes agitations du jeu, qu'insensiblement il s'emparait de son homme et lui insinuait l'amour du bien. Touchante supercherie, qui fut pour plusieurs une cause puissante de bonheur et de salut, et qui a fait, selon toute apparence, d'un pauvre petit avocat, bien athée alors, l'un des plus admirables prêtres du dix-neuvième siècle.

Rousseau a dit : « Je ne trouve rien de si beau que d'être curé. Si jamais j'avais quelque cure de bonnes gens à desservir, je serais heureux ! car il me semble que je ferais le bonheur de mes paroissiens. Je ne les voudrais pas riches, mais je partagerais leur pauvreté; quand ils verraient que je ne serais rien de mieux qu'eux et que pourtant je vivrais heureux, ils apprendraient à se consoler de leur sort et à vivre contens de moi. »

Nous avons besoin de courage pour faire ici une application qui pourtant nous semble au moins légitime. Ceux qui ont pu lire dans les antécédens de M. Olivier, et jusque dans les traits de son visage, qu'évidemment le sang de M. de Quélen coulait dans ses veines; ceux qui font si bon marché des convenances, de l'honneur d'autrui, du leur, et du sens commun, ceux-là n'ont pas eu beaucoup à faire pour se persuader qu'il n'est qu'un homme de plaisir et d'argent, battant monnaie sur l'autel, mangeant comme Lucullus, perpétuellement endormi sur de soyeuses ottomanes, parmi des roses effeuillées et dans des nuages de parfum.

Ces poétiques calomnies ne sont au fond que de puissantes sottises.

Le revenu d'une cure, dans Paris, ne s'elève jamais, toutes choses comprises, qu'à 16 ou 20,000 francs. Fût-il de 80,000, que conclure de là, si, au terme de chaque année, celui qui les reçoit les a donnés à autrui; s'il s'impose, quoi qu'on ait dit, des privations dont bénéficient les hôpitaux; s'il absorbe, dans ses charités, une rente patrimoniale de 4,000 francs; s'il est vrai qu'il n'ait jamais gardé 5 francs dans sa bourse durant cinq minutes, parce que Jésus-Christ lui a dit : *Il y aura toujours des pauvres parmi vous.*

Ainsi va le monde. Nous en sommes à ce point que la meilleure des recommandations pour un homme, au vis-à-vis des sages, soit qu'on leur en dise le plus de mal possible; et cette maladie des sociétés ne date pas d'hier, apparemment.

Que M. Olivier donne aux solennités du culte une magnificence inouïe, c'est chose incontestable et qui, en définitive, a dû le ruiner plutôt que l'enrichir. En dépit du *Corsaire*, avec ses spirituelles saillies qui s'adressent à plus fort qu'elles, et dont il s'amuse le premier, les broderies de ses autels ne sont pas les nappes de sa table, ni l'or des ciboires et des calices le verre où il a été vu se désaltérant. Interrogez ses prêtres qui ne le haïssent pas, mais qui l'aiment à l'adoration quelquefois, dont il est non pas le despote brutal, mais le bienfaiteur et le père; consultez ceux dont la main s'ouvre pour verser à flots l'aumône, quand il demande et sans qu'il demande; cette malheureuse victime d'une cupidité criminelle qui le pilla dans l'ombre, qu'il pouvait livrer à la vindicte des lois et qu'il a sauvée par un mouvement héroïque de commisération, arrachez-lui le secret de sa reconnaissance, et laissez-moi croire que les sublimes paroles de Rousseau s'appliquent aussi bien à M. Olivier, dans sa grande cure, qu'au plus humble et au meilleur desservant de nos campagnes.

Sa nomination à la cure de Saint-Roch fut signée en 1833. Trois ans plus tard il reçut le cordon de la Légion d'honneur, et fut appelé dans le conseil d'examen des écoles primaires. M. de Quélen l'avait fait depuis quelque temps chanoine honoraire de la métropole.

Nous jugeons inutile de répéter ici ce que tout le monde sait comme nous. Ceux qui ont vu Saint-Roch en 1832, même sous M. Marduel, qui était l'admiration de Franklin, s'expliquent à peine qu'avec les forces d'un seul homme et en si peu de temps, de si grandes restaurations aient été opérées. Ce vieil *hôtel Gaillon* du faubourg Saint-Honoré s'étonne lui-même des prodigieuses transformations qu'il a subies, depuis ses deux petites chapelles de *Sainte-Suzanne* et des *Cinq plaies de Notre Seigneur*, depuis même qu'à la place de ces chapelles fut construite, en 1587, une succursale de Saint-Germain-l'Auxerrois, affranchie de toute annexité, le 30 juin 1633, reconstruite sous Anne d'Autriche, qui en posa la première pierre le 28 mars 1653, et achevée en 1720 avec cent mille livres données par Law.

2.

Nulle église ne peut désormais rivaliser avec Saint-Roch, pas même Notre-Dame-de-Lorrette, ce pieux boudoir; et les lauriers de M. de Rolleau n'empêcheront pas, quoiqu'il fasse, M. Olivier de dormir.

L'étranger qui voudra se faire une juste idée de M. Olivier dans son action sur le culte extérieur qu'il a révolutionné, devra choisir un jour d'*Annuel Majeur*, de *Fête-Dieu* par exemple. La foule se précipite et inonde les portiques; le temple s'est revêtu d'une inexprimable splendeur; les voix graves et pleines des choristes roulent au loin sous les voûtes émues; l'autel est enflammé; de larges bouquets s'épanouissent dans leurs porcelaines sculptées; les grands candélabres, frappés par la réverbération des bougies, jettent des éclairs éblouissants; les lévites, en surplis de fin lin, s'échelonnent sur les degrés du sanctuaire comme les anges dans la vision de Jacob; au plus haut point apparaît devant l'autel le célébrant, avec sa chasuble toute rayonnante d'or; et auprès de lui le diacre et le sous-diacre en dalmatiques de même beauté : c'est un chapitre en action du *Génie du Christianisme.*

Voyant ces choses, l'étranger dira : C'est bien ! c'est sublime ! Tout ici élève le cœur et l'intelligence vers Dieu ; on est à l'aise pour prier et aimer dans cette atmosphère enivrante et presque céleste.

Or, il remarquera que le célébrant est M. Olivier lui-même ; et, au fait, qui tiendrait mieux la place ? Qui officie mieux, en certains cas, et avec plus de grandeur ? Qui est plus beau à l'autel que M. Olivier ?

M. Olivier a de la dignité dans son extérieur, il en a beaucoup quand il s'observe ; sa taille n'est ni au-dessus ni au-dessous de l'ordinaire ; il a un peu d'embonpoint, mais pas assez pour rien perdre de l'agilité de ses mouvemens. Son front large et découvert s'encadre dans une blanche couronne de cheveux soigneusement crêpés et poudrés ; il y a dans ses yeux tout son esprit et tout son cœur, ce qui veut dire qu'ils sont d'une expression admirable. Ses lèvres minces, proéminentes et légèrement arquées, trahissent un peu son penchant à la satire, et doivent bien effrayer ces pauvres bacheliers des écoles primaires, quand il saisit l'occasion de leur dire : « Vous êtes refusé »; car c'est pour lui, si on ne nous trompe, un plaisir sans égal.. Il a une main napoléonnienne, et c'est encore pour autre chose qu'on l'a surnommé le petit Napoléon de Saint-Roch !

L'étranger, en le voyant, se dira encore : « Tout ici est bien », et il aura raison.

Mais si la cérémonie change d'aspect, et qu'aussitôt résonnent à ses oreilles les accens d'une musique de régiment ou d'un opéra des Bouffes, que dira l'étranger?

Ici commence pour nous un devoir d'opposition.

Autant le plain-chant, cette antique et majestueuse expression de l'espérance qui demande, de la charité qui adore, de la foi qui s'humilie et contemple ; autant le plain-chant nous semble provoquer la piété et la méditation, autant nous sommes contristé de voir que ces deux filles du ciel, colombes timides et pures, s'envolent effrayées par les mêmes bruits tumultueux et lascifs où se fait bercer chaque soir l'impure volupté. N'appelez pas au chœur la voix d'un homme dont vous en chasserez le cadavre ; ne faites pas payer à la porte de l'église un spectacle que vous signalez ailleurs comme une damnation ; ou abolissez les lois disciplinaires qui anathématisent les comédiens et les théâtres ! Vous répondrez que ce qui tue l'âme, ce n'est pas la voix, ce sont les paroles, ce sont les nudités et les attitudes ; et nous croyons que vous errez. Au contraire, la débauche, selon nous, aime le mystère ; la suprême ambition du tentateur a été de séduire une ange, comme l'a deviné la poésie. Le cœur pur d'une jeune fille s'éprend plus vite de ces honnêtes dehors, ou au moins ils le dissipent et l'agitent prématurément ; et, puisqu'il est si tendre encore, la moindre commotion le blesse. Cette foule que vous attirez est curieuse toujours, souvent impie et sacrilège. Le *peu d'élus* des simples dimanches réjouit plus, soyez-en sûr, le cœur de Dieu.

Voici une parole grave de M. l'abbé Orsini, prise dans un article du *Moniteur de la Religion*, 1836, sur M. de Quélen : « Il lui est arrivé quelquefois de laisser tomber des paroles de blâme sur des cérémonies d'apparat et des pratiques nouvelles, qui ne peuvent que compromettre la religion aux yeux du peuple persiffleur des bords de la Seine. Il a fait en cela preuve de bon goût, de connaissance du monde et de catholicisme. »

A Dieu ne plaise cependant que nos paroles accusent des intentions droites et respectables. Nous constatons le fait et le discutons en lui-même; nous disons que son but, qui est de gagner par tous les moyens licites des âmes à Jésus-Christ, M. Olivier le manque dans cette circonstance; nous plaidons pour les coutumes consacrés et les anciennes rubriques contre des innovations qui nous alarment, et qui, dans tout les cas, ne sauraient être que des mesures dérogatoires; nous osons penser et dire ce que beaucoup d'autres, même puissans, pensent et ne disent pas. En supprimant tous ces alliages profanes, M. Olivier mériterait bien de notre édification, et s'épargnerait à lui-même les émotions et les violences qui troublent quelquefois la sérénité naturelle de son âme.

Il y a d'ailleurs un homme qui comprendra mieux que personne nos désirs et nos raisons; c'est M. Olivier lui-même, le grand liturgiste, le théologien savant, l'un des ecclésiastiques de France qui connaissent le plus et le mieux les Pères et l'histoire sacrée.

En effet, la tradition justifiera-t-elle ce que nous attaquons? On peut au moins en douter, et nous osons défier M. Olivier de trouver un seul passage à l'appui, dans saint Augustin ou Bossuet, ses deux auteurs de prédilection, qu'il cite si souvent et si bien, et dont il nourrit si heureusement ses discours.

M. Olivier, comme orateur, est la réfutation vivante de M. Olivier, comme chorège de Saint-Roch. Ce n'est plus, dans la chaire, cette nature impressionnable et violente que tout révolte, que rien n'arrête, qui varie à tout accident et à tout vol de mouche, quand sa détermination n'a pas été solidement prise de rester fixe; celui qui tout-à-l'heure culbutait ses bedeaux éperdus, et, de l'autel même, se retournait furieux vers le pupitre, pour gourmander un chantre qui *fausse*, ou une petite fille qui babille avec sa voisine; cet homme formidable se pose avec le calme de Bourdaloue, immobile, la tête haute et sévère. Sa voix, faible d'abord, s'affermit peu à peu, et sa mémoire qui hésite au début s'agrandit proportionnellement. Sous la forme la plus austère et la plus précise se dessine d'elle-même une pensée visible à tous. Nous ne savons pas de style plus pur, de méthode plus parfaite, un art plus prestigieux d'exprimer, sans qu'il y paraisse, ce que renferme la métaphysique de plus ardu, et l'érudition de plus sec. Quand il prêche, l'Eglise est pleine ; qu'il ait préparé son discours ou qu'il l'improvise, son abondance est la même ; sa facilité, son élégance, sa mémoire, sa force, ne varient pas; l'esprit le plus exercé s'y tromperait. Un simple entretien de lui est un évènement dans la capitale ; et, sans les immenses travaux d'administration qui l'absorbent, à la réputation que lui ont faite ses prônes, il eût joint infailliblement celle de l'un des prédicateurs les plus distingués de l'époque présente.

Ses preuves, du reste, sont déjà faites : dans toute cette pléïade d'orateurs qui, depuis dix ans, ont illustré la chaire chrétienne, le premier, par l'ordre des temps, est M. Olivier ; il est la transition d'un genre à un autre, le point central entre deux écoles bien distinctes, participant tour-à-tour des anciens sermonnaires de l'empire ou de la restauration, et du romantisme de Lacordaire. Limpide et un peu compassé comme ceux-là, onctueux quelquefois et nerveux comme l'éloquent disciple de M. de la Mennais; son oraison funèbre de M. Desjardin est un chef-d'œuvre, et en même temps, sous ce rapport, un véritable monument historique et critique.

Toutefois il est juste de dire qu'une qualité manquait à M. Olivier pour les grandes prédications proprement dites : à savoir l'organe. Cette voix grêle, flûtée et glapissante, moyennant qu'il la tempère et la dirige, se modifiera selon les exigences d'une instruction pastorale; il l'assouplira même à ce point qu'elle exprime desharmonies suaves, quand il chante seul ou en chœur, l'*adoremus* par exemple, qui qui est son triomphe en ce genre; mais l'étendue et la plénitude lui manquent; elle est bien plutôt un instrument délicieux de causerie, plus à l'aise avec de l'esprit qu'avec du génie, toute de grâce légère et de soudaineté, nullement d'élaboration pénible et de combinaison; elle a, en quelque sorte, plus de portée mondaine que de moyens évangéliques;

elle est essentiellement faite pour articuler un bon mot, ou décocher un trait malicieux, ou hasarder une galanterie charmante.

Sans être ami du monde plus que de raison, M. Olivier le fréquente, parce qu'il le faut, et sème partout l'esprit à pleines mains, avec la gaîté et les ris. Sa gentillesse va même quelquefois jusqu'à une espèce d'inconséquence, comme son zèle; souvent aussi sa vivacité pique; mais c'est la faute de ses nerfs et non celle de sa volonté. La Chaussée-d'Antin l'idolâtre sans réserve; le Faubourg Saint-Germain le le recherche et le taquine, moins encore par esprit d'opposition que pour le plaisir de mettre en mouvement toutes ses ressources et de s'émerveiller. La pomme de discorde, on le sent bien, est la politique; l'ami de Louis-Philippe n'en a jamais peur et ne recule pas. La lutte engagée, il est ravissant de raison et de sophisme, de colère et d'amabilité, de suffisance et de bonhomie.

Un gourmand de nos amis se plaignait naguère d'avoir mal dîné chez un grand seigneur, qui d'ordinaire traite à ravir. — Le curé de Saint-Roch était là, nous dit-il ; j'ai oublié de manger en l'écoutant. — Ceux qui l'ont entendu parler n'en douteront pas.

S'il s'agit d'une question théologique ou d'une controverse quelconque étrangère à la politique du moment, il se surpasse lui-même, n'ayant pas à ménager des susceptibilités vénérables, et se maintenant toujours dans le domaine de la conversation familière où il sent bien qu'est sa puissance.

Il eut un jour un assaut à soutenir contre un des plus célèbres professeurs de l'Allemagne, théologien de vieille souche, dialecticien subtil et périlleux s'il en fut jamais ; intrépide champion, lui aussi, de l'infaillibilité du pape ; de part et d'autre la chaleur fut grande ; il y eut des éclats de foudre, des alternatives dramatiques, et réellement des prodiges de valeur. Le Gallican dut à la fin mordre la poussière ; mais il le fit admirablement, et le vainqueur s'écria, en lui serrant la main et regardant l'assistance : *Quel prince d'argumentation !*

Ce laisser-aller de l'intérieur lui profite aussi excellemment pour l'administration pastorale. Ainsi, sur le modèle des conférences que plusieurs évêques ont établies dans leurs diocèses, M. Olivier réunit au presbytère, une fois la semaine ou le mois, tous les ecclésiastiques attachés à son église : c'est une espèce de petit synode dont il est l'âme ; on y traite des matières les plus difficiles et les plus délicates du dogme et de la morale ; chacun soutient à son tour une thèse imposée que discutent ensuite les autres ; l'analyse de la conférence est rédigée et déposée aux archives de la cure ; les séances se terminent par une modeste collation ; et le fruit de cette institution, ne fût-il pas d'exercer l'intelligence et d'y développer, en les multipliant, les trésors de la doctrine, serait encore une cause salutaire de rapprochement et un lien d'union et d'unité pour les prêtres. L'un de ces prêtres, le plus remarquable peut-être, nous en a dit de charmantes choses. De tout cela suit que M. de Quélen disait avec quelque vérité : « L'abbé Olivier n'est pas seulement le pre-« mier curé de Paris, mais le premier curé de « France. »

Sur d'autres points pourtant l'enthousiasme du bon archevêque n'était pas le même; il lui donna, dit-on, des avis secrets dont il ne tint compte; et on prétend que M. de Quélen, sur la fin de sa vie, n'était pas sans quelque arrière-pensée, bien qu'il accueillît toujours avec un certain empressement son cher fils en Jésus-Christ.

Nous n'avons ni le temps, ni le droit peut-être d'examiner si M. Olivier fit sagement d'aller à la cour, après la révolution de juillet, lorsque son Ordinaire la fuyait comme l'enfer; de fraterniser avec les héros des trois jours, de cueillir les plus belles roses de son jardin pour en décorer, dans un corps-de-garde, le buste du lieutenant-général du royaume, et d'enlever prudemment à la cime de Saint-

Etienne-du-Mont la croix qui la surmontait et qu'on n'a pas replacée.

Quels sont aujourd'hui les devoirs du prêtre dans ses rapports avec les gouvernemens? Le successeur de M. de Quélen tranchera le nœud, et il est compétent. M. Olivier a pris les devants sur la route que suivra et consacrera celui-ci; voilà tout ce que nous pouvons dire, en renvoyant nos lecteurs à un excellent journal, l'*Univers religieux*, où cette question se trouve quotidiennement traitée avec talent, et aux lettres du pasteur Clanevière, *sur les causes qui retardent l'étude de la théologie.*

A nos yeux, M. Olivier n'a pas été, plus que M. Affre, déterminé dans ses actes par un motif d'ambition. L'ambition n'est pas ingénue, et ces hommes-là disent crûment ce qu'ils pensent : l'ambition se nie, et ils s'avouent.

Est-il vrai, disait une dame à M. Olivier, que l'archevêché de Paris a été offert au curé de

Saint-Roch? — Non, Madame, puisque le curé de Saint-Roch n'est point archevêque.

En résumé, quel est M. Olivier?

L'homme de France dont on parle le plus, et le moins connu; le moins connu et le plus méconnu.

Sur lui, les choses en sont à ce point-ci : presque tout ce qu'on a dit est faux, presque tout ce qu'on n'a pas dit est vrai.

Il a des séides qui le diffament, et des ennemis acharnés qui le préconisent.

Les premiers exploitent sa personne, par une politique d'égoïsme qui s'explique : ils l'exagèrent jusqu'à la caricature, comme font les voyageurs des phénomènes lointains, qu'eux seuls ont vus ou plutôt inventés; et ils s'imaginent grandir d'autant dans l'opinion publique; ces gens-là sont aussi comme Piron, assis sous une niche de madone, et prenant pour leur compte toutes les génuflexions des passans.

Les derniers, qui paient leur pain de chaque jour avec du dénigrement et du scandale, s'attachent à lui de préférence, parce qu'ils lui soupçonnent un sang plus riche à sucer, et aussi parce qu'étant plus large, plus haut, plus en vue, plus dédaigneux de se défendre, il donne plus de prise; l'excès même de leurs efforts en fait l'impuissance, et son impassibilité le glorifie.

Est-ce préoccupation? est-ce réalité? Il n'est pas jusqu'aux qualités dans cet homme qui n'aient parfois des allures indéfinissables de mal; et il y a, dans ses imperfections les plus clairement dessinées, un inexprimable parfum de vertu.

Impossible donc, si on le juge exclusivement sur le dire populaire et sur certaines apparences, de formuler une opinion raisonnable.

Que faut-il faire alors? Rester étrangers aux préoccupations; remonter, puisque cela nous est permis, à la source véritable des faits, en suivre le cours religieusement, applaudir au bien, quelque part qu'il apparaisse, et avouer ce qui s'en éloignerait même d'une ligne, car Dieu n'a pas peur de la vérité, ni celle-ci de la franchise et de la lumière; et, dans la vie d'un prêtre, qui est une Bible pour les chrétiens, les actions sont comme autant de textes différens, qu'il serait sacrilège de tronquer, fût-ce même à l'appui d'un article de foi.

Pour nous, comme pour tous ceux qui l'étudieront, M. Olivier est encore un homme fidèle à sa nature, et heureux que Dieu la lui ait faite ainsi, car, en tous les cas, il l'eût suivie; connaissant trop les hommes pour les prendre au sérieux au point de vue profane, et les choses pour n'en pas agir cavalièrement avec elles. M. Olivier est un apôtre à sa manière, qui n'est pas la mauvaise peut-être, prenant la société par un bout quand ses confrères la prennent par l'autre, pour atteindre à des fins identiques; un administrateur habile, et passionné pour l'ordre jusqu'à la minutie, jusqu'à une espèce de fureur; un révolutionnaire dans son genre, qui, en écrasant les abus, enfante des haines, et que bénit la justice restaurée par ses mains.

M. Olivier est bien où il est et comme il est. S'il a refusé plusieurs fois l'épiscopat, on le dit, nul ne le sait ; s'il l'a fait, il a bien fait, et fera bien de le refuser toujours. Nous dirions facilement pourquoi.

Biographies du Clergé Contemporain

M. LE CARDINAL
DE LATOUR D'AUVERGNE-LAURAGUAIS.

> « Les Cardinaux furent, … dans les
> temps les plus mauvais et les plus diffi-
> ciles, entre tous les ecclésiastiques
> par conséquent, entre tous les indivi-
> dus, les plus vertueux de tous les
> hommes. »
>
> MADAME *…*
> *siècle*

Nous aimons à citer M. Michelet et M. de Voltaire, moins à cause de leur valeur individuelle que pour autre chose. Il y a chez ces deux hommes, quoique mis au pôle … que différent, même position, même attitude. Or, généralement parlant, puisque nous sommes éclectiques, nous n'approuvons ni

Biographie du Clergé Contemporain

M. LE CARDINAL

DE LATOUR D'AUVERGNE-LAURAGUAIS.

> Les Cardinaux furent, même dans les temps les plus mauvais et les plus difficiles, entre tous les ecclésiastiques et, par conséquent, entre tous les individus, les plus vertueux de tous les hommes.
>
> MADROLLE, *le Prêtre devant le siècle.*

Nous aimons à citer M. Madrolle et M. de Voltaire, moins à cause de leur valeur individuelle que pour autre chose. Il y a chez ces deux hommes, quoique sous un point de vue différent, même passion, même excentricité. Or, généralement parlant, puisque nous sommes eclectique, nous n'approuvons ni l'un ni l'autre. Eh bien, nous prisons d'autant plus, dans la cause, leur témoignage ou leurs aveux ; et nous nous appliquons le mot de Cicéron : *Habemus confitentem reum*. Ainsi procédait le savant Dominique de Colonia.

Ceci étant posé comme réponse nécessaire à certaines objections, nous entrons au cœur du sujet.

Hugues-Robert-Jean-Charles de Latour-d'Auvergne-Lauraguais naquit à Auzeville en Languedoc le 14 août 1768.

Par son père, le marquis du même nom, seigneur dudit Auzeville et de Saint-Paulet, il descend d'une des plus anciennes et des plus illustres familles de France, comme nous l'allons voir.

Se mère, Mlle d'Aumale, était aussi une personne de très haute qualité.

En l'an 1016, ou environ, Louis V le Fainéant fut pris et enfermé dans la tour des Creusis par son cousin le comte de Vermandois ; ce que voyant, Géraud, jeune page de la haute maison d'Aquitaine, réunit plusieurs vaillans hommes, et forma une conjuration pour délivrer le roi. L'heure du rendez-vous fut donnée; on prit un mot de ralliement, et la nuit suivante, une tentative fut faite; mais elle échoua.

Pour unique prix de sa fidélité, le chef, depuis lors, eut un surnom où s'est perdu son nom primitif; c'était le mot même de ralliement : LATOUR.

Il y eut ensuite, dans cette lignée, sainte Adelaïde, femme de Hugues Capet; Humbert de Latour, dauphin de Viennois; Marie de Latour qui épousa Laurent de Médicis, et donna le jour à la fameuse Catherine, reine de France; le grand Turenne, enfin, dont le duc de Bouillon n'a pas, quoiqu'on dise, emporté le nom dans sa tombe le 7 février 1802.

Nous avons encore à nommer, parmi ceux de nos jours, Malo Corret de Latour d'Auvergne, premier grenadier de France, et le général de Latour-d'Auvergne-Lauraguais, frère aîné du cardinal, maréchal-de-camp, chevalier de Saint-Louis et de la Légion d'honneur et ancien membre de la chambre des députés en 1815, qui possède le cœur de Malo Corret, si long-temps porté en tête de la 46ᵉ demi-brigade, et celui de Turenne.

Sans crainte d'encourir les disgrâces de la politique radicale, et sans désir, non plus, de capter des sourires aristocratiques, nous aurions voulu nous arrêter sur cette particularité d'une généalogie éminemment curieuse, si les bornes d'une petite biographie le permettaient. Un blason n'est pas une vertu, d'accord. Est-ce un vice? pas davantage. Plusieurs agissent par devers la noblesse comme si c'était l'une ou l'autre, exclusivement. Rien de plus monstrueux ou de plus absurde.

A nos yeux pourtant, il faut l'avouer, les qualités morales et même physiques, qu'elles soient bonnes ou mauvaises, empruntent toujours à la naissance quelque chose d'indéfinissable et de réel qu'elles lui communiquent tour à tour. Elles se reflètent, pour ainsi dire, mutuellement, et ainsi doublent leur importance. Ici, qu'on l'observe bien, nous n'établissons pas un droit; nous constatons un fait. Ceux-là même qui le nient, se prendront vingt fois le jour à le penser.

Citons bien vite un joli vers de Virgile :

Gratior et pulchro veniens in corpore virtus.

et avançons.

Dès un âge tendre, le jeune de Latour fut confié aux soins d'un chanoine de Castres, son oncle paternel, qui lui donna des précepteurs, et se chargea personnellement de le former à l'amour des choses de Dieu.

Dans cette double carrière de la science et de la piété, ses progrès furent rapides.

C'était une félicité sans égale pour le petit pensionnaire de participer, comme enfant de chœur, aux cérémonies des grandes fêtes, et de servir la messe. Nul ne doutait dès-lors que, par un adorable effet de la providence, les goûts de sa nature ne se trouvassent en harmonie parfaite avec sa position de cadet de famille. Évidemment, il y avait là vocation pour l'état ecclésiastique.

Ses études mêmes de choix, à part les impulsions étrangères, se dirigeaient constamment vers les objets religieux. Une personne qui le connaît bien nous dit qu'à peine âgé de dix ans, lorsqu'on le questionnait sur les articles du catéchisme, il faisait des réponses surprenantes, quelquefois effrayantes par la précocité d'intelligence et la patience d'investigation qu'elles supposaient.

Ayant terminé ses humanités, il entra au séminaire de Saint-Sulpice, et fit son cours de théologie sous M. Emery.

La révolution venait d'éclater, quand il fut ordonné sous-diacre. A cette époque, beaucoup manquèrent de force pour le pas décisif; et, de fait, la tentation fut-elle jamais aussi grande, l'excuse aussi légitime? Sans blâmer des résolutions contraires, M. de Latour ne fléchit pas un moment; il prononça ses vœux, reçut six mois plus tard le diaconat, et l'année suivante, fut fait prêtre par M. de Roquelaure.

L'ordination, du reste, n'eut pas lieu à ciel ouvert, et ce fut la dernière de celles qui précédèrent l'abolition du culte catholique en France.

A sa sortie de Saint-Sulpice, il se retira chez sa tante, Mme la comtesse de Vergy, d^{lle} d'Aumale, à Abbeville en Picardie, et s'y cacha durant la terreur. Il n'avait pu suivre dans l'émigration le reste de sa famille, ou il ne l'avait pas voulu, chose qu'on nous dispensera d'examiner.

Dire que la République, une et indivisible, traquait comme bête fauve quiconque portait le nom de prêtre, et même bien d'autres, serait naïf, à force d'être vrai. Jamais activité pareille ne fut déployée, et avec une plus horrible mesquinerie. On n'échappait que par miracle.

M. de Latour fut découvert et jeté en prison. Il allait subir le sort commun, lorsque parut au seuil de son cachot M. d'Arcambal, fournisseur général de l'armée républicaine, qui le fit rendre à la liberté, et l'employa comme teneur de livres jusqu'à la réouverture des églises par suite du Concordat et l'amnistie des émigrés.

Les diocésains d'Arras doivent bien savoir par cœur le nom de M. d'Arcambal; qu'il nous soit permis de nous associer à leur reconnaissance.

Voilà donc cet homme à prérogatives, ce rejeton d'une tige quasi royale, le comte de Latour-d'Auvergne-Lauraguais commis aux appointemens de quelques cents livres, et remplissant bien, certes, ses fonctions nouvelles avec la plus roturière exactitude et la meilleure grâce qui se soient vues; heureux de gagner ainsi le morceau de pain qu'il mange d'un appétit charmant, et d'ailleurs jouant à l'avenant un double rôle : car son zèle et son dévoûment de prêtre, sitôt que venait à poindre la possibilité d'agir, ne le cédaient en rien à l'ingénieuse désinvolture de son aptitude commerciale.

En 1801, comme le catholicisme commençait à respirer, il se montra, un des premiers, revêtu du costume canonique. Son ambition, la seule sans doute, qu'il ait jamais eue, était de passer et finir ses jours dans cette humble cure de Vergy, où habitait sa tante. Mais Bonaparte ne pensait pas de même.

Aussi habile que violent dans ses projets de domination, le premier Consul savait que de grands noms sont rarement de petites choses. Précisément, parce qu'il était du peuple, il sentait le besoin de faire oublier son origine, en s'étayant d'une aristocratie dévouée. Il jetait les honneurs, comme pâture, à la noblesse, pour l'empêcher de crier et de le mordre. Son orgueil aspirait à fouler ces hautes têtes.

Il n'oublia pas le descendant des Bouillon, et lui proposa l'évêché d'Arras, que venait de refuser M. Emery.

Immédiatement M. de Latour fut chez son ancien supérieur, M. Emery lui-même; et déclara qu'il n'accepterait jamais. — Dieu vous appelle, lui dit le bon sulpicien, je vous conseille d'obéir. — Mais vous, monsieur, vous avez reculé.... — Je n'ai pas ce qu'il faut, et vous l'avez, repartit M. Emery.

Le disciple fit comme avait dit le maître, après cette lutte touchante de confiance et de modestie.

Il avait 33 ans, lorsqu'il fut sacré, le 16 de mai 1802, par M. de Bonald.

A son arrivée dans le diocèse d'Arras, il trouva toutes choses dans l'état où les avait mises la révolution : point d'églises, ou des églises délabrées et converties en écuries, en abattoirs, en salles de danse. Partout le désordre. Nulle idée de l'autorité.

La tâche à remplir lui parut bien vaste ; elle le fit frémir peut-être un moment; mais la parole de M. Emery dut lui revenir en mémoire, et sa détermination fut vigoureusement prise.

Il faudrait suivre le nouvel évêque à travers toutes les transformations qu'il opère. Nous verrions s'élever, comme par enchantement, cette magnifique cathédrale de Saint-Waast, l'une des plus remarquables de l'Europe, avec ses peintures à fresque d'Abel de Pujol, ses élégantes chapelles en stuc, et les merveilleuses sculptures de ses boiseries. Devant nous se décomposerait, pour se reconstituer sur des bases solides, tout un système malheureux d'administration diocésaine. Il nous dirait comment, à dompter un peuple échappé, à substituer au plus effrayé rationalisme la règle despotique et l'inflexible volonté, il a gagné les cœurs et recueilli des richesses d'amour véritablement inouïes.

Mais les détails abondent; ils nous forcent à marcher vite; et c'est à peine si, laissant de côté les accidens les plus généraux de sa vie, le temps nous suffira pour dire quelques mots de son intérieur et de ce qu'il est dans ses relations partielles.

Depuis 1802, M. de Latour n'a jamais omis

volontairement un seul jour de dire sa messe; et d'ordinaire à six heures et demie. Est-ce une chose commune parmi les évêques ? Nous n'en savons rien, nous ne le disons pas.

Le reste de sa journée, il le consacre tout entier, ou à très peu près, aux soins de son troupeau. Il reçoit avec dignité, mais sans hauteur et sans morgue, les curés et vicaires qui le visitent, prête paternellement l'oreille à leurs plaintes, leur donne des avis qui sont doux à prendre et bons à suivre, ne les humilie pas, alors même qu'il les blâme avec sévérité; et chacun d'eux, en prenant congé de lui, a toujours de belles choses à dire sur sa personne.

Cette exquise affabilité n'exclue pas cependant la fermeté du caractère. Une résolution du cardinal n'est pas une affaire qui se puisse modifier ou révoquer. Il redoute les premières impressions, et n'y obéit jamais. Il compte beaucoup sur le temps, les réflexions mûries, sur les lumières et la prudence des conseils qu'il s'est choisis, non pas pour la forme, mais sérieusement; et c'est après avoir épuisé, par manière d'enquête contradictoire, tous les argumens qui militent pour ou contre les questions pendantes, c'est alors seulement qu'il prononce, et la sentence est irrévocable ; « a telles enseignes, dit un ecclésiastique d'Arras, qu'une fois interdit, on l'est à jamais »; ce qui prouve uniquement que ceux-là sont frappés, qui méritent tout-à-fait de l'être, ainsi que le dit encore notre excellent prêtre.

Souvent aussi M. de Latour se rend au séminaire, qui n'est séparé de son palais que par une galerie. Là, il examine par lui-même l'état des études théologiques et les cours de physique et de chimie qu'il a fondés; il questionne et argumente avec une lucidité parfaite ; il se fait vénérer et aimer; et les sujets qu'il forme se distinguent aujourd'hui parmi les plus solides, sinon parmi les plus brillans du clergé français.

Nous observons qu'il n'a pas appelé les sulpiciens à gouverner son séminaire. Il a trouvé chez lui, et au-delà, ce qu'il lui fallait, et

2.

s'est fié à la sollicitude du vénérable M. Dubois, qu'il a nommé supérieur. Nul ne s'en est plaint.

On ne saurait assez dire que rien ne lui échappe de ce qui peut améliorer et agrandir son clergé. Nous sommes heureux de signaler aux évêques une institution précieuse dont il a eu, seul peut-être, l'idée.

Tous les desservans et vicaires, durant leurs premiers dix ans de fonctions ecclésiastiques, doivent se présenter à certaines époques dans le séminaire d'Arras pour un grand concours. En présence de l'évêque et du chapitre, chacun discute à son tour et librement une thèse donnée; successivement aussi chacun monte dans la chaire et prononce un discours. L'exercice fini, les capacités sont pesées et jugées; les ÉMINENS, c'est-à-dire ceux qui ont fait preuve d'un talent supérieur lisent bientôt leurs noms écrits en lettres d'or sur une tablette exposée au Cloître; et les places sont données en conséquence.

Ainsi s'explique, par les seuls faits, mieux

que par des phrases, l'immense affection dont il est environné dans son diocèse, et l'empressement des populations à se porter sur son passage, lorsqu'il paraît parmi elles. La justice est une vertu adorable; or on voit qu'il l'a possède au plus haut degré. Rien aussi ne réjouit des subordonnés comme de savoir qu'ils sont pour leur supérieur l'objet d'une sollicitude infatigable; et le cardinal est bien véritablement, en ce sens, *le vainqueur et le père* des Artésiens.

Ici se place naturellement ce que nous avons à dire de ses tournées pastorales. Il en fait deux par an. A la première, il donne la confirmation dans tous les cantons d'un arrondissement. A la seconde, dans les chefs-lieu de sous-préfecture, où il reste quinze jours et officie fort souvent, pour indemniser, en quelque sorte, par une présence complaisamment prolongée, ces localités éloignées qui envient sa résidence aux habitans de la ville principale.

De cette manière, il visite, tous les six ans, toutes les communes de son diocèse; et chaque année toutes les villes; accompagné par un jeune ecclésiastique de haut mérite, qu'il a élevé lui-même, et qu'il honore d'un attachement tout particulier, M. l'abbé Proyart, et par M. Herbet, son grand-vicaire et son ami depuis vingt-quatre ans. Il y manque rarement; et le choléra, lui-même, n'a pu lui faire abandonner un moment ses habitudes sur ce point, bien qu'il le craignît beaucoup, et qu'un de ses neveux, le capitaine Godefroy de la Tour-d'Auvergne, inspecteur des greniers d'abondance, fût mort de cette horrible maladie, à l'âge de quarante ans, victime de son dévoûment et de sa charité.

M. le Cardinal est l'homme de France qui réunisse en lui le plus excellemment le double avantage d'une austérité anachorétique et d'une amabilité délicieuse. Il est aussi bien l'homme des choses intimes ou même frivoles de la vie, s'il juge utile de l'être, que le pontife qui sait en un clin-d'œil se placer au niveau des grandes circonstances. Tout-à-l'heure, il faisait mouvoir, à force d'intelligence et de labeur, les rouages les plus compliqués d'une administration redoutable ; maintenant, le voilà qui rend à la ville ses civilités du jour de l'an ; et l'obscur boutiquier n'est pas plus oublié que le monde des salons. S'il est plus rigoureux, en ce qui touche la discipline, que Louis d'Héricourt ou l'Eudiste Sevoy ; s'il défend aux ecclésiastiques, sous des peines sévères, de paraître en public sans leur soutane, sans le tricorne et le rabat, ce qui du reste nous semble fort légitime ; d'un autre côté, nous l'avons vu, ses relations avec eux sont toutes d'une douceur et d'une tendresse ravissantes. Il sait également prononcer une sentence et un joli mot, condamner et sourire ; il y a, dans ce caractère-là, du patriarche et du chevalier français.

C'est surtout avec les femmes que sa politesse est accomplie, et en même temps sa dignité incomparable. Qu'on en juge par ses discussions avec madame Nau de Champ-Louis, femme d'un préfet du Pas-de-Calais.

Cette dame faisait partie d'une société de méthodistes qui, sans s'avouer positivement pour ce qu'ils sont au fond, travaillent dans l'ombre à la propagation des idées protestantes. Mettant à profit sa position nécessairement influente, elle répandait à pleines mains et gratuitement certains écrits fort hétérodoxes, et accomplissait à elle seule de petites missions. Il lui vint même à l'esprit de convertir son évêque ; elle essaya.

L'attaque fut noblement et courtoisement reçue ; elle fut soutenue avec magnanimité, et finalement réduite à rien. Madame Nau resta haletante et confondue ; Luther eut moins peur de Josse Clichoue ; mais elle ne se rendit pas ; et lorsque M. de Latour prit congé d'elle, tout ce qu'il put faire de mieux, fut de l'engager à suspendre ses publications et à borner son apostolat aux soins de son ménage.

Si elle consentit ou non, nous n'en savons rien. Mais, à coup sûr, la belle méthodiste ne tint pas compte de cette prière dans la pratique. Après ce deuxième moyen, l'évêque usa d'un troisième ; il écrivit à la prêtresse récalcitrante ; démarche inutile. Il menaça ; et n'obtint rien encore. Le péril pressait, il fit un mandement; mais le mandement fut saisi chez l'imprimeur par le préfet, mari de madame Nau.

A ce point devaient finir tous les ménagemens. M. de Latour-d'Auvergne demanda justice contre un pareil abus de pouvoir; la question fut portée au conseil-d'État, et jugée à l'avantage du plaignant.

M. de Champ-Louis a passé depuis deux mois de la préfecture d'Arras à celle de Châlons, laissant la place à M. Gauja, et le champ libre aux processions de la fête-Dieu. Nous en félicitons M. de Champ-Louis, et non les Châlonnais.

Madame de Champ-Louis sème probablement en Champagne ses doctrines déconfites en Artois; si M. de Champ-Louis pense que la foi suffit sans les œuvres, tant mieux pour madame de Champ-Louis; mais il y a un évêque à Châlons, il y en a partout.

Madame de Champ-Louis, au lieu de céder

enfin, gardera-t-elle rancune à son adversaire ? Ce serait à tort, car elle ne pouvait avoir un vainqueur plus généreux. M. le Cardinal n'est pas du tout un réactionnaire. Il n'a ni paroles, ni pensées où se mêle l'amertume ; et ce n'est pas lui qui ourdirait des machinations sourdes. Inflexible sur le chapitre des mœurs et de la foi, il a des entrailles pour bien des douleurs et des faiblesses ; et si la tête chez lui gouverne le cœur, elle ne le tue pas. *Il est*, à l'exemple de saint Paul, *tout à tous pour gagner tous;* Il a déjoué ainsi toutes les oppositions, et en particulier les oppositions politiques, les plus dangereuses et les plus vivaces qui soient.

On se rappelle ce bon M. Blin de Bourdon, un autre préfet du Pas-de-Calais, qui, sous la restauration, le suspecta fort de bonapartisme, et le fit voir avec une espèce de froideur par l'ancienne cour ; et on sait comment les préventions aboutirent à une amitié franche et inébranlable.

Toutefois, pour être juste, il faut avouer que M. de Bourdon pouvait aisément se tromper, s'il en jugeait du moins par certaines apparences. M. de Latour-d'Auvergne avait fait célébrer en 1803, un service pour le général Leclerc, beau-frère de Bonaparte. Il avait publié en 1804, divers mandemens sur les évènemens politiques et militaires de la France, *payant*, dit la Biographie des Contemporains, *un juste tribut d'éloges au chef du gouvernement, montrant cet amour de l'ordre, cet esprit de charité et de conciliation qui tendent à réunir les hommes, et à éteindre les funestes dissensions civiles.* On a dit qu'il avait assisté à la cérémonie du Champ-de-Mai en 1815, pendant les cent-jours ; cela est faux ; qu'il avait adhéré, comme membre du sénat conservateur à la déchéance de Napoléon en 1814, cela est faux. Du reste, l'intrépide royaliste n'en était que plus embarrassé, nous dirons même scandalisé. De bonne foi, la question se compliquait, il y avait problème. M. de Bourdon éluda la solution à sa manière ; et, à la nôtre, nous ne la cherchons pas.

Par suite de ces mêmes préoccupations, Louis XVIII, à une époque que nous ne pouvons préciser, voulut l'éloigner d'Arras, et mettre à sa place M. de Latil, qui fut depuis cardinal, archevêque de Rheims. La proposition lui fut faite et n'eut pas du tout l'air d'une disgrâce, puisqu'en retour on le nommait archevêque. Mais il n'y accéda point ; est-ce en août 1817, qu'il fut confirmé dans la possession de son titre ? on l'a dit encore, et cela est encore faux.

Son avis était alors ce qu'il est aujourd'hui : celui de M. Marin Fillassier, mort curé de Paris en 1733. « Nos Eglises, dit-il, sont nos épou« ses ; une fois marié, on ne peut répudier la « sienne parce qu'elle est pauvre, ou pour une « plus jolie. »

Il a refusé de même, à différentes reprises, les siéges d'Avignon, d'Auch, de Lyon, et récemment celui de Paris.

Les circonstances relatives à ce refus sont connues de tous. Il serait superflu de les mentionner ici. Les mêmes idées qui animèrent le consul Bonaparte, quand il nomma M. de Latour-d'Auvergne évêque d'Arras, déterminaient apparemment Louis-Philippe à lui offrir la succession de M. de Quélen. L'attirer à Paris, c'était une conquête véritable. Rien n'eut manqué au nouvel archevêque de ce qu'il faut au Gouvernement : esprit inouï de conciliation, tous les précédens désirables, autorité de l'âge, de l'expérience, de la vertu, caractère de fer.

C'est pourquoi on n'épargna aucune démarche. L'insistance fut extrême ; on conjura, on osa presque ordonner. On fut, dans le cérémonial diplomatique de sa promotion au cardinalat, plus magnifique que jamais. On l'avait nommé en 1837 grand officier de la Légion-d'Honneur ; on l'eût fait, s'il l'avait voulu, qui sait ? pair de France, peut-être, et ministre des affaires ecclésiastiques !

Retranché derrière la parole sacramentelle que nous avons citée plus haut, le cardinal a résisté jusqu'à la fin, et sa fidélité conjugale n'a pas faibli.

« Saint Wast, disait-il à M. Olivier et à sa nièce, madame la comtesse de Latour-d'Auvergne, saint Wast a établi le catholicisme dans Arras, et a gouverné quarante ans ce diocèse. Je l'ai rétabli, moi, et j'y suis depuis trente-huit ans; restent deux ans à faire, et nous verrons. »

L'extérieur même du Cardinal devait charmer le Gouvernement. L'extérieur, à Paris surtout, n'est pas chose sans prix pour un Archevêque. La société est ici prodigieusement matérialiste, et procède du visible à ce qui ne l'est pas. Les belles et bonnes formes sont aussi une puissance.

Or, M. le Cardinal est un très bel homme, incontestablement le plus bel évêque de France. Il a cinq pieds six pouces ; la tête superbe, une main-modèle, la jambe et le pied de Louis XIV. Il porte le front haut. Il a dans sa démarche une inexprimable magnificence. Ses yeux d'une couleur oranger-foncé que nous n'avons vue nul part, sont très grands, très doux et très perçans, et même très malins tout à-la-fois; et ses paupières, en s'effaçant à la naissance des tempes, forment en éventail de petits plis légèrement ombrés qui ajoutent encore à son expression de grandeur et de finesse. Il a un sourire de roi. Sa chevelure, noire autrefois comme le jai, est aujourd'hui d'une blancheur de neige ; on ne saurait plus majestueusement porter cette sainte couronne de la veillesse.

Le portrait lithographié que **nous donnons** de lui est d'une fidélité rare.

En parlant de M. le curé de Saint-Roch, nous avons admiré, sauf restriction, la manière dont il officie. M. le Cardinal de Latour-d'Auvergne, avec une supériorité physique qu'on ne saurait contester, réunit à un degré pareil les mêmes avantages. La foule afflue aussi pour le voir à l'autel, et n'est distraite de ses pieuses émotions par aucune musique d'opéra.

Il a, en revanche, un clergé plus nombreux et un chœur plus canoniquement occupé ; car ses séminaristes suivent régulièrement tous les offices de la cathédrale ; là, comme partout ailleurs où n'a pas pénétré la compagnie de Saint-Sulpice, avec ses opinions sur ce point que nous ne critiquons pas.

Pourquoi ne pas dire aussi qu'aux jours de fête, tous les ecclésiastiques qui ont figuré à côté de lui dans les cérémonies sont conviés à sa table? et tirer de là occasion d'ajouter qu'il vit avec une sobriété remarquable; qu'il est un excellent maître de maison, d'une gaîté d'enfant, d'une conversation scintillante, mais évangélique et parfumée de charité, mais sentant à ravir son haut lieu; qu'il est abondant et délicieux à entendre, sans que jamais les absens en aient soufferts; qu'enfin l'auteur de *Jocaste*, M. de Lauraguais, n'avait pas dîné chez lui le jour où il s'en fut dire à Sophie Arnould : « *Peut-on mourir d'ennui?..... Je n'y retourne plus, je suis las de manger mon prochain sur du pain sec* ».

La politique est bannie de sa vie privée, comme elle l'est, selon nous, de sa vie publique. Il prend au pied de la lettre la parole de Jésus-Christ : *Mon royaume n'est pas de ce monde*; et c'est peut-être ce qui explique les variations que certains lui ont reprochées et qui nous embarrassaient tout-à-l'heure; car avoir toutes les opinions, c'est n'en avoir aucune. Ceci s'adresse à M. Blin de Bourdon.

Il y avait aussi, nous n'en doutons pas, dans cette neutralité, une cause déterminante du choix que voulait faire le gouvernement. Si ce n'était pas sortir du sujet, nous pourrions sans peine prouver que le point capital pour Louis-Philippe n'est pas aujourd'hui de convertir ses ennemis en séides de sa dynastie, mais plutôt d'éteindre toutes les passions populaires, et de faire qu'elle n'ait ni séides ni ennemis. Un autre s'est chargé de la mission, nous verrons comment il s'en acquittera; M. Affre est Archevêque, et Paris n'a rien pris à Arras.

Le 28 janvier dernier, M. de Latour-d'Auvergne quittait la capitale, après un refus définitif; le 30, il arrivait dans sa chère ville épiscopale. «Douze volées de canon l'annoncèrent, dit *le Moniteur*; le maire, les adjoints, le général de l'Étang, l'état-major de la gendarmerie l'ont reçu à la porte d'Arras. En tête marchait la musique de toutes les paroisses. La garde nationale bordait la haie. On a chanté un Te Deum, et le soir il y a eu un grand feu d'artifice. »

A quelques jours de là M. le Cardinal, toujours fatigué des instances du ministère, écrivait à *l'Ami de la Religion* la lettre suivante que tous les journaux ont reproduite :

Arras, 17 avril 1840.

« Je ne m'expliquerais pas mieux que vous
« ne pourriez le faire vous-même, monsieur,
« la persistance que l'on mettrait à m'appeler
« encore au siège de Paris. Je n'y crois point. J'y
« verrais du reste, ce que je ne puis supposer,
« une opinion de moi qui ne m'honorerait
« point ; le gouvernement ne peut se la per-
« mettre à mon sujet ; je suis convaincu qu'il
« en est incapable. J'y verrais aussi quelque
« chose d'odieux pour le corps épiscopal de
« France, si distingué, si remarquable par ses

« lumières, et si vénérable par ses éminentes
« et conciliantes vertus. J'y verrais enfin, que
« le cardinalat, malgré toutes les explications
« dont j'ai fait précéder mon acceptation, ne
« m'aurait point été conféré comme une ré-
« compense, mais plutôt comme un moyen
« de me gagner pour ailleurs. Je rejette bien
« loin de moi cette idée. Elle blesserait l'hon-
« neur que je porte au gouvernement, et elle
« flétrirait mon cœur.

« J'ai refusé, monsieur, l'archevêché de
« Paris, non comme un enfant, mais en
« homme sensé, en homme réfléchi, en vieil-
« lard qui calcule et mesure toutes ses dé-
« marches. Je l'ai refusé après avoir bien et
« sérieusement examiné cette affaire devant
« Dieu. C'est l'intime conviction de mon in-
« suffisance pour une semblable mission,
« c'est ma tendre et si juste sollicitude pour
« mon diocèse, qui m'ont fait reculer d'effroi,
« et refuser positivement et absolument. J'y
« ai vu autre chose que de l'argent et des
« honneurs.

« Je ne crois point que le refus, dans lequel
« je persisterais au besoin, soit de nature à
« déplaire au gouvernement. Ce qui glorifie
« un Evêque, glorifie le royaume auquel ap-
« partient cet Evêque.

« J'ai toujours servi, du reste, le gouver-
« nement en homme d'honneur, en homme
« de conscience, et en Evêque qui comprend
« sa dignité et ses devoirs. Je ne cesserai de
« le servir de même ; mais ici mieux qu'ail-
« leurs, j'en ai toutes les facilités. A Paris,
« au contraire, je ne ferais rien ; ma taille ne
« va point à la mesure de la capitale, et ma
« conscience n'est pas élastique ; elle s'est
« éclairée, et elle est immuable parce qu'elle
« doit l'être.

« Voilà, monsieur, ce que j'ajoute à l'ar-
« ticle de la page 101 du N° 3268 de *l'Ami de
« la Religion*. Je vous autorise à faire de ma
« lettre l'usage qui vous conviendra, per-
« suadé que si vous parlez de ma détermi-

« nation, vous voudrez bien insérer ma lettre
« tout entière.

« Agréez, etc.

« † CHARLES DE LATOUR-D'AUVERGNE,
« *Evêque d'Arras.* »

Il donnait encore comme témoignage de son éternelle affection pour son peuple une belle statue de saint Charles, son patron, à la cathédrale d'Arras ; il marquait la place de son tombeau dans son diocèse ; il écrivait cette lettre pastorale à ses diocésains :

« Vous êtes, disait-il, dans notre cœur à la vie et à la mort.... Vous êtes ce que nous avons de plus cher au monde.

« Non, elle ne périra pas la foi dans ce Diocèse où le Catholicisme a jeté de si profondes racines. Nous en attestons les signes si touchans de dévoûment et de piété filiale qui nous accompagnèrent dans toutes les paroisses que nous avons visitées. Nous en prenons à témoin l'élan spontané de cette multitude innombrable assiégeant les portiques, inondant les avenues, remplissant les Eglises ; et ces chemins jonchés de fleurs sur notre passage, ces inscriptions, ces acclamations, ces arcs de triomphe, ces édifices particuliers et publics pavoisés ou illuminés des plus riantes couleurs, ces temples s'ornant comme par enchantement de leur plus riche parure, et, pour tout dire en un mot, cette ivresse religieuse digne des plus beaux jours de la religion.

« N'en doutez pas, N. T. C. F., ce ravissant tableau sera continuellement présent à notre mémoire. Il aura pour effet de resserrer à toujours les liens indissolubles qui nous attachaient déjà si étroitement à vous. C'est au nom du Seigneur que nous avons accepté les honneurs dont vous avez comblé nos cheveux blancs; nous nous en souviendrons surtout au pied des autels. Là nous prierons le Dieu des miséricordes de répandre sur tout ce Diocèse, les bénédictions spirituelles et temporelles les plus abondantes; nous le prierons pour nos frères égarés afin qu'ils se convertissent (1), pour les justes afin qu'ils persévèrent, pour le Pasteur lui-même et pour le troupeau, afin qu'ils remplissent mutuellement leurs obligations. Jeunes gens que nous aimions à distinguer dans le nombreux cortège qui se pressait sur nos pas, nous demanderons pour vous la victoire sur vos passions et la protection du Seigneur contre les écueils multipliés si dangereux à votre âge. Hommes d'un âge plus mûr, qui nous avez prodigué l'accueil le plus flatteur, soyez bénis dans toutes vos entreprises; mais n'oubliez pas *qu'il ne sert à rien de gagner l'univers, si l'on vient à perdre son âme.* (Matth. XVI, 26.) Vous aussi qui, malgré votre vieil-

---

(1) Nous avons été sensiblement touché de voir plusieurs d'entre eux nous faire parvenir les témoignages de leur vénération. Puisse la vérité catholique les éclairer bientôt et les faire rentrer au bercail de leurs aïeux!

Nous prions les nombreux étrangers qui se sont joints à nos fidèles Diocésains de recevoir ici l'expression de notre sincère gratitude.

Iesse ou vos infirmités, avez rivalisé de zèle pour prendre part à l'allégresse commune, que le ciel embellisse la fin de votre carrière mortelle, et que votre pélerinage aboutisse aux jours meilleurs de l'Eternité. Vous tous enfin qui êtes confiés à notre paternelle sollicitude, puissiez-vous persévérer dans la pratique des bonnes œuvres, dans la fréquentation des sacremens, dans les saints exercices de la piété et de la charité! Puissiez-vous, veillant sur vos antiques croyances comme sur votre plus riche héritage, *joindre à la vraie foi, la vertu; à la vertu, la science; à la science, la tempérance,* comme le remarque saint Pierre (Pet. II, 5, 6); *à la tempérance, la patience; à la patience, la piété; à la piété, l'amour de vos frères et l'amour de Dieu!*

« Telles sont, N. T. C. F., les grâces que notre reconnaissance ne cessera de solliciter en votre faveur ; telles sont aussi les bénédictions qu'appelle sur vous le Souverain Pontife dans un Bref que Sa Sainteté vient tout récemment de nous adresser. Nous espérons que le Seigneur daignera écouter favorablement cette voix de notre cœur qui est en même temps celle du Vicaire Suprême de Jésus-Christ.

« † Ch. cardinal de Latour-d'Auvergne,
« *Évêque d'Arras.* »

Dans cette immense et périlleuse tâche que s'est imposée *le solitaire*, bien des difficultés, des dégoûts et des angoisses même lui sont réservés, parmi les nombreux témoignages de sympathie qu'il recueille. Les passions, sur le terrain que touchent ses pieds, s'agitent et font du bruit d'un côté; il n'a pas peur de celles-là. D'autres part, elles semblent sommeiller, et leur œuvre se consomme clandestinement; celles-là l'inquiètent quelquefois, il l'avoue.

A ceux qui lui reprochent des affections trop vives pour le clergé, il répond par des faits, et tout est fini pour lui.

Aux *imprudens amis* des prêtres qui ne veulent pas que, dans une existence d'homme toute entière, l'œil puisse découvrir, avec des qualités nombreuses, une ou deux faibles taches, que dirons-nous ? (1)

Mon Dieu ! rien du tout ; nous passerons à côté, nous et notre conscience ; et nous éviterons seulement, crainte de scandale, de faire la biographie de ces gens-là.

Nous aurons, pour nous en consoler et satisfaire à l'édification du peuple catholique, d'autres biographies comme celle de son Eminence Monseigneur le Cardinal de Latour-d'Auvergne, Evêque d'Arras, où tout ce qu'on peut penser et dire est nécessairement, et sans restriction, du bien !

(1) Ceci nous rappelle, avec l'expression du Bonhomme qui n'était pas bon du tout, mais qui voyait bien juste, un des plus délicieux vers que nous ayons jamais lu et qui s'applique aussi bien aux amis des ecclésiastiques, qu'aux amis des gens du monde. Un évêque nous le cita il y a quelques mois, dans une circonstance du genre de celle qui nous occupe ; l'à-propos nous parut charmant.

J'ai d'aimables amis qui me font bien souffrir.

(Mme Émile de Girardin.)
(*École des Journalistes.*)

Biographie du Clergé Contemporain

M. DE GENOUDE.

Biographie du Clergé Contemporain

M. DE GENOUDE.

> A cet amour de la liberté que le catholicisme éveille et nourrit plus qu'aucune autre doctrine, il joint un principe d'ordre qui le règle, et une charité immense qui unit ce que la liberté n'aurait d'autre effet que de séparer et d'isoler.
>
> M. DE LA MENNAIS, *Avenir* du 29 juin, 1831.

> Bien faire et laisser dire.
>
> M. DE GENOUDE.

ANTOINE-EUGÈNE DE GENOUDE est né à Montélimart, en Dauphiné, le 9 ou le 13 février 1792. Sa famille est originaire de Savoie et de bonne bourgeoisie. Quelques-uns cependant la rattachent aux seigneurs de Genoud, qui abandonnèrent la Bresse, devenue française sous Henri IV, pour suivre la famille ducale au-delà des monts. Tel est, entre autres sentimens, celui de l'historien Guichenon, et, autant que nous pouvons le dire après un mûr examen, le nôtre.

Si cette opinion est fondée, M. Genoud se fût bien passé des lettres de noblesse que lui donna Louis XVIII, le 28 juin 1822, et en ajoutant une lettre finale à son nom, il le gâtait.

Nous ne savons à quel âge il perdit sa mère, mademoiselle Jourdan, dame Genoud, ni quelle personne, si ce n'est elle, surveilla ses premiers pas dans la vie ; ce que nous savons, c'est qu'il n'avait pas encore cinq ans révolus, quand se manifesta chez lui cette ardente passion pour l'étude, qui l'a si éminemment distingué depuis. Doué, dès-lors, d'une excellente mémoire et d'une aptitude précieuse aux objets d'application les plus élevés, toute chose qu'avait lue le jeune Eugène était une chose sue et comprise. Rien n'égale la finesse naïve de ses réparties que celles de son fils Henri, celle-ci, par exemple :

On demandait un jour aux trois frères, Henri, René et Guy, qui a créé les anges ? la réponse était aisée : c'est Dieu. — Mais, qui a créé le diable ? là était la difficulté. René ne veut pas que ce soit encore Dieu ; le petit Guy ne sait s'il doit prendre la chose pour une personnalité ; Henri refléchit, et il s'écrie, comme un inspiré, tout-à-coup : C'est Dieu qui l'a fait ange, et c'est lui qui s'est fait diable !

M. Genoud fit ses humanités à l'Ecole centrale et au Lycée de Grenoble. Il en sortit de bonne heure, après une série non interrompue de succès toujours croissans ; commença, dans la même ville, son cours de droit, et prit une première inscription. Mais il renonça presque immédiatement à la carrière du barreau pour suivre celle des lettres, et il vint à Paris. Il avait dix-sept ans et demi.

Recommandé à M. de Fontanes, il fut accueilli par lui comme un fils, et présenté dans le monde, où il put figurer aussitôt avec avantage. Il étudiait alors l'hébreu ; et comme essayer, pour lui, c'est le plus souvent réussir, il avait déjà, par les salons de l'époque, une réputation de Masclef. Il était pour ces gens-là une curiosité, comme serait un homme ayant le sens commun pour ceux d'aujourd'hui, avec cette différence pourtant qu'on se le disputait, disons le mot, qu'on se l'arrachait.

S'il prit bien au sérieux cet engoûment et n'eut pas lui-même en pitié ses admirateurs, on l'ignore et on le suppose.

Or, en ce temps-là, Napoléon se mêlait à toutes choses, grandes et petites; Napoléon survint, demandant un conscrit de plus, et la société parisienne pouvait perdre son érudit; c'eût été dommage pour elle. Grâce à M. de Fontanes, elle en fut quitte pour la peur; M. Genoud, nommé professeur de sixième dans un collége, vers 1811, ne moissonna pas les lauriers avantageusement connus de l'Empire. Il lutta tout simplement, mais avec un bonheur et un courage inouis, contre les difficultés d'une traduction d'Isaïe.

Non toutefois que la valeur guerrière, cette partie intégrante de la personnalité française, lui fît défaut; il le montra bien par la suite, lorsqu'en sa qualité de capitaine aide-de-camp du prince de Polignac; il joignit dans les provinces méridionales M. le duc d'Angoulême, se créa du premier coup stratégiste habile, et plusieurs fois risqua sa vie d'aussi bonne grâce qu'un grognard de la vieille garde.

Ceci se passait en 1815. Hâtons-nous de dire que M. Genoud s'opposa toujours à l'invasion étrangère. Il voulait qu'avant de marcher contre Bonaparte, les troupes royales fissent sortir du territoire tout ce qui n'était pas français, et conservassent seulement leurs alliés naturels, les Piémontais, les Espagnols et les Suisses. Les chefs républicains qui occupaient Grenoble, en cette conjoncture, doivent se rappeler, s'il en existe encore, les énergiques ouvertures qui leur furent faites par le futur directeur de la *Gazette de France*.

Reprenons une époque antérieure. En 1810, à l'âge de dix-huit ans, M. Genoud sentit s'opérer en lui une révolution subite et fondamentale. Jusque-là sa vie avait été, comme celle d'un grand nombre, ballottée en sens contraire, de l'erreur à la vérité, de la foi à l'indifférence. Il était malheureux. Quelques paroles d'un écrivain nous donnent lieu de croire que, dans son découragement et ses angoises, il eut la tentation du suicide. Au lieu d'apaiser son mal, il l'accroissait et l'envenimait en demandant à la philosophie du dernier siècle un remède impossible. L'effort produisait l'agitation dans les idées et dans le cœur, celle-ci la confusion. Il fallait une crise pour le sauver ou pour le perdre tout-à-fait; cette crise arriva. Tous ces élémens ténébreux et opiniâtres, peu à peu rentrèrent dans l'ordre et la paix; la lumière se fit; le désespoir s'évanouit; M. Genoud promit de consacrer à la défense de la religion sa vie entière, et il entra, pour la première fois, au séminaire de Saint-Sulpice.

Chose étonnante aux yeux de plusieurs, et bien naturelle suivant nous, qu'il ait dû sa conversion à la *Profession de foi du vicaire savoyard*. Pour un esprit aussi vigoureusement organisé, les sophismes de Rousseau ne concluent pas moins contre leur auteur que ses plus magnifiques pages pour la vérité.

Nous observons qu'avant cet évènement définitif, M. Genoud n'avait rien écrit. De là résulte que pas une ligne n'est sortie de sa plume, qui ne soit d'une orthodoxie éprouvée. Nous n'avons pas ce bonheur.

Sa conversion coïncide, ou à-peu-près, avec son arrivée dans Paris, et forme comme une halte consolante et douce à contempler entre deux intervalles bien distincts de son existence, c'est-à-dire entre une époque purement négative d'oscillations morales et d'indécisions de toute espèce, et cette autre époque d'inébranlable volonté qui embrasse un objet et doit y rester éternellement fixé.

Le mauvais état de sa santé le força bientôt à sortir du séminaire, pour aller aux eaux de Saint-Sauveur avec M. l'abbé Elicagaray, et profiter, par la suite, du gracieux asile que lui offrit M. de La Mennais, dans son château de la Chenaie. Il avait connu le grand écrivain chez M. l'abbé Tesseyre, directeur de Saint-Sulpice, et leur commun ami ; nous parlerons, bien qu'avec réserve, de leurs relations et des accidens qui les ont modifiées ou changées.

Remis de son indisposition passagère, et jouissant désormais de cette santé solide qui lui permet maintenant de travailler huit heures par jour, quelquefois plus, M. Genoud allait donner sa *Traduction d'Isaïe*, lorsqu'il fut appelé par M. Desrenaude, conseiller de l'Université et censeur impérial. Ce qui motivait cette citation fort inattendue, c'était une note empruntée à l'*Histoire orientale* de M. Court de Gébelin, et qu'on regardait comme une allusion perfide aux vues ambitieuses de Napoléon. Il s'agissait de Nabuchodonosor changé en bête. Défense donc fut faite d'imprimer la traduction, si on ne supprimait la note. M. Genoud s'obstina, et avec raison; ni l'une ni l'autre ne parut encore, et le prophète Isaïe fut compté parmi les repris de police du xixe siècle.

Job fut mieux traité; ce livre fut publié vers 1814, presqu'en même temps que *les Réflexions politiques*, où nous retrouvons en germe les principes et les idées que M. de Genoude a professés depuis sur la nature du pouvoir, le système représentatif et les libertés générales et locales. En 1815, il mit au jour sa *Traduction des Psaumes*, et en 1822 celle de la *Bible complète*, que Louis XVIII, ce roi de tant d'esprit et de profond jugement, cet homme de tant de savoir, trouvait admirable, et qu'il fit imprimer gratuitement par les presses de l'État. Cet ouvrage valut à M. Genoud, avec l'affection toute particulière de Louis XVIII, celle de M. de Montmorency, une pension littéraire, qui fut supprimée en mai 1830, par M. de Polignac, son ancien protecteur, et, depuis, les éloges de M. de La Martine dans son *Voyage en Orient*.

Trois ans auparavant, sur la prière de M. de La Mennais, M. Genoud avait traduit aussi l'*Imitation de Jésus-Christ*, dédiée à madame la duchesse de Berry. Dire que cette traduction est digne de la préface qu'y fit M. de La Mennais lui-même, c'est dire beaucoup, et ne pas trop dire.

N'oublions pas un point important. En 1817, lorsque parut le premier volume de l'*Essai sur l'indifférence*, le grand évènement de l'époque, M. Genoud, comme cela devait être, partagea l'enthousiasme général ; il tint même contre les émeutes cartésiennes et gallicanes ; il applaudit au second volume ; il fit plus, il publia sur le système philosophique du témoignage universel, un article fort remarquable, que M. de La Mennais rangea parmi les pièces justificatives, annexées à sa *Défense*. M. Genoud n'avait pas plus de 26 ans.

Il écrivit, sous les ministères de MM. de Cazes et de Richelieu, dans le *Conservateur*, où il avait une action avec M. l'abbé Fayet et de La Mennais, et fut attaché, non pas à l'administration financière, comme on l'a prétendu, mais à la rédaction de cette illustre *Revue*, depuis 1818 jusqu'au jour où elle cessa de paraître, par suite d'une division déplorable. En 1820, il créa *le Défenseur*, où il eut encore pour associé M. de La Mennais.

Cependant sa vocation pour l'état ecclésiastique se déterminait de plus en plus. Porté déjà de ce côté par des inclinations natives, si quelquefois des causes matérielles l'en éloignaient momentanément, le genre particulier de ses travaux et de ses relations sociales ravivait incessamment aussi son idée première. Il entra de nouveau, en 1818, à Saint-Sulpice, où il suivit les cours de MM. Carbon et Boyer, pour la théologie, et les leçons d'Ecriture sainte de M. Garnier.

Il y resta encore peu de temps ; comme sa santé s'affaiblissait de jour en jour, il retourna dans le monde, et entreprit un voyage dans la Vendée.

C'est en Vendée qu'il vit mademoiselle Léontine de Fleury, fille de M. Frédéric de Fleury, colonel d'artillerie, et de mademoiselle Disson. Cette jeune et belle personne, après avoir perdu sa mère en 1803, avait été élevée chez madame la comtesse de Puységur, à Beugny, près de Tours. Par sa mère, qui elle-même avait été honorée de l'affection de Mesdames, sœurs de Louis XV, elle était parente de Racine et de La Fontaine ; et elle vivait dans l'intimité des familles de Bourbon, de Montmorency et de Duras.

Mme de Talmont remarqua M. Genoud, elle conçut l'idée d'une union qui parut aussitôt sourire à tout le monde et qui s'est réalisée ;

2.

M. Genoud épousa Mademoiselle de Fleury.

Après son mariage, il fut nommé maître des requêtes par M. de Peyronnet sur la demande de M. de Polignac, et c'est alors que M. de La Mennais, qui s'était séparé du ministère Villèle, cessa de le voir.

De retour à Paris, après son fortuné voyage, il fit paraître le livre intitulé : *Voyage dans la Vendée*. A part quelques mots de M. de Châteaubriand, on n'a rien écrit de mieux sur ce pays admirable. Le style en est pur et précis ; la forme d'une simplicité touchante. Il analyse sans fatiguer ; et ses plus larges applications de politique et de morale, tempérées qu'elles sont par la douceur et la sensibilité, n'entravent pas la marche de la narration ; elles la nourrissent au contraire et la vivifient. Il y a là quelque chose de la manière antique, comme un parfum de l'Odyssée. Il est d'ailleurs facile de voir que l'auteur affectionne les beautés de la Bible et en a fait en quelque sorte le culte de son existence.

Il terminait, comme nous l'avons vu, en cette année 1821, sa traduction principale, et faisait imprimer en tête du Pentateuque, avec la permission bien expresse de M. Garnier, ces fameux *Prolégomènes* dont on lui conteste la propriété. S'il y avait eu larcin, M. Garnier, quelle que fut son abnégation, n'eût-il pas réclamé? ne devait-il pas le faire? Il ne l'a pas fait; il n'y songe pas: nous répétons qu'il a vu le manuscrit, qu'il en a grandement autorisé la publication, et nous détournons encore une fois la tête de ces scandales.

L'année 1821 fut une année bien remplie pour M. Genoud. Nous remarquons à cette date une brochure en faveur des Grecs, la première qu'on ait faite. Il réclamait pour ce malheureux peuple la protection des puissances européennes, comme il soutint contre M. Canning et le roi Guillaume l'émancipation de l'Irlande et l'affranchissement des catholiques belges, comme il défendit et pleura la cause sainte de cette belle Pologne, anéantie sous les Czars schismatiques.

L'année suivante, époque de son anoblissement, il fonda *la Gazette de France*, ou plutôt il continua l'ancienne feuille fondée par d'Hozier et les trois Renaudot en 1631, et qui, sous des noms différens, après plusieurs transformations successives, s'était constamment maintenue dans l'estime publique. Il choisit pour le seconder des hommes de mérite : Colnet, ce vieux prêtre sécularisé dont les malignes satyres ont fait fureur; Couvret de Beauregard, l'auteur des délicieuses *Lettres du voisin à la voisine*; Lubis, qui a écrit une histoire estimée de la restauration, MM. de Lourdoueix, Sevelingue; Benaben et Courchamp, qui prêta le charme de son style et de son esprit aux souvenirs de la marquise de Créqui, et Alfred Nettement, l'élégant traducteur de *Wiseman*, le digne chroniqueur de *la Moderne Vendée*. M. de Genoude s'est adjoint depuis un homme dont l'expérience administrative et industrielle a dû contribuer excellemment au succès de son entreprise, le grave et vénérable M. Sapia.

A la louange de M. de Genoude, nous pourrions nommer, après ses élus, ceux qu'il a courageusement évincés, malgré leurs génuflexions et leurs mains tendues. Une histoire de *la Gazette* serait bonne à faire.

La Gazette de France est, à proprement parler, l'œuvre capitale de M. de Genoude; c'est sa mission, à notre avis, mission toutefois qui n'en exclut pas d'autres. On pourrait dire qu'elle est toute en lui, comme il est tout en elle; qui voit *la Gazette* voit M. de Génoude, et alternativement. Il y écrit du reste chaque jour, et tout ce qu'il n'écrit point passe du moins par son idée.

Or, ici une question se présente, et nous concevons qu'elle donne prise à la controverse, cette fois. Comment s'expliquer les variations de *la Gazette*? Pourrait-elle résumer en un symbole unique et absolu toutes les doctrines qu'elle a successivement émises et soutenues depuis dix-huit ans? Qui expliquera ses croisades contre l'*Avenir*, dont elle dépasse aujourd'hui les tendances? Après les manifestes ultra-royalistes qu'elle avait lancés, devinez le sens de son *Prospectus d'Association pour l'émancipation politique, et la réforme parlementaire*, publié le 9 janvier 1833. Comment maudit-elle la censure en 1838, puisqu'elle la provoquait sous M. de Villèle? Pourquoi préconiser après la révolution de juillet l'institution des gardes nationales qu'on appelait sous Charles X une troupe turbulente, et qu'on faisait licencier les 29 et 30 avril 1837 ? Réalisez l'harmonie dans cet étrange dualisme social qui consiste à prouver l'une par l'autre la royauté de droit divin et la souveraineté du peuple. Si le journal de M. Affre est *l'Univers religieux*, M. de Genoude qui combat à outrance *l'Univers religieux*, est-il de la même foi que M. Affre, et pourquoi l'Archevêque ne condamne-t-il pas au silence son subordonné? car enfin les intérêts politiques ne sont pas loin de toucher à ceux de la morale, et la morale est au cœur du catholicisme! Etant le directeur et l'âme de *la Gazette*, en quel sens M. de Genoude, depuis son ordination surtout, depuis qu'il prêche si éloquemment contre les spectacles, peut-il supporter des feuilletons de théâtre, laudatifs ou non, dans *la Gazette?* Rien n'est si difficile, a dit M. de Maistre, que de n'être qu'un. Nous cherchons vainement un journal qui, le plus possible, représente l'ancienne *Tribune*, organe si farouche du communisme républicain, et nous n'en trouvons d'autres que celui de M. de Genoude, l'organe le plus authentique du parti légitimiste ; car il est le seul au moins qui formule quelques idées.

Un volume ne suffirait pas pour examiner et discuter ces difficultés ; nous les abandonnons à des juges plus compétens, et nous nous contentons d'ajouter que M. de Quélen, en conférant le sacerdoce à M. de Genoude, a voulu qu'il restât directeur de *la Gazette*, telle qu'elle était ; qu'un autre Evêque dit alors, comme nous l'avons répété après lui : C'est une mission dans une mission ; qu'enfin M. Condren, supérieur de la congrégation de Picpus, a été du même avis, ainsi que M. l'abbé Boudot qui a dit : Si M. de Genoude n'y était pas, il faudrait l'y mettre.

Ne pourrait-on pas d'ailleurs, sans un grand effort d'esprit, apercevoir dans ces contradictions apparentes la chose la plus simple et la plus naturelle du monde ? En tout système comme en tout individu, il y a du bien et du mal ; ici bas, à part la foi catholique, nulle pensée n'est absolument vraie ou tout-à-fait fausse. Celui donc qui, analysant toutes ces brûlantes matières de discussion, distingue çà et là des élémens vivaces, les choisit et se sent assez de puissance pour les assimiler à un principe immuable et fondamental que nécessairement toute intelligence admet *à priori*, celui-là, aux yeux des gens mesquins et entêtés, intolérans et de mauvaise foi, aura donné le spectacle d'une effrayante perturbation dans les idées ou d'une impudente élasticité de conscience ; aux yeux des hommes réfléchis, il aura été conséquent à une donnée d'éclectisme, et aura fait preuve d'une superbe hardiesse.

Qu'on s'explique difficilement un ensemble de théories dont les rapports sont abstraits et en conséquence peu saisissables pour des intelligences communes, cela est permis ; mais qu'on en fasse un crime, on a tort. On ne tient pas compte du temps et de l'expérience, et de la faiblesse originelle de l'homme ; on est passionné, on ne raisonne pas. L'immobilité de la conviction serait une chose monstrueuse en ce sens, qu'une fois sur mille, elle consacrerait l'éternité de l'erreur et de la souffrance. Dieu n'a pas pu vouloir qu'il en fût ainsi.

Encore un coup, nous n'essayons pas de mettre M. de Genoude en accord avec lui-même, mais nous blâmons ceux qui le condamnent sans autre forme de procès, et il nous suffirait pour approuver sa ligne de conduite, de cette parole charmante de Fortunat, l'auteur d'*Hic, Hæc, Hoc* : *la Gazette* est une politique passée à travers la Bible ; et de celle-ci : De *la Gazette* à l'autel il n'y a qu'un pas.

Dans un discours prononcé devant la Cour d'assises et qui a paru sous ce titre : *Déclaration et logique de la Gazette de France*, M. de Genoude a exposé toute la voie suivie par son journal pendant dix ans.

On a dit que M. de Genoude s'était fait de *la Gazette* un piédestal pour atteindre aux honneurs et à la fortune, qu'il avait férocement éconduit M. Germeau, son ancien collègue, depuis préfet, pour en rester seul propriétaire ; et on a menti. Un ambitieux ne sacrifie pas une belle place et une haute position à l'indépendance d'une parole; un ambitieux eût flatté M. de Martignac en 1828; un ambitieux n'eût pas perdu comme lui sa place de maître des requêtes, car sa destitution fut la peine des vérités qu'il avait dites! Nous le verrons bientôt refuser l'épiscopat que lui ont offert des amis de M. Guizot.

Quant à ce qui concerne M. Germeau, celui-ci avait, pour quitter *la Gazette*, des raisons que nous n'examinerons pas; mais cette retraite, vis-à-vis de qui en sait quelque chose, fait honneur à M. de Genoude. Du reste, la propriété de *la Gazette* est partagée entre plusieurs associés, et la portion qui est au nom de M. de Genoude n'appartient à ses enfans et à lui que depuis la mort de sa femme. C'est là cependant une chose que ne croient pas beaucoup de gens, parce que rien n'est épidémique comme une fable.

Une seule chose est exacte, dans cette masse repoussante d'accusations, que lui intentent des ennemis couverts de ses bienfaits, c'est que M. de Genoude acheta en 1826, de M. Boignes, qui lui-même l'avait achetée des créanciers de l'infortunée duchesse de Fleury, la terre du Plessis-aux-Tournelles : elle lui coûta 300,000 f.

Eh bien ! quel est ici le crime? Voilà le légitime et glorieux fruit de ses veilles, voilà aussi, en partie, la dot de sa femme. Ce qu'il possède est bien acquis, certes, bien à lui.

« Assis au sein des plaines célèbres de la
« Brie », dit un auteur, « à vingt lieues
« de Paris, à deux lieues de cette pittoresque
« cité de Provins, que les trouvères ont chan-
« tée avec quelque raison comme étant le
« Pœstum et l'Idalie de la France, que les
« antiquaires modernes nous donnent au lieu
« de Sens pour l'ancien Agendicum de César,
« que les comtes de Champagne ont souvent
« choisie pour le séjour de leur cour élégante
« et lettrée, que M. de Châteaubriand trouve
« semblable par son aspect à la *triste Jérusa-*
« *lem*, et qui parfume ses collines et ses eaux
« minérales de roses apportées des plantations
« de Jéricho par les soldats de la croix ; non
« loin de l'abbaye de Faremoutier où s'im-
« mortalisa le comte Ory, du Paraclet où se
« retira Abeilard avec ses disciples, et plus

« tard Héloïse avec ses religieuses, du châ-
« teau de Vignot où se rendait souvent la reine
« Blanche; du château de Montglaz où furent
« élevés les enfans de Henri IV, celui du Ples-
« sis-aux-Tournelles, à côte duquel s'élevait
« un couvent de religieux de la Merci, doit,
« comme son nom l'indique, avoir été con-
« struit et possédé depuis une haute antiquité
« par de puissans seigneurs, et avoir été té-
« moin d'un grand nombre d'évènemens et
« d'une grande variété d'aventures; cepen-
« dant, c'est à peine si l'on sait quelque chose
« de ses premiers âges, et son origine est à-
« peu-près inconnue. »

En arrivant au Plessis, qu'elle trouva dé-
vastée par suite des divisions du marquis de
Fleury et de sa femme, madame de Genoude
prononça cette parole charmante : Un mauvais ménage a tout détruit, un bon peut tout
réparer. Le bon ménage effectivement répara
tout.

Nous reverrons le Plessis.

De 1826 à 1830, M. de Genoude consacra
tous ses soins à l'éducation de ses enfans et à

la direction de son journal. Dans cet intervalle, il perdit plusieurs personnes bien chères. Le comte Mathieu de Montmorency, que M. de Châteaubriand appelle le saint duc, son fils Mathieu, le filleul du comte; et sa fille Noémie, qui mourut à Auteuil le 13 février 1827. Il y a un recueil de *Chroniques funèbres*, que nous ne pouvons reproduire ici, et dont un auteur a cité de sublimes fragmens. Le cœur de M. de Genoude s'y montre à découvert par les blessures qu'il a reçues. La douleur n'a pas de langage plus suave et plus saisissant. On aime autant qu'on admire ce pauvre père si cruellement frappé et si plein d'une miraculeuse résignation ; on se reporte involontairement vers une affliction future, qui doit surpasser encore toutes celles-là, et au jour où sera consommé comme un ineffable sacrifice sa consécration sacerdotale.

Les évènemens de juillet 1830 ne surprirent point M. de Genoude. Il avait dit à M. de Polignac, au sujet des fatales ordonnances : Ce n'est pas un coup d'état, Monseigneur c'est un coup de charte ; et il en comprenait la portée. Il avait tout prévu, dit un écrivain, il l'avait même tout annoncé. Aussitôt qu'il put reprendre la plume, c'est-à-dire le 3 août, ce fut pour réclamer le maintien des principes constitutifs de la France, le droit d'hérédité avec une lieutenance-générale et une régence, l'assemblée générale de la nation, formée par tous les contribuables, les libertés provinciales et communales, la décentralisation et l'abolition de tous les monopoles. Il protesta en même temps contre les actes qui fondèrent le gouvernement du 7 août. Le terrain était déblayé, on pouvait y relever la constitution nationale faussée par la charte de 1814.

La *Gazette de France* a été poursuivie plusieurs fois en raison de la franchise de ses exposés et de la fermeté de ses principes ; quatre fois son directeur a subi l'emprisonnement par suite de condamnations.

C'est en février 1834, que mourut madame de Genoude.

Nous avons lu une oraison funèbre de madame de Genoude, prononcée le 16 mars 1834, en l'église du Plessis-aux-Tournelles, par M. Maître, curé de Chenoise. C'est un modèle de narration simple et facile. Le sentiment y abonde exquis et sans violence. L'onction, dans ce discours, tempère la douleur, l'espérance adoucit la plainte. La foi et la charité charment les regrets. On sent que l'orateur doit avoir une âme bien belle et un bien noble cœur. Le sujet du reste fut admirable. De si doux trésors de vertus mêlés au parfum d'une modestie angélique ! Tant de grâce maternelle et de suaves tendresses d'épouse ! Tous ces souvenirs, toutes ces bonnes œuvres, toute cette belle et sainte existence à raconter à ses trois fils éplorés, les trois seuls qui restassent, puisque madame de Genoude avait emporté Roger presque avec elle chez les anges, à celui qui, au lit de la mourante, jurait naguère de se consacrer, s'il avait le malheur de la perdre, au ministère évangélique, et dont l'âme était traversée sans doute par des émotions inexprimables, aux habitans du Plessis, qui voyaient en madame de Genoude leur providence ! Tous les conviés étaient bien largement placés à ce douloureux festin de la mort !

Comme il l'avait promis, M. de Genoude entra peu après dans les ordres, et au mois d'avril 1835, il fut fait prêtre. Cette nouvelle causa une grande joie dans l'Eglise ; toutes les feuilles publiques applaudirent. On répéta le mot qu'avait dit Louis XVIII en anoblissant M. de Genoude : C'est un bon recrutement.

Celui qui, dans la *Revue du xix® siècle*, s'intitule *un ancien député*, a prétendu que M. de Quélen, lorsqu'il dispensait M. de Genoude de l'épreuve du séminaire, exposait la religion aux périls d'une apostasie prochaine. Il cite à cette occasion M. de La Mennais, qui obtint la même dispense, et vit aujourd'hui en désaccord avec le pape ; l'*ancien député* ne raisonne pas ici, il affirme gratuitement, il suit toujours sa mauvaise méthode d'injurier ; c'est trop laisser voir le bout de l'oreille ; l'*ancien député* est un maladroit, il bat les autres sur son dos.

Si M. de Quélen avait besoin d'excuses, et M. de Genoude de montrer qu'il a pleinement justifié la confiance de son archevêque, nous pourrions répondre aux insinuations de *l'ancien député,* par un catalogue des ouvrages que M. de Genoude a composés depuis son entrée dans l'état ecclésiastique : sa *Raison du Christianisme,* qu'on a merveilleusement appréciée en un mot, quand on a dit, à propos de la visite que firent simultanément à M. Carrel, M. de Châteaubriand et M. de Genoude : le *Génie* et la *Raison du Christianisme* se sont rencontrés à la porte du mourant ; son *Exposition du dogme catholique* qui rappelle, quoiqu'évidemment sur une échelle moindre, la profonde science de Huet, et qu'un évêque, M. Mazio, se propose de traduire en italien ; sa *Traduction des Pères de l'Eglise primitive* où il a su conserver, autant que le permet le génie de la langue française, la physionomie particulière de chacun des originaux; celle de la *Bible* qu'il a revue, retouchée et rééditée pour la cinquième fois ; une édition des *OEuvres de Malebranche* et *la Raison monarchique* qu'il publia de concert avec M. de Lourdoueix ; enfin une brochure extraite de *la Gazette,* où avec toutes les ressources d'une dialectique exercée et d'une conviction robuste; il réfute les opinions de M. Salvador sur Jésus-Christ.

Nous pourrions signaler aussi le voyage qu'il a fait à Rome pour demander une autorisation de rétablir les oratoriens en France, et l'accueil qui lui fut fait, les magnifiques paroles qu'il prononça sur ce sujet, dans les chaires de Paris; ses prédications et, avec les immenses succès qu'il obtient universellement comme orateur, tout le bien qu'il a fait.

L'hiver dernier surtout, M. de Genoude s'est mis au niveau des plus illustres sermonnaires de nos jours. Il parle avec une facilité peu commune et improvise tous ses discours, excepté ceux d'apparat. Sa voix pleine et sonore pénètre parfaitement jusqu'aux extrémités les plus éloignées des nefs, sans rien perdre de sa netteté. Sa pose est noble et ferme, son œil ardent et fort noir, toute sa physionomie méridionale. La barbe qui ombrage la partie supérieure de ses joues, en ajoutant à la mâle fierté de ses traits, lui donne aussi un peu trop l'allure *typique* d'un aumônier de régiment. Sa bouche ne manque pas d'une certaine expression de malice, et tout à-la-fois de douceur. Il a cinq pieds trois pouces et demi. Sa mise est un peu négligée, mais n'ôte rien à sa dignité qui est grande.

Avantages précieux de l'extérieur qui secondent puissamment ses hautes qualités de cœur et d'intelligence.

La prédication, à part même son but évangélique, s'il est permis de le dire, lui plairait encore. Il ne se passe pas un jour au Plessis qu'il ne fasse une ou deux instructions ; les sujets qu'il affectionne tiennent à la théologie dogmatique. S'il en aborde d'autres, il est inférieur à lui-même, quoique supérieur encore à beaucoup d'autres. Le sermon qu'il a prêché dernièrement à Saint-Sulpice, sur la passion de Jésus-Christ, est un des plus beaux que nous ayons entendus à Paris.

Le temps qu'il ne donne pas à la chaire, il le consacre à des exercices moins éclatans du ministère, tant à Paris qu'au Plessis, et à Meaux où l'évêque, M. Allou, l'a nommé confesseur extraordinaire de quatre communautés; toujours prêt à secourir les misères, quelles qu'elles soient, matérielles ou morales; visitant les jeunes gens, qu'il place à ses frais dans des séminaires ou dans des maisons de commerce, s'enquérant de leurs progrès et de leur conduite; surveillant les études de ses enfans qu'il a confiés à la direction de M. le vicaire de Cucharmoy; conférant de matières théologiques avec M. le curé, qu'il loge aussi dans son château, comme un ami et un frère; répandant en aumônes, bien et gracieusement faites, ce qu'a produit la vente de son équipage, quand il fut ordonné prêtre, et son superflu d'aujourd'hui.

Dans cette propriété ducale du Plessis, où nul n'est malheureux, où chacun lui doit quelque chose du bonheur qu'il possède, M. de Genoude vit comme un père au milieu de ses enfans, vénéré et adoré; et le nom que ces bons paysans se rappellent le mieux n'est pas celui des grands seigneurs Fleury et Brinon, La Trémoille et Bouhier qui ont devancé là le châtelain d'aujourd'hui, simple écuyer récemment anobli, à peine commandeur de l'ordre d'Isabelle-la-Catholique et de

Charles III, chevalier, comme tant d'autres, de la Légion-d'Honneur; toutes distinctions de mérite, chez lui, mais non pas de naissance.

Notons vite et sans transition, de peur de l'oublier, un fait qui, suivant nous est immense, bien que par nature nous inclinions fort peu vers les idées ascétiques : M. de Genoude dit sa messe tous les jours, et n'a omis que huit fois de la dire depuis qu'il est prêtre, par cette raison qu'il était enfermé dans une diligence. Il ne quitte jamais la soutane ou la soutanelle. Un prêtre qui porte régulièrement son habit et dit sa messe tous les jours, est rarement autre chose qu'un bon prêtre; nous n'avons pas foi dans les autres.

On nous rapporte une chose qui nous édifie encore, à savoir que généralement c'est un de ses fils qui l'assiste durant le sacrifice, celui, sans doute, que dans ses secrètes et pieuses ambitions de père et prêtre, il espère voir un jour monter comme lui à l'autel. Spectacle ravissant en vérité que cette union en une seule personne des deux plus grands caractères qu'il soit donné à l'homme de posséder : la paternité et le sacerdoce; objet inépuisable de contemplation douce et attendrissante! Pourquoi la corruption de la nature en est-elle venue à ce point que l'Eglise, pour maintenir la pureté et le nom de ses ministres, doive les isoler de la famille, et qu'une position comme celle de M. de Genoude et de M. l'évêque de Nantes, soit quelque chose d'exceptionnel et, en quelque sorte, d'anormal?

C'est du reste en cet état de conspiration flagrante que les agens de police trouvèrent M. de Genoude, quand on fit deux visites domiciliaires chez lui, l'une à Paris, l'autre au Plessis, en 1837, pour rechercher sa correspondance avec Madame, duchesse de Berry, et ne rien trouver.

Voilà l'homme que la *Revue du dix-neuvième Siècle* vous représente comme une espèce de Méphistophélès au petit pied, ensorcelant tout ce qui l'entoure, pétri de fiel et d'égoïsme; mangeant, avec un sourire convulsif, des cœurs tout chauds dans des poitrines de journalistes, et autres; sollicitant, sous M. de

Villèle, la préfecture de police pour lui, et pour M. de Beauregard quelque chose de pire; forçant les employés, le poing sur la gorge, de s'abonner à la *Gazette* sous peine de destitution; faisant chasser Madame des états autrichiens par suite d'un insolent Premier-Paris; appelant cette femme, qui est la première de toutes celles de ce siècle, une héroïne buissonnière; et M. de Châteaubriand, un barbouilleur de papier; imposteur qui prétend avoir écrit contre la politique de M. de Cazes et non contre sa personne, par conviction et point par suite d'une abjecte rancune, comme tant d'autres le font. Homme de courte mémoire et d'atroce mauvaise foi, qui soutient avoir obtenu lors de ses candidatures à Salins, à Montélimart, à Coulommiers, où on lui offrait la députation, où il ne se présentait pas de lui-même, non une seule voix, mais un assez bon nombre de voix.

Tel est M. de Genoude, et tels sont ses ennemis.

Dans la vie privée, M. de Genoud n'a pas une de ces gaîtés bruyantes que peu de gens savent rendre aimables ; mais sa maxime est qu'un chrétien doit savoir avec saint Paul être toujours dans la joie du cœur. Sa conversation est vive et attachante, son genre d'esprit original au fond, sans saillie apparente, sans les affectations si communes aujourd'hui d'une phraséologie chatoyante et oxidée. Il y a une grâce virile de chevalerie dans la manière dont il reçoit son monde. Il a, nous dit-on, des goûts d'artiste et un bon coup-d'œil, en fait de peinture surtout. Passionné pour l'idée qu'il croit vraie, il la défend quelquefois à outrance, toujours sans morgue ni fierté. Ses mœurs sont belles et douces ; c'est un grand cœur qui a beaucoup souffert et bien souffert, une âme pleine d'un violent amour à travers lequel a passé l'esprit de Dieu. Or, on conçoit qu'avec des qualités si excellentes, et précisément à cause d'elles, M. de Genoude ne soit pas et n'ait jamais été précisément ce qu'on appelle un homme du monde. Il lui manquait pour cela une chose essentielle : les défauts de ses qualités.

Écoutons ces paroles de M. de Lourdoueix,

qui résument bien la présente biographie, à part certaines exagérations :

« Nul ne possède, dit-il, une vue plus éten-
« due et plus pénétrante, une sagacité plus ac-
« tive; aucun n'a reçu à un plus haut degré la
« faculté d'universaliser ses idées, de rappro-
« cher des faits pour en tirer des conclusions
« générales ou des déductions particulières ; sa
« mémoire prodigieuse et sa vaste érudition,
« fortifiée encore par ces études théologiques,
« dont selon M. de Talleyrand on éprouve l'u-
« tilité dans toutes les situations de la vie, tien-
« nent à sa disposition des ressources toujours
« présentes pour la discussion et la polémique.
« Doué d'un mouvement d'idées que je n'ai
« connu à personne, tous les points de l'hori-
« zon étaient explorés par lui. Quant à la fer-
« meté de son âme, à la puissante énergie
« de ses convictions ; quant à son dévoûment
« à ses principes et aux devoirs de la mission
« qu'il en a reçue, ces hautes qualités se sont
« manifestées devant la cour d'assises et dans
« ses diverses captivités ; ses amis l'ont vu à de
« plus grandes épreuves.... et ils n'auraient pu

« comprendre que tant de courage se trouvât
« à côté de tant de douleur, s'ils ne savaient
« qu'il puise sa force à la source même de la
« force et du sublime ».

Biographie du Clergé Contemporain

M. DE LA MENNAIS.

> ...
> ... reprendre que ce qui m'a... d'être ap-
> ... cité et dont je voudrais profiter...
> ... méthode n'est pas la plus...
> ... mais elle est la plus épargnée...
> la plus...
>
> CHARRON, *Lettres de Sagesse.*

L'auteur de cette biographie m'a dit... il y a
quelques années,... ... ... Le 19
janvier, je reçus un... ... près... Paris,
pliée mignonnement. Il... ... s'en-
gageait à l'aller voir le jeudi suivant, de midi
à trois heures; c'est son jour de réception.
J'observe que son écriture est plutôt élégante
et féminine que taillée sur la forme vigou-
reuse et heurtée de son style.

Sᵗ DAVR.

Biographie du Clergé Contemporain

M. DE LA MENNAIS.

> Si je me trompe, j'aime beaucoup mieux me tromper à l'avantage des personnes. En lisant les auteurs, j'y cherche moins ce que je pourrais y reprendre que ce qui mérite d'être approuvé et dont je voudrais profiter. Cette méthode n'est pas la plus à la mode; mais elle est la plus équitable et la plus utile.
>
> LEIBNITZ, *lettre à M. Remond.*

L'auteur de cette biographie écrivait, il y a quelques années, les lignes suivantes : Le 12 janvier, je reçus une charmante petite lettre, pliée mignonement. M. de La Mennais m'engageait à l'aller voir le jeudi suivant, de midi à trois heures; c'est son jour de réception. J'observe que son écriture est plutôt élégante et féminine que taillée sur la forme vigoureuse et heurtée de son style.

Je fus donc rue de Vaugirard, n° 108. Quand je frappai à sa porte, j'entendis comme une plainte lointaine et mal articulée : ouvrez; j'ouvris, et me trouvai en face de lui. Sa taille ne s'élève pas à cinq pieds ; il est menu et chétif ; les rides profondes qui sillonnent son large front se groupent et font saillie à la naissance du nez, ce qui donne à sa physionomie une expression mélangée de tristesse maladive, d'acrimonie, de méfiance et de mépris. Il porte en avant et presque avec peine sa tête affaissée ; ses cheveux sont très noirs et coupés à la Titus ; ses yeux sont noirs aussi, mais d'un noir pâle, distraits, absorbés et pénétrans tout à la fois ; on y lirait l'histoire de sa vie, et des tempêtes qui l'ont agitée ; il a les joues caves et bilieuses. Rousseau mourant devait lui ressembler, si ce n'est qu'il a un peu la bouche de Voltaire, et beaucoup celle de Dante. M. David a fait son buste qui est un chef-d'œuvre d'art et de vérité. Chez lui, M. de La Mennais porte une vaste robe de chambre en tartan bleu, et une petite toque de velours. J'ai vu depuis son costume de ville; c'est une redingote vert-foncé, un gilet boutonné sans suite, une cravatte à l'avenant, un pantalon veuf de ses sous-pieds, et des souliers comme l'aîné des Dupin; son chapeau fut à la mode. Ayant la vue fatiguée, il se sert de bésicles pour écrire et lire, et même pour se conduire dans la rue, où il marche sur la pointe du pied, soit dit sans offenser miss Hawkins, qui faisait un crime de cette manie à Horace Walpole. Ses formes sont polies et distinguées. Il est homme de la belle et haute compagnie; il en a le ton réservé, le naturel et le judicieux abandon; il sait par cœur son monde. Toutefois sa parole ne s'anime qu'insensiblement ; elle est d'abord timide et pénible; il balbutie quand il questionne; il répond à demi. Ce n'est qu'après de longs et visibles efforts qu'il se domine et se possède; alors il est tout à vous, cause avec vous, se fait ce que vous êtes, et vous l'aimez; vous l'admirez, car cette fragile et douloureuse apparence, en certains cas, se revêt d'une inexprimable majesté. Il y a de l'éloquence, de la poésie, de l'empire, du feu dans ce coup-d'œil ; une ravissante douceur quelquefois, toujours une prodigieuse vivacité d'esprit et de génie dans les accents de cette voix si faible et si hésitante tout à l'heure.

Je m'arrête un instant à décrire la chambre qu'il occupe. Dix pieds carrés sur huit de hauteur, ou à peu près. Une seule fenêtre, soigneusement voilée d'un long rideau jaune, et qui ne donne qu'un demi-jour; à gauche en entrant, un lit à grand ciel; du même côté, sur la cheminée, une pendule gothique et de si mince capacité qu'on l'aperçoit à peine. S'il ouvre, derrière son lit, un large placard, soyez indiscret, levez les yeux et vous verrez rangés là, sur deux planches parallèles, les papiers dépositaires de ses productions inédites; à droite, une petite causeuse de cinq pieds où il peut, sans être gêné, se reposer quand il souffre, c'est-à-dire souvent, car sa santé est si chancelante que plusieurs fois, chaque semaine, on conçoit sur elle des inquiétudes sérieuses. Pour inventorier jusqu'au bout, il faut mentioner deux chaises tout bonnement empaillées, trois vieux fauteuils dont un vaste pour lui, placé devant sa table de travail, et deux pour les premiers amis venus. Je l'ai vu écrire : il tient sa plume à poignée, et la manie comme si c'était un burin. Je m'explique difficilement qu'il en résulte une écriture si fine et si perlée. Pardonnez-lui le luxe de ses tapis et de ses glaces, d'autant qu'il n'en possède pas l'ombre, et toute sa domesticité qui se réduit à la plus classique des femmes de ménage. Que devient donc son superflu, s'il en a jamais? c'est le secret des pauvres.

Ainsi, voilà le séjour et l'ameublement de M. de La Mennais, de celui que plusieurs ont nommé le premier prêtre de l'Europe, plusieurs le dernier des Pères de l'Église par l'ordre des temps; le voilà lui-même dans toute la réalité de son extérieur et de ses habitudes privées; bien que ces détails soient un peu voisins de la minutie, je pense que votre curiosité ne s'en plaindra pas. Rien ne peut être indifférent de ce qui touche à un homme pareil. Avant de finir, je veux vous dire encore qu'une de ses passions favorites est celle de faire des armes. Quelqu'un m'affirme l'avoir vu, dans une salle retirée, le fleuret à la main, la poitrine à l'aise, s'escrimant à ravir contre une *poupée*, haletant, noyé de sueur, et fier de son adresse en ce genre d'exercice, comme l'était Bossuet de faire des vers français. J'omets, parce qu'il faut abréger toutes les particularités, si intéressantes qu'elles fussent pour vous, de notre conversation. Elle dura plus d'une heure ; M. Listz arriva, puis un cardinal, puis son neveu, M. Blaise, jeune avocat de mérite; et je me levai pour le saluer. Je ne pus empêcher qu'il me reconduisît, en me serrant la main, jusqu'au bas de l'escalier, et il m'invita à revenir; je le promis sans peine. Je ne sais, monsieur, lui dis-je, mais je me sens si heureux de vous avoir vu, que je suis capable de m'en aller comme un fou, criant par les chemins que j'ai vu M. de La Mennais. C'était Baruch, je crois, que La Fontaine avait lu, et peut-être vu.

M. de La Mennais a changé de demeure; mais sa manière de vivre est restée la même en son quatrième étage de la rue de Rivoli, et dans la rue de la Michodière où il réside maintenant.

J'avais formé dès-lors le projet d'écrire son histoire sous ce titre : *La vérité touchant M. de La Mennais*; mais, pour certaines raisons, je ne pus conduire à fin cette idée, et je consigne seulement ici, selon les limites qui me sont imposées, quelques-unes de mes recherches, mesurant aussi volontiers que personne l'immensité qui sépare du temps actuel la date de la lettre précitée, et tous les dangers de mon sujet, répudiant par-dessus tout ces grandes divisions inextricables qui ne sont point des aperçus et sont souvent grosses d'erreur, évitant de mesurer sur l'aune d'un stupide et insolent boutiquier des théories grandes comme le monde.

Hugues-Robert-Félicité de La Mennais, naquit à Saint-Malo, patrie de Châteaubriand et de Broussais, le 16 juin 1782. Il descend d'une ancienne famille d'armateurs, anoblie vers 1699 par Louis XIV, et avantageusement connue dans les annales de la marine française. Lorsqu'il perdit sa mère, il avait à peine sept ans. Ruiné par l'emprunt forcé, les captures des Espagnols et son dévouement généreux à la cause des émigrés, occupé, bien qu'inutilement, à réparer ses échecs de fortune, son père ne put donner à son éducation première que des soins fort insuffisans. Il le mit entre les mains d'une vieille gouvernante, qui le fit lire dans l'alphabet, non sans des peines infinies; et, après avoir essayé de plusieurs écoles, que révolutionnait toujours le petit espiègle, il lui donna pour maître de français et de latin, son frère aîné, M. Jean de La Mennais. Il avait encore, si je ne me trompe, un autre fils qui n'existe plus. Le nouveau mode d'enseignement ne fut ni plus ni mieux accepté. Les insurrections se multiplièrent; les exercices dégénéraient sensiblement en guerres civiles. On se balafrait à coups de plume d'oie; on se barricadait en brisant tout; force était, comme toujours, au supérieur, d'évacuer la place, malgré sa légitimité, et le vainqueur se postait au milieu, plantant sur deux tabourets renversés un vieil échalas coiffé de sa casquette. Que faire donc ? Attendez trois ans, et l'incorrigible lira Thucydide et Virgile, aussi bien qu'un professeur en Sorbonne qui les sait lire. Si vous demandez comment et pourquoi, je l'ignore; mais le fait est là, il n'avait pas suivi le moindre des cours, il en était incapable. Durant que son intelligence se développait en hâte et mystérieusement, son caractère ne variait pas : même pétulance, même impatience du frein. En tout, l'absence d'une mère se faisait sentir. On voyait que ce pauvre cœur avait été, à ses premiers épanouissemens, isolé du seul amour et des seules douces faiblesses qui pouvaient, en l'affermissant, l'embaumer et l'assouplir. Tout contact étranger devait lui donner une consistance prématurée et jeter, par contre-coup, son esprit dans l'obstination. A cet égard, la mort de madame de La Mennais fut, dans la vie de son fils, un évènement immense et fatal.

Quelqu'un cependant espéra le dompter. Un de ses oncles qui habitait la campagne le fit venir auprès de lui, et mit en jeu tous les ressorts de je ne sais quel système nouveau d'éducation longanimement combiné. Dès l'abord tout se réduisit à néant, et l'excellent homme en fut pour ses châteaux en Espagne. Il avisa d'autres moyens qui ne réussirent pas davantage. Finalement, il eut une idée heureuse, ou que du moins il put juger telle : ce fut d'enfermer le mutin dans sa bibliothèque. Or, la bibliothèque était divisée en deux parts, l'une composée des bons livres, l'autre qu'on appelait l'*Enfer*, parce qu'elle contenait les écrits dangereux ; une cloison à hauteur d'appui les séparait. Vous présumez de quel côté on l'avait mis. Mais la cloison fut bientôt escaladée, et Dieu sait si le prisonnier prit goût à l'enfer. Il y dévora tous les philosophes en général, et Rousseau en particulier, Rousseau qui eut aussi sur sa destinée une influence remarquable, et dont il a encore plus le style que la figure. La tranquillité régna désormais chez l'oncle, et l'excellent homme qui n'en soupçonnait pas la cause, s'étonna d'avoir ainsi, sans y songer, atteint le double but et de corriger l'humeur indisciplinable de son neveu, et d'exciter en lui un certain zèle pour l'étude. Du reste, il voyait juste par hasard. Ce qui, suivant le cours ordinaire des choses, devait perdre M. de La Mennais, fut ce qui le sauva. Un remède trop violent pour une constitution moins précoce et moins robuste, produisit sur lui tout l'effet désirable; doué déjà de cette inflexibilité d'âme qui le distingue, il n'avait rien admis sur parole, et les sophismes ne l'abusaient pas. Son imagination n'était qu'au service de son entendement; il analysait, sans brusquerie et sans confusion, tous ces élémens contradictoires; les raisonnemens, les faits et leurs conséquences se classaient comme d'eux-mêmes dans sa tête, épurés par la réflexion; et en procédant de l'erreur à la vérité, il arrivait à l'idée religieuse et au catholicisme. Etrange phénomène assurément que cette puissance prodigieuse dans un âge si tendre encore. Mais le génie est aussi un mystère, et nul ne dira jusqu'où s'étend la providence de Dieu. Pascal, à douze ans, fut le plus grand mathématicien du monde; à douze ans, M. de La Mennais lisait avec délices le chef-d'œuvre de Malebranche et de la philosophie : *la Recherche de la vérité, et la Diplomatique* de Mabillon. A dix-huit ans, nous venons de voir ce qu'il avait fait. Ici figurerait naturellement une tirade romantique sur les premières émotions de son cœur, à l'âge vulgairement appelé critique; mais comme tout se réduirait à dire que je ne dirai rien, je me tais.

Qu'après une démonstration momentanée de ferveur, M. de La Mennais se soit un peu ralenti, je le veux bien; toujours est-il qu'à dix-huit ans, il inclinait vers les idées ascétiques. A défaut d'autre chose, la grâce suppléait à l'influence maternelle; il eût écrit déjà le *Guide du jeune âge*, la *Journée du chrétien* et les *Réflexions sur l'Imitation*, trois délicieux petits livres qu'on dirait l'œuvre d'un séraphin. Alors il renonça plus que jamais au monde, pour étudier les maîtres de la vie spirituelle et l'histoire ecclésiastique. Il se préparait ainsi à sa première communion, qu'il fit à vingt-deux ans ; ainsi se déterminait sa vocation pour le sacerdoce. Toutefois, pressé par son père de suivre la carrière commerciale, il voulut le seconder dans ses difficiles opérations, mais comme son attention se figeait sur le métier, il lâcha bientôt prise et entra, en qualité de professeur de mathématiques, au lycée de Saint-Malo. En 1807, il publia une traduction du *Guide spirituel,* où se retrouve la manière suave et la grâce du bienheureux Louis de Blois. Les *Réflexions sur l'état de l'Eglise* sont de l'année suivante. Dans cet ouvrage, il trace à grands traits l'histoire de la philosophie au xviiie siècle. Il y fait bonne justice de l'école encyclopédiste et des projets d'églises nationales. Les peuples, selon la part qu'ils ont eue dans le démembrement des vieilles constitutions catholiques, sont appelés à la réédification; les rois eux-mêmes et le clergé, puisqu'en certaines occasions leur faiblesse fut grande et leur vertige inexplicable, reçoivent tantôt le blâme qu'ils méri-

tent, tantôt des encouragemens salutaires.
Sans glorifier, comme on l'a dit étourdiment,
la cause du despotisme, il prouvait l'autorité
par la nécessité de l'ordre, et sans consacrer
l'anarchie, invoquait la liberté par la même
raison, mettant toujours à part, qu'on le sache
donc bien, les faits forcés et les noms propres.
C'était l'union même qu'il a voulu réaliser par
la suite, en créant l'*Avenir*. Ces *réflexions* résument préventivement toute sa mission; je
pourrais affirmer qu'il n'a pas eu depuis une
pensée qu'on n'y retrouve en germe. L'ombrageuse police de l'Empire était de mon avis
apparemment, puisqu'elle en eut peur et les
saisit. Trois ans plus tard, il entrait enfin au
petit séminaire de Saint-Malo, sous la direction de son frère qui en était alors supérieur,
et il publiait, de concert avec celui-ci, trois volumes intitulés : *Tradition de l'Eglise sur l'institution des évêques*. Cet ouvrage, plein d'excellentes idées et d'érudition, suffirait seul à
placer les deux frères parmi nos théologiens
les plus distingués. Leur but principal était
de réfuter M. de Pradt, M. Grégoire et le jan-

séniste Tabaraud, gallicans opiniâtres qui soutenaient, qu'indépendamment de la confirmation du pape, l'élection faite par le chef temporel confère le caractère épiscopal, et valide par elle-même les actes qu'elle autorise.

Nous sommes en 1814, laissons M. de La Mennais, jeune clerc tonsuré ou diacre, cheminer paisiblement vers Paris, qu'il descende à son aise dans un mauvais cabinet de la rue Saint-Jacques. Qu'il claque, s'il le veut, des deux mains à la rentrée des Bourbons en 1815, et traite peu amoureusement Napoléon et son université ; le temps nous manque, nous avons plus de faits que de mots; voici quelques lignes de M. de Chateaubriand et nous passons. « L'élite des esprits se trouve d'accord dans le jugement terrible qu'ils ont porté sur Napoléon. Courir sus à toute vie indépendante, se faire une joie de déshonorer les caractères, de violenter le mœurs particulières autant que les libertés publiques.... et les oppositions généreuses qui s'élevaient contre ces énormités seraient déclarées calomnieuses et blasphématrices! si le succès était réputé l'innocence, si, débauchant jusqu'à la postérité, il la chargeait de ses chaînes; si, esclave future, engendrée d'un passé esclave, cette postérité subornée devenait la complice de quiconque aurait triomphé, où serait le droit? où serait le prix des sacrifices? le bien et le mal n'étant plus que relatifs, s'effaceraient des actions humaines. » Benjamin-Constant va encore plus loin dans *l'Esprit des conquêtes.* L'opinion de M. de La Mennais sur *l'homme altéré de sang* était fondée à ce point qu'il jugea prudent de disparaître quand ce dernier reparut aux cent-jours, et de s'enfuir en Angleterre, où il fallait vivre pourtant. C'est pourquoi il se présenta muni d'une recommandation, chez lady Jerningham, sœur de lord Stafford, sollicitant une place de précepteur. Mais cette dame le refusa par la raison qu'il avait *l'air trop bête.* Des ladyes de cette espèce ne sont pas rares, même à Paris. Il se consola de sa mésaventure chez M. l'abbé Carron de Rennes, qui dirigeait à Londres une institution de jeunes émigrés. Son compatriote l'accueillit en ami et le chargea de surveiller les études de ses pensionnaires. Il y resta sept mois et revint à Paris, pour entrer d'abord aux Feuillantines, ensuite à Saint-Sulpice, puis rentrer aux Feuillantines, de là se rendre à Rennes, où il fut ordonné prêtre vers 1816, à 34 ans, et fixé définitivement aux Feuillantines, après son retour de Bretagne, achever le premier volume de *l'Essai sur l'indifférence,* qu'il publia en 1817. Que pourrais-je dire de ce chef-d'œuvre, qu'on n'ait dit avant moi et mieux que moi? C'était, dit M. Lacordaire, une résurrection admirable des raisonnemens antiques et éternels qui prouvent aux hommes la nécessité de la foi, raisonnemens rendus nouveaux par leur application à des erreurs plus vastes qu'elles n'avaient été dans les siècles antérieurs. Tout était simple, vrai, énergique, entraînant; l'enthousiasme n'eut pas de bornes; en un seul jour M. de La Mennais se trouva investi de la puissance de Bossuet. L'Europe attendit la continuation de son ouvrage; il n'avait encore établi que la néces-

sité de la foi, mais où était la foi véritable?
comment parvenir à la discerner? « Après
deux ans d'attente, le second volume fut publié; rien ne peut peindre la surprise qu'il
produisit. L'auteur ne tendait à rien de moins
qu'à renverser tous les systèmes de philosophie existans. Il niait le sens intime ; il niait
l'évidence; il prenait Descartes pour battre
Aristote, sauf à l'écraser lui-même ensuite.
Si Bossuet ou Malebranche, ses deux grandes
admirations, avaient suivi les erremens de
la vieille scholastique, peu lui importait;
puisqu'il avait trouvé constamment dans l'histoire la philosophie aux prises avec le catholicisme, et que rien n'annonçait la fin de cet
épouvantable duel, donc les moyens employés
jusqu'alors ne valaient rien, donc il en fallait
essayer d'autres. D'ailleurs la philosophie, si
menteuse et si depravée qu'elle fût, présentait en regard de ses vices quelque chose de
bien, son activité par exemple; de son côté,
le catholicisme avait sa politique bien permise
qui était d'utiliser la vie de son ennemi et non
de l'exterminer. En conséquence, tous les

efforts de M. de La Mennais se portèrent sur un point : l'indissoluble union de ces deux puissances jalouses. Pour arriver à ce but, il démontre d'abord l'impuissance, et, ajoute-t-il, l'impiété des opinions qu'il combat. Il étale toutes les absurdités que consacre l'évidence, si contradictoire en plusieurs personnes et souvent en une seule personne, sur un même fait ou une même idée, qu'en un clin-d'œil elle trouvera clair ce qui lui avait paru obscur, et à l'inverse. Admettra-t-il comme *Criterium* la raison individuelle? Non, car écrire son histoire serait constater une succession de ruines, et tomber dans le protestantisme. Sans doute, la vérité est ce à quoi adhère la raison humaine; mais ce à quoi elle adhère partout et toujours, ce sur quoi elle n'a varié en aucun lieu et en aucun temps. L'universalité et la perpétuité, voilà le caractère distinctif du vrai. Or, où est l'universalité, sinon dans les croyances de tous les peuples? où est la perpétuité, sinon dans celles de tous les siècles? où sont tous les peuples et tous les siècles, sinon dans le genre humain? Il établit ensuite par les faits que le genre humain croit à ces maximes premières et indémontrables qui sont la base de toutes les sciences, fait voir l'accord universel et permanent des traditions avec la vérité catholique, et conclut que cette vérité se déduit, non-seulement de la révélation, mais encore du témoignage ou du sens commun.

L'Eglise se défie toujours des innovations. La vieille Sorbonne secoua la poussière de son linceul et rumina des propositions à brûler sur place de grève; M. Guillon fit dans l'ombre une réponse qui y resta; il y eut un nommé Batton qui fit encore pis; M. Boyer combattit valeureusement comme de coutume, mais sans bonheur; M. Carron d'Amiens se distingua depuis, vers 1834, en lançant deux bons volumes à l'appui du système attaqué. Les évêques ne savaient qu'en penser. Dans le clergé inférieur la division fut violente. Vainement M. de Maistre écrivait à l'auteur de l'*Essai*: laissez coasser ces grenouilles; vainement M. de La Mennais composa et publia en quinze jours une *défense* plus étonnante peut-être de vigueur, de logique et de style que le corps de l'ouvrage; ni les témoignages de ses amis du *conservateur*, ni le ive et v^e volume où il déploya la plus miraculeuse érudition, concentrant en un faisceau lumineux tous les témoignages épars de l'histoire des siècles, rien ne put calmer le mouvement des esprits; *la perturbation ne fit que s'accroître avec le temps et les débats publics.* ce froid xixe siècle n'était plus reconnaissable; le christianisme quelque peu ossianique et voluptueux du chantre des *Martyrs* s'était évaporé en parfumant pour des siècles l'atmosphère; nous en étions aux thomistes et scotistes, aux réaux et nominaux. Effrayé lui-même de cette révolution fort inattendue, M. de La Mennais se rendit à Rome, en 1824, et soumit ses doctrines au Pape. Léon XII l'accueillit gracieusement et lui offrit la barette qu'il refusa, demandant pour toute faveur que le cardinal Lambruschini fut nommé à la nonciature de France; il l'obtint, et ce cardinal est devenu son plus implacable ennemi. De retour à Paris il publia une *tra-*

duction de *l'Imitation de Jésus-Christ*, la meilleure que nous ayons, et créa *le Mémorial catholique*. Nouvelle semence de guerre! Jour néfaste pour l'assemblée de 1682. Il y eut encore un déluge de livres : Ici M. Clausel de Montals parut armé de pied en cap, avec sa dialectique et ses brillans sophismes; M. Frayssinous se mit comme jamais en veine de persuasion mielleuse et patiente; la vieille Sorbonne eut de rechef un soubresaut, et crut voir cette fois son syndic de 1608, le fougueux Edmond Richer. Là marchaient en phalanges serrées MM. Gerbet, O'Mahoni, de Bonald, la grande ombre de Bellarmin, celle de M. de Maistre, récemment mort, toute la jeune armée sacerdotale. D'une main M. de la Mennais les secondait, de l'autre il battait en brèche le ministère Villèle qu'il avait plus haut que personne appelé aux affaires, mais qu'il voyait ou croyait voir engagé dans de fausses voies. Cela fait, il lançait un éloquent manifeste : *La Religion considérée dans ses rapports avec l'ordre civil et politique*. Telle était en résumé la conclusion du livre : quiconque ne croit pas à l'infaillibilité du Pape, à la supériorité du Pape sur le concile, à la puissance absolue du Pape sur le temporel des rois, attendu que Jésus-Christ a dit à saint Pierre : ta foi ne faillira pas ; tu es Pierre et sur cette pierre je bâtirai mon Eglise ; ce que tu lieras sera lié, etc. Celui là est hérétique, et, par une déduction rigoureuse, il est athée. Dans le développement de ces propositions, le gouvernement découvrit un outrage à ses droits, et cita M. de La Mennais en police correctionelle ; il fut défendu par M. Berryer, condamné à trente-six francs d'amende, et prononça cette parole fameuse : Vous saurez ce que c'est qu'un prêtre. Il le montra bientôt à MM. de Vatimesnil et Feutrier en publiant les *Progrès de la guerre contre l'Eglise*, où il prédit mot par mot la révolution de Juillet et ses suites. J'ai indiqué, dans la biographie de M. de Genoude, ce qui donna lieu particulièrement à ses éloquentes réclamations ; j'ajoute seulement qu'une ordonnance ministérielle venait d'obliger les professeurs de théologie à n'enseigner dans les séminaires aucune doctrine contraire à celle des quatre articles. Cette révolution de 1830 arriva, et M. de La Mennais l'accueillit sans déplaisir. Débarassé de ces longs entêtemens qui avaient paralysé son action, il espéra tout d'un changement, et jugea que, dans la réorganisation générale, la part de l'Eglise serait grande, si l'on travaillait dignement pour elle. Il fonda l'*Avenir* le 1er Septembre 1830, et prit pour épigraphe ces deux mots : *Dieu et la liberté*; alliance sublime sans doute, mais dont l'idée fit frémir les haûtes notabilités du sanctuaire, car elle rappelait le malheureux essai de 93 et rouvrait des blessures encore saignantes. M. de Quélen déjà offensé cruellement par les deux lettres que lui avait écrites M. de La Mennais au sujet de son dernier ouvrage, lettres brûlantes comme les invectives de Tertullien contre Marcion, mais moins évangéliques sans nul doute, M. de Quélen n'osait parler trop haut, crainte d'hérésie ; et il gémissait au fond de son âme. Ce qui révoltait surtout le grand nombre, c'étaient les articles relatifs à la suppression du budget écclésiastique. Dans la classe la plus vivace du clergé, ainsi que je l'ai dit ailleurs, l'opinion n'était encore pas la même. On voyait là un immanquable moyen de rendre au catholicisme sa popularité d'autre fois et de le faire bénir en l'affranchissant, puisqu'en même temps, par exemple, qu'il revendiquait pour lui le droit d'enseignement, le prêtre assurait au peuple un droit analogue de se faire instruire par qui et comment il voudrait ; puisque toute liberté obtenue par le catholicisme impliquait par voie évidente de conséquence une liberté pour le peuple. Cette abnégation du salaire de l'état semblait apostolique, et il eut été beau qu'on appliquât aux prêtres ces mots des Proverbes : *non pro buccella panis deserit veritatem*. Aussi les sympathies abondaient-elles de ce côté-là. Mais d'un autre côté les évêques fulminaient, chassaient comme infâmes, des séminaires, les plus déterminés enthousiastes du mouvement nouveau, c'est-à-dire l'élite des sujets, faisaient pleuvoir les interdits, et n'en pouvaient plus. On nous cite un M. Brumauld de Beauregard qui, au seul nom de M. de La Mennais, tombait du haut mal et qui culbuta, pour en déraciner ses doctrines, l'un de nos plus beaux diocèses. On ajoute, à sa décharge, qu'il avait 86 ans, la tête dévoyée, et surtout qu'il vient à 92 ans d'abandonner son siège d'Orléans à un homme de vrai mérite, M. Morlot.

Or, dans ce conflit toujours croissant de convictions ennemies ou dévouées, une seule chose pouvait amener un terme, c'était que le Pape se prononçât. Fidèle à ses habitudes de prudence et de temporisation, partagée d'ailleurs entre une opposition puissante et politique qu'elle ne pouvait aimer, qu'elle devait ménager, et de fougueux amis qui s'acharnaient à lui rendre une prérogative depuis long-temps éteinte, mais immense et bien chère, elle restait immobile. De Grégoire XVI à Grégoire VII, il y a plus d'un pas. M. de la Mennais suspendit l'*Avenir* et courut à Rome, où il descendit chez les Théatins, accompagné de ses deux jeunes collaborateurs, Lacordaire et Montalembert. Le chevalier Artaud raconte qu'après avoir sollicité une audience à plusieurs reprises, et n'avoir pas même obtenu de réponse, M. de la Mennais apprit par hasard que le pape devait se rendre le lendemain à Saint-Louis-des-Français, et que, s'il voulait se trouver sur le chemin de Sa Sainteté, peut-être elle daignerait lui adresser la parole. Ainsi parle M. Artaud. M. de la Mennais n'y fut point et partit, bien déterminé à reprendre son journal; mais en arrivant à Munich, il reçut la lettre encyclique du 15 août 1832, qui condamnait, sans rien préciser toutefois, les doctrines de *l'Avenir*. Il se soumit, et *l'Avenir* ne parut plus, et *l'Agence générale pour la défense de la liberté religieuse* fut dissoute. Mais Rome alors exigeait davantage; il fallait une soumission explicite et absolue; il la donna. Cette soumission fut encore jugée incomplète; il déclara enfin qu'il adhérait uniquement et absolument à l'encyclique, et il s'enfuit sous les ombrages de Lachenaie, qui jadis abritaient sa vertueuse mère, dit M. Combalot, pour trouver un peu d'air et se reposer de ses luttes.

La paix ne fut pas de longue durée. Le 8 mai 1834, parurent *Les paroles d'un croyant*, livre petit par son volume, immense par sa perversité, disait un encyclique nouvelle du 7 juillet, mais dont Grégoire XVI n'a pas contesté, que je sache, la valeur littéraire. C'est la puissance de style et la poésie des prophètes ; c'est une éblouissante transfiguration du génie de M. de la Mennais. L'imprimerie, depuis son invention, n'a pas à constater un succès pareil. Traduit immédiatement dans les principales langues de l'Europe, plus de cent mille exemplaires furent presque aussitôt répandus, malgré les prohibitions des gouvernemens et l'activité de leur police. L'auteur fut interdit par son Ordinaire, M. de Lesquien ; et la question fut désormais tranchée entre Rome et lui. Pour la trancher plus nettement encore, il publia bientôt *les affaires de Rome. Jusque-là les souvenirs, la douleur, le respect, l'affection, mille nobles sentimens*, dit M. Lacordaire, *nous retenaient encore à lui*; M. Lacordaire et M. Combalot l'abandonnèrent ; l'un écrivit ses *considérations*; l'autre ses deux magnifiques lettres qu'on dirait faites par M. de la Mennais lui-même contre lui-même, tant elles sont parées de charité, et en même temps brûlantes d'éloquence et de colère. Il y eut rupture complète. Ses amis en effet, après les *paroles d'un croyant*, lui conseillaient de transiger ; il enjamba, comme parle M. Sainte-Beuve, ces hommes d'entre-deux ; nous disons, nous, ces hommes d'indéfectible catholicisme, et fit, lui aussi, ses *confessions* si pleine de tristesse et de souffrance, de douceur et d'épouvante, si étincelante de génie. Il eut le malheur d'écrire ces lignes, qu'aujourd'hui peut-être il voudrait racheter de sa vie : *mais si les hommes poussés par l'impérieux besoin de renouer, pour ainsi dire, avec Dieu, redeviennent chrétiens, qu'on ne s'imagine pas que le christianisme auquel il se rattacheront, puisse être jamais celui qu'on leur présente sous le nom de catholicisme.* Il fut ensuite, comme on sait, rédacteur en chef du *Monde*, et publia *Le livre du peuple* et *l'esclavage moderne*, le premier qui est une espèce de manuel des révolutions à l'usage de la majorité ; le second, un appel aux armes ; l'un et l'autre frappé au coin de ses devanciers, c'est-à-dire mélangé de virulence et de suavité, de sainte résignation et d'excès incommensurable, du plus pur mysticisme et du fiel le plus amer, de toutes les contradictions peut-être dont soit capable l'humanité. En lisant ces ouvrages, je fus saisi, et me demandai s'il serait donc impossible de s'expliquer cette longue histoire de variations inouies; et je crus l'avoir fait ainsi : M. de la Mennais, même avant sa révolte, manqua toujours essentiellement d'unité; précisément parce que c'était à l'unité qu'il voulait atteindre. Intelligence trop fougueuse et trop vaste pour n'embrasser que les fragmens isolés d'un tout, trop profonde pour n'effleurer des choses que la superficie, lorsqu'il arriva, l'espace était jonché de décombres; la vérité, pour ainsi dire, à refaire d'un bout à l'autre. Il se mit à l'œuvre, seul ou à peu près; M. de Chateaubriand, comme je l'ai dit, avait poétisé des ruines antérieurement, mais ne les avait pas relevées; chanter ne suffisait pas, il fallait bâtir, et d'abord imaginer un plan, choisir avec un discernement prodigieux ses matériaux; chose énorme en effet, car, parmi ceux qu'il avait sous la main, plusieurs étaient bons, le grand nombre ne valait rien, les idées nouvelles ne se combinaient pas d'elles-mêmes avec les élémens d'une société morte d'hier, et morte pourrie. Faut-il donc s'étonner qu'il adopte tour-à-tour, et rejette pour s'y rattacher la même doctrine, suivant que le temps et la réflexion la lui font voir diversement ; suivant qu'elle s'engraine plus ou moins exactement dans le système général.

La providence, dit M. Ballanche, secoue violemment le genre humain pour le faire avancer. Trois symboles résument l'action de M. de La Mennais : en religion, la théocratie; en philosophie, le sens universel ; en politique, la royauté absolue, puis constitutionnelle, et enfin le radicalisme républicain. Sur les deux premiers points, on ne préciserait pas aisément ses transformations depuis sept ans, puisqu'il évite d'y jamais toucher. En ce qui concerne ses voies politiques, c'est différent; il a traité les formes de gouvernement comme toutes choses ; il les a essayées. Le droit divin se présentait d'abord avec ses recommandations de quinze siècles, et après une secousse qui eut pu l'épurer de tout alliage; on conçoit l'acharnement qu'il mit à l'utiliser; soit sa faute, soit celle des choses, il n'y réussit pas. La Révolution de Juillet lui parut suscitée pour compléter et réparer l'autre, et il l'accepta comme devant fondre tout-à-fait cette fois la royauté dans le moule social ; or, il pense maintenant que son attente fut déçue de nouveau. Voyant enfin que la republique gisait là, sanglante mais énergique, pleine de hideux souvenirs mais aussi d'espérances ravissantes, puisqu'elle-même démentait son passé et présentait le plus admirable programme d'avenir qui se soit vu, il la prit, et il en est à ce point ; rien n'annonce encore qu'il veuille la rejeter. Resterait la difficulté de savoir comment, s'il met à part la philosophie, et le catholicisme surtout qui est et doit être le corps du monument, il édifierait quelque chose avec de la politique toute seule, objet purement accessoire, et ferait un temple avec une corniche ; je ne doute pas, pour cette raison même, que son grand sens et son cœur ne le ramènent bientôt à sa foi première. Déjà le grand ouvrage de philosophie qui nous est annoncé, quels que doivent être d'ailleurs son esprit et sa forme, révelera nécessairement plus d'un mystère.

Suis-je donc un disciple *quand même* de M. de La Mennais? Mon Dieu! non, quoiqu'on en veuille dire. J'ai de l'admiration pour son génie et des vœux ardents pour sa réconciliation avec l'Eglise; voilà tout. Je partage l'avis de M. Combalot, qui a dit : Pour l'acquit de ma conscience et pour rendre hommage à l'incorruptible vérité, je dois avouer que dans les plus beaux jours de vos luttes pour la défense des droits du saint siège, et lorsque rien ne présageait encore les égaremens que nous déplorerons à jamais, vous n'avez pas toujours rencontré parmi quelques-uns de vos frères dans le sacerdoce les égards et les ménagemens auxquels vous donnaient droit peut-être vos immenses talens, et l'usage que vous en faisiez. Il en est qui ont fait subir à votre génie, pendant près de dix ans, le supplice d'une guerre à coup d'épingles ; leur incorrigible acrimonie a été l'aiguillon qui pique le taureau dans l'arène ; et je pense qu'on leur demandera un compte terrible de la part qu'ils ont eue à votre chûte et du mal qu'ils vous ont fait.

Ces paroles sont graves et demandent qu'on les médite. Puissent donc mes intentions n'être pas méconnues. Avec ses plus fervents disciples, ma foi l'a suivi jusqu'aux *affaires de Rome* ; autant que ses plus vénimeux adversaires, mais non comme eux, elle l'abandonne quand il renie le pape et s'abdique lui-même ; mais mon affection pour sa personne ne se modifie en rien, si ce n'est qu'elle augmente peut-être, ni ma respectueuse estime, parce qu'à mes yeux étant dans l'erreur, il est aussi dans la bonne foi, et sous l'empire d'une irritation trop justifiée par les plus abominables calomnies dont en ces derniers temps surtout il a été l'objet, ce qui exclut en quelque sorte la préméditation. Je l'aime de toute la haine que lui portent M. Madrolle et des gens moins élevés ou moins loyaux que ce dernier; qu'on me pardonne de dire que le bon Dieu l'aime aussi, et qu'au jour si désiré où il rentrera dans son sein, l'église embrassera cet illustre enfant prodigue avec des allégresses immenses. Je pense qu'au milieu de cette universelle agitation des esprits où nous vivons, un prêtre aussi surabondant de sève et de vie, peut se heurter contre les choses, lorsqu'il opère activement sur elles, sans qu'on ait droit de le mettre au ban de l'humanité. Il m'a semblé de plus que l'Évangile qui veut le salut, et non la mort du pécheur, au cas même où M. de la Mennais serait le pire des hérétiques, ferait un devoir d'une profonde mansuétude à son égard. Arius, Eutychès, Photius, Luther et les autres, schismatisaient par cupidité ou par des mobiles plus ignobles encore; Jansénius écrivait le *Mars Gallicus* pour obtenir un évêché d'Espagne; je ne vois pas ce qu'a gagné M. de la Mennais en matière de places, avec ses livres anciens et nouveaux, ni laquelle de ses passions il a pu satisfaire ainsi. L'orgueil qu'on lui reproche, eut toutefois mieux trouvé son compte à figurer dans le conclave et à vivre couronné de toutes les splendeurs d'un père de l'église. Malheureusement on n'a pas cru que ce fût assez d'avoir pour soi la vérité et de réfuter les erreurs ; on a fait de tout cela une jalousie de métier, puisqu'il faut le dire ; et par suite de ces préoccupations détestables, malgré toutes mes réserves bien claires et mes explications qui ne le sont pas moins, comme je n'aurai pas injurié d'un bout à l'autre M. de la Mennais, on va dire encore de moi : c'est un de ses disciples, et un hérétique comme lui.

Il a paru des contrefaçons de cet ouvrage. Nous déclarons que tout contrefacteur sera poursuivi par nous selon la rigueur des lois.

Biographie du Clergé Contemporain

M. COMBALOT.

LE COMBALOT.

> .... vous
> .... qu'aux
> .... , *Dict. ph.*,
> art. FANATISME.

.... -général des
.... mis s.... des *suspects*,
et, naturellement, ... Il franchissait
l'échelle fatale, ... accou-
.... Louis
.... Comba-
lot. ....
....
ce digne .... de Robespierre ne fut ....

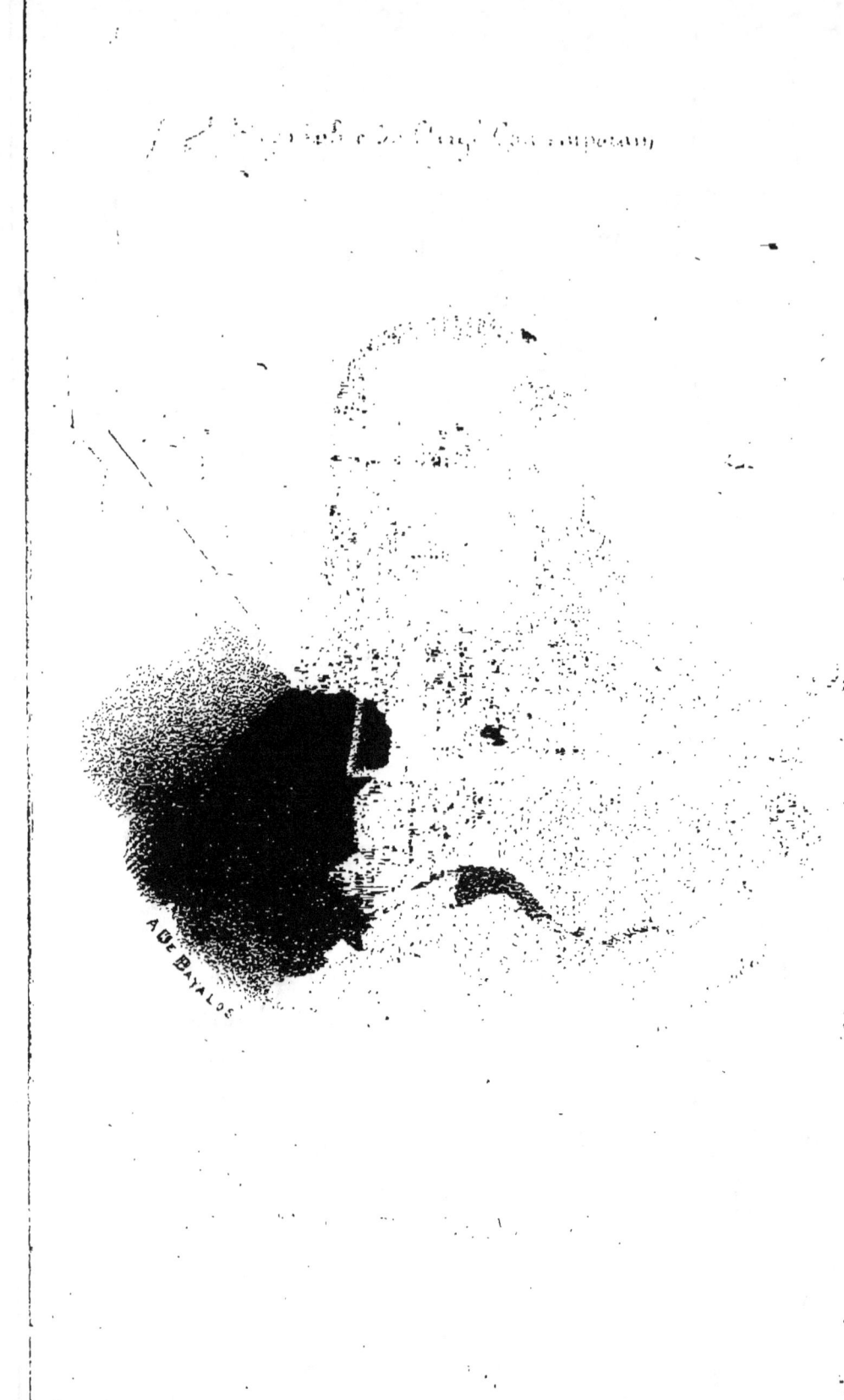

M. COMBALOT.

> Qui negligit damnum propter amicum, justus est.
> (Prov. xii, 26.)

> Que répondre à un homme qui vous dit qu'il vaut mieux obéir à Dieu qu'aux hommes ? Voltaire, *Dict. ph.*, art. Fanatisme.

Vers 1793, Joseph Combalot, fermier-général des seigneurs de Malte, fut mis sur la liste des *suspects*, et, naturellement, condamné à mort. Il franchissait l'échelle fatale, lorsqu'un jeune homme accourut portant sa grâce, et le sauva : c'était Louis Combalot, son fils, et le père de M. l'abbé Combalot. Il avait offert sa tête en échange de celle qui allait tomber, et de si bonne façon vraiment, que ce digne M. de Robespierre en fut touché et ne tint rigueur ni à l'un ni à l'autre (1). Joseph Combalot mourut presque aussitôt de saisissement et de joie, laissant deux fils : celui dont nous venons de parler, et Antoine Combalot, qui fut par la suite curé de Recoin, près Voiron, et laissa dans sa paroisse des souvenirs impérissables de charité.

L'aîné, Louis Combalot, épousa mademoiselle Élisabeth Clermont, jeune personne d'une beauté remarquable, et plus distinguée encore par ses douces qualités de cœur.

De ce mariage naquirent Louis Combalot, le fondateur de la brasserie lyonnaise, à Paris; Théodore Combalot, dont j'esquisse la biographie; Eustache Combalot qui figura dans la fameuse affaire du *Carlo Alberto*, et qui s'est retiré depuis à la Guadeloupe, abandonnant la carrière du barreau qu'il promettait d'illustrer; Eugène Combalot, inséparable compagnon des vieux jours de sa mère, habile et bon propriétaire qui cultive pour les indigents comme pour lui des champs aimés du ciel mesdemoiselles Alexandrine et Joséphine Combalot

---

(1) Je dis *Robespierre* comme je dirais *Marat*, ou un autre représentant du hideux simulacre de république qui fut alors présenté à l'univers. On m'a cherché à ce propos une mauvaise chicane, trop raisonnable et trop juste pour n'être pas sotte.

deux tendres sœurs unies dans l'amour de Dieu et des bonnes œuvres comme deux anges jumeaux, et toujours voilées de leur pieuse modestie que j'ai peur d'alarmer.

M. l'abbé Combalot a quarante-trois ans. Il est né le 21 août 1798, à Châtenay, arrondissement de Saint-Marcelin, département de l'Isère (1).

« Les Dauphinois, disait en 1658 M. de Juigné, sont ardents en la poursuite de leurs affaires, courtois et affables, de gentil esprit, capables de sciences, mais dissimulés et hauts à la main. » Nous verrons jusqu'à quel point M. Combalot partage les défauts et les heureuses dispositions de ses compatriotes.

En 1821, il perdit son père; sa mère, comme je l'ai indiqué, vit encore : elle a soixante-huit ans, et c'est à elle que je dédie cette petite brochure; qu'elle daigne l'accepter, cette vénérable dame, en témoignage d'universelle reconnaissance, pour le bien qu'elle a fait ou qu'elle fait encore par elle-même, et pour celui que font ses enfants, chacun dans l'ordre où l'a placé la Providence. Que Dieu lui donne, comme aux patriarches, de voir sa postérité dans la quatrième génération!

---

(1) Il est, comme on voit, le compatriote de M. de Genoude.

Jusqu'à quatre ans, le cœur de Théodore s'ouvrit avec amour aux doux enseignements de sa mère; à quatre ans, il fut envoyé à Saint-Antoine, chez une de ses tantes. Ainsi, des riantes et fraîches campagnes de Châtenay, il se trouva tout-à-coup transporté dans une contrée d'un aspect sévère et imposant. Le village de Saint-Antoine est bâti au bord d'une plaine silencieuse, au pied d'une colline parsemée de grands arbres au feuillage sombre, et couronnée par une belle cathédrale, chef-d'œuvre de l'art gothique ; ce qui, suivant un biographe, ne fut pas sans influence sur son esprit et son caractère. On sait le goût de M. Combalot pour l'architecture chrétienne; on sait avec quelle complaisance et quelle richesse il décrit les effets les plus variés, et les contrastes de la nature, quand l'occasion s'en présente. J'ai entendu un discours de lui *sur la Prière*, où, analysant tous les symboles extérieurs du temple, il développait sur ce sujet un luxe inouï d'imagination et de science technique.

Il devint ensuite écolier de Rosette Pihan, brave et honnête fille qui s'est fait dans le pays une renommée d'institutrice primaire, excellente chrétienne surtout, qui passait merveilleusement par le cœur des enfants pour gagner leur intelligence. M. Combalot parle souvent d'elle, et Rosette est pour lui un souvenir charmant. De là, il passa au collège de Lyon, et ses succès y furent tels que souvent ses professeurs le mettaient hors de concours, et nommaient encore le premier celui qui venait après lui.

Toutefois la faiblesse de sa santé donnait des inquiétudes sérieuses ; sa poitrine s'affaiblissait sensiblement, et à plusieurs reprises ses parents le rappelèrent auprès d'eux. Pour lui prodiguer plus aisément leurs soins, il le placèrent au collège de la Côte. Il venait de faire sa première communion sous la direction de M. Mousset, curé de Saint-Siméon, ancienne résidence de son grand-père. Nous observons, en passant, que le curé de Châtenay, l'un des prédécesseurs du vénérable M. Reboul, curé actuel, était un prêtre assermenté, circonstance qui explique pourquoi cette cérémonie touchante de la première communion n'eut pas lieu pour lui, et selon les règles les plus ordinaires, dans la paroisse maternelle. L'orthodoxie est une des prérogatives héréditaires de sa famille.

Le jeune Combalot resta peu de temps à la Côte ; il vint ensuite étudier au séminaire de Grenoble, sous M. Bossard, supérieur, et M. d'Hières, directeur et professeur de théologie, qui lui vouèrent, tant à cause de ses rares talents que pour sa piété douce et solide, une affection sans bornes. Il était à peine simple clerc lorsqu'on lui confia la chaire de philosophie, et c'est à dix-sept ans qu'il avait reçu la tonsure. A vingt-trois ans, moyennant dispense d'âge, il fut ordonné prêtre par M. Simon, évêque de Grenoble.

On a dit qu'il s'était destiné d'abord à la profession d'avocat, et qu'une retraite spirituelle changea soudainement sa vocation. On s'est trompé. Ses idées sur ce point sont constamment restées les mêmes. Dès son séjour chez sa bonne Rosette, quand on lui demandait ce qu'il serait un jour, il répondait qu'il se ferait prêtre; « et, dans son ardeur enfantine pour l'état sacerdotal, il lui arrivait souvent, comme au poète Schiller, de monter sur une croix de pierre de son village, le corps enveloppé d'un tablier en guise de surplis, et de faire sur un des textes de la Bible, des sermons auxquels il voulait qu'on prêtât une sérieuse attention, et qui ne manquaient pas d'une certaine logique (1). » Il est d'ailleurs évident que ni la nature de ses facultés, ni la trempe particulière de son âme, ni ses études de prédilection n'ont donné lieu à des suppositions pareilles ; tout concourt dans sa vie à

---

(1) Marmier, *Vie de Schiller*.

prouver le contraire. Sa parole n'est pas apparemment de celles qui peuvent miroiter et ployer; sa conscience est droite et inflexible comme son jugement et comme la vérité, mais non comme une conscience d'avocat; il n'y a rien à vendre chez lui; nous le verrons bien par la suite; et à l'époque où nous en sommes de sa vie, ses supérieurs ecclésiastiques l'avaient si parfaitement apprécié, que l'un d'eux, M. Bouchard, vicaire-général du diocèse, l'appelait souvent son *justum et tenacem*, ou encore, sauf les réserves, *monsieur Tertullien*. On nous communique une lettre datée de ce temps-là, où nous lisons les mots suivants : *Puer bonæ spei, quem nihil impedit quominus inter potentes ecclesiæ recipiatur.* Ses auteurs favoris n'ont jamais été positivement le Code Napoléon et Gerbier. Il avait conçu de très bonne heure sa grande admiration pour M. de Maistre et M. de Bonald; il s'était passionné surtout pour le génie de M. de La Mennais et pour l'étude des Pères; et ses leçons de logique ou d'Écriture Sainte, en témoignant, comme ses sermons d'aujourd'hui, d'une étonnante lucidité d'esprit et d'une profondeur de vues qui n'est pas commune non plus, révélaient simultanément une suave puissance d'onction et la piété d'un saint.

C'est pour donner en quelque sorte plus d'essor à ces précieuses qualités et en faciliter l'expansion qu'on le nomma préfet général des études. La charge était difficile et périlleuse ; il sut dignement la remplir, sans heurter les susceptibilités ni ménager les abus, imprimant aux travaux une marche vigoureuse et rapide, également cher aux subordonnés et aux maîtres, si bien qu'il fut amèrement regretté, lorsqu'à vingt-cinq ans il abandonna son pays natal pour venir à Paris et entrer chez les Jésuites, où il crut un moment que Dieu l'avait appelé.

Il passa un an à la maison de Montrouge, vers 1823, et revint dans la vie séculière pour y continuer les prédications qu'il avait déjà commencées au nom de l'Ordre. S'il s'est maintenu dans l'intimité des Pères, je n'oserais l'affirmer. Il n'accepta aucun titre de curé ou de vicaire, ni alors, ni dans la suite, et de toutes parts les évêques de France se disputèrent son concours. Il parcourut donc les départements en missionnaire ; il y eut, on peut le dire, un mouvement général à son aspect : les hommes simplement convaincus s'éprirent du catholicisme et l'aimèrent d'amour ; bien des incrédules s'étonnèrent de croire. Plusieurs aussi songèrent à la révolte : le vent de la mode soufflait alors de ce côté-là, et Dieu sait ce que fait faire la mode, en mille circonstances données, au roi de la création. Les révoltés étaient, on le pense bien, des clercs de notaire, des maires de campagne, des courtauds de boutique ou autres gens de mérite et d'intelligence analogues, faisant des difficultés *à la Naigeon*, et enjambant, comme dit Brantôme, plus de l'étendue de leurs jambes. Mais s'irriter, sottement ou non, n'était-ce pas dire à l'ennemi qu'il avait frappé juste? L'Église, pour ce motif, dut même voir avec intérêt ces scandales de basse classe, qui étaient en résumé une preuve de conviction, et partant, une espèce d'acheminement vers la vérité.

Je mentionnerai plus tard, s'il y a lieu, les prouesses du maire de Morlaix; à Auxerre, à Dijon, les pauvretés ne manquèrent pas non plus; à Marseille, M. Combalot remporta un triomphe, et il en a depuis contracté l'habitude. Comme il prêchait sur l'enfer, l'auditoire ému et frappé de stupeur, se leva tout-à-coup; une sourde rumeur emplit l'église, puis il se fit un silence terrible qui fut interrompu enfin par les acclamations et les sanglots. Le XIXe siècle eut aussi son Massillon.

Tels furent, jusqu'en 1830, les travaux et les succès, les joies et les peines spirituelles de M. Combalot. Le dernier carême prêché devant Charles X le fut par lui. Ce qu'il pensa de cette indéfinissable révolution, j'aurais de la peine à le dire positivement ; j'ignore aussi les motifs qui avaient déterminé sa retraite du noviciat des Jésuites ; ce qu'il y a de certain, c'est qu'en ce temps-là son enthousiasme pour M. de La Mennais était au comble. Laissons-le parler lui-même :

« Lévite ignoré à l'ombre du sanctuaire où je me préparais aux combats du Seigneur, je n'eus pas plus tôt entendu votre voix que je me sentis entraîné vers vous par une force irrésistible. Je m'étais dit : L'Église de France n'est plus veuve de ses saintes et grandes illustrations, et les ruines du sanctuaire n'ont pas étouffé l'étincelle divine qui toucha l'âme de Fénélon et inspira le génie de l'évêque de Meaux ; tous les prophètes de la maison d'Israël n'ont pas péri sous les décombres de nos temples ; et la tempête des révolutions n'a pas jeté sur des plages désertes tous les apôtres de Jésus-Christ. La cause de Dieu a retrouvé un défenseur digne d'elle, et l'impiété frémissante le marteau qui doit la briser.

Dès ce moment, Monsieur, je vous aimai de la même passion que j'aimais la vérité. Je confondis son défenseur avec elle, et n'aspirai plus qu'à vous rencontrer sur cette terre, pour devenir votre disciple le plus fidèle et votre enfant le plus dévoué.

Des circonstances qui me semblaient un bienfait de la Providence, me permirent de réaliser ce vœu de mon cœur, et je n'eus plus d'autre ambition que de seconder selon la mesure de mes forces, ou plutôt de ma faiblesse, vos grandes pensées pour le triomphe de l'Eglise. Pendant près de dix ans, ma vie vous fut dévouée tout entière. Les pontifes du Christ daignèrent encourager de leurs bénédictions les travaux que vous aviez entrepris pour la défense des droits imprescriptibles qu'ils tiennent de la bouche même de Dieu, et que des opinions heureusement anéanties pour jamais leur disputaient encore, à l'ombre des vieilles haines de l'esprit qui jadis inspira les parlements. Forts de l'appui que vous prêtait Rome, nous étions emportés dans la sphère du génie qui nous avait subjugués de confiance. »

Ces lignes sont touchantes et vraies ; ces émotions et cet entraînement, tous ceux qui portaient un cœur généreux et une grande foi les ont ressentis. On sait quels intérêts étaient en cause ; nous l'avons dit ailleurs, nous n'y reviendrons pas.

M. de Bruillard, évêque de Grenoble (1), fut un

---

(1) Philibert de Bruillard, ancien curé de Saint-Etienne-du-Mont, où la restauration le voyait d'un assez mauvais

de ceux qui jetèrent le cri d'alarme à l'apparition de l'*Avenir*. Voyant parmi les signataires des proclamations de l'*Agence religieuse* le nom de son diocésain, son indignation fut profonde; il lança incontinent un interdit, et ne voulut écouter aucune des explications qui lui furent humblement présentées.

Nous verrons dans la notice de M. Morlot que M. de Beauregard, évêque d'Orléans, fit mieux encore à l'égard des siens.

Un instant, M. Combalot s'arrêta, tremblant et consterné; il médita ces paroles de saint Jérôme : « Je me révolte quand je me vois frappé d'une punition pour un fait dont tout mon être atteste l'innocence. » Mais il eut à réfléchir longtemps sur celles du pape Damase : « *Similiter et de presbyteris hæc habeantur, ut sine jussu proprii episcopi nihil agant; quia quod rarum est, hoc et pulchrius esse videtur; et, si nomen vilescit pontificum, omnis status perturbatur ecclesiæ.* » Il hésita encore et il frémit; mais enfin, sans sortir des limites de la plus catholique soumission, il songea aussi qu'il était urgent de préciser sa position, afin

---

œil, vu ses idées d'enthousiaste bonapartiste; homme pieux du reste et rempli, comme tant d'autres, d'excellentes intentions.

que le monde, du moins, ne s'y méprît pas en substituant une cause imaginaire à la cause véritable, chose horrible pour lui et pour l'église ! Il adressa donc à tous les ecclésiastiques du Dauphiné une circulaire que je ne puis citer ici, faute d'espace. Dans ces énergiques accents d'une conviction saignante, dans cette naïve et tendre humilité, il y a du Bossuet et du Fénélon. M. de Bruillard fut longtemps à comprendre ; je n'affirmerais pas même qu'il finit par là. Quoi qu'il en soit, M. Combalot continua son œuvre dans l'*Avenir*, reprit le cours de ses prédications, et se consacra dès-lors plus spécialement aux retraites ecclésiastiques (1).

En ce genre de ministère, il est admirable.

---

(1) Il y eut des gens qui blâmèrent la démarche de M. Combalot. Je demande s'il pouvait et s'il devait d'ailleurs agir autrement. La sentence d'un évêque, on ne l'ignore pas, est sans appel juridique. Quant à ses effets immédiats, le condamné n'a pour lui que la soumission ; il lui reste l'opinion publique, déjà prévenue contre lui par le coup dont il est atteint, mais susceptible de s'éclairer et de changer par suite d'informations plus amples. Qui lui contestera le droit de sauver sa réputation ? Que peut craindre l'autorité si elle a sévi justement ? D'avoir tort devant tout le monde ? Eh bien, rétablissez donc les officialités, et vous parez tant à ces inconvénients qu'à d'autres.— « On les rétablira, disais-je naguère à un évêque. — Je crains le contraire, répondit-il. — Pourquoi ? — Parce que les évêques s'y opposeront. — Pourquoi encore ? — Parce qu'ils ne consentiront jamais à rien perdre de leur puissance. » C'était bien méchant de répondre ainsi.

Celui que vous avez vu devisant avec l'enfance des choses de Dieu, enfant lui-même, lui épelant les dogmes, effeuillant pour ainsi dire la morale devant elle avec une aisance qui tient du prodige (1), le fougueux et brutal tribun qui tonnait tout-à-l'heure contre les ignominies vulgaires du siècle, et répandait par torrents l'éloquence, la colère et l'amour, celui-là même, le voici dans la chapelle du séminaire de Saint-Sulpice, environné d'hommes qui sont aussi des docteurs, les bergers des nations, les élus, des dieux, comme dit l'Écriture; et si élevés qu'ils soient, il faut pourtant qu'il les domine; il analysera la pureté même, et de larges taches terniront encore son inflexible appareil. Les plus ténébreuses sinuosités du cœur, les plus vastes conceptions de l'intelligence, la théologie positive et mystique, le for intérieur et ses lois pleines d'épouvante, la scène du monde dans ses infinies complications de rôles et ses délicates relations avec

_____

(1) A l'exemple de J. C. presque tous les hommes bons et grands aiment les petits enfants; il n'y a que le Dieu de l'évangile, di M. de Châteaubriand, qui ait osé nommer les petits enfants *(parvuli)* sans rougir, et qui les ait offerts en exemple aux hommes. *Et accipiens, puerum : statuit cum in medio corum, quem quùm complexus esset, ait illis ; quisquis unum ex hujusmodi pueris receperit in nomine meo, me recipit.*

l'Église, il devra tout approfondir, donner la raison dernière de tout, rendre tout visible et palpable à tous, et surtout se cuirasser contre les coups de langue de ses auditeurs, les plus envieux et les plus avides de commérages qui soient au monde. Or, est-il dans la nature d'un homme de réunir toutes ces conditions? La réponse, alors qu'on voudrait la donner avec des syllogismes et des phrases, serait impossible; il y a un fait qui la remplace et qui la vaut bien, c'est l'existence même de M. Combalot; ou en d'autres termes, pour ne pas développer outre mesure les explications qui surabondent, c'est ce qui se passe aujourd'hui même dans le diocèse de Paris (1840).

Nous sommes au dernier jour de la retraite pastorale; M. Combalot l'a prêchée; jamais tant de science et de variété dans les sujets; jamais tant de bonheur et d'édification pour le clergé. Les populations en auront leur part. En descendant de cette montagne sainte où ils ont puisé à longs traits la vertu et la vérité, le zèle du bon Dieu et celui du prochain, l'héroïsme et la force, les prêtres liront à leur tour devant elles les tables sacrées; ils en expliqueront miraculeusement l'esprit et le sens; puissent-ils obtenir croyance et ne pas les briser de colère! puisse M. Picot, en même temps qu'il laisse à des mains non moins capables que les siennes l'*Ami de la Religion*, rétracter courageusement ses malencontreuses oppositions, et ne plus déplorer, comme il l'a fait, qu'à la place de M. Combalot, M. Affre n'ait pas fait choix, en cette circonstance, d'un jésuite. Certes, en dehors des mouvements politiques, nous aimons et admirons plus que personne, sous tous les rapports, la société de Saint-Ignace; mais sans conclure de là que partout ailleurs se trouve uniquement et absolument misère et faiblesse. A la vérité, nous n'avons ni coteries à sustenter, ni rancunes qui nous étouffent; mais revenons à la personne de M. Combalot, et qu'il veuille bien nous pardonner ces récriminations excessives peut-être pour sa charité.

Au génie, l'orateur joindra la beauté, dit Quintilien; *dotibus animi gratia jungatur habitûs*; et suivant Montaigne, *Dieu même a souci du corps*. On lit dans un auteur ces expressions remarquables : « Le prêtre catholique doit être sans défaut, et pareil au prêtre sans tache que Platon dépeint dans ses *Lois*. Rien ne manque, en ce point, à M. Combalot: sa taille est belle et bien prise : il a cinq pieds deux pouces, l'attitude noble et fière sans arrogance. Il porte magnifiquement sa tête, parsemée sur le front de longs cheveux blanchissants.

Avec sa large poitrine et ses épaules athlétiques, il s'encadre, si on peut le dire, à souhait, dans les bas-reliefs de la chaire. Son œil noir et ardent semble flamboyer quand il s'anime. Par je ne sais quelle fantaisie de la nature, il est marqué à la joue d'une tache légère qui ajoute encore à sa physionomie; et, au moment où s'élève et se développe sa voix d'un timbre sonore et saisissant, ses lèvres laissent apercevoir les plus belles dents du monde. Tel est toujours M. Combalot; tel nous l'avons vu à la clôture de la retraite, le 2 octobre 1840, lorsqu'il prêchait dans Saint-Sulpice, sur les grandeurs de la Sainte-Vierge. Au point de vue de l'éloquence et de la haute théologie, ce sermon est un chef-d'œuvre......

Puisque j'ai parlé de sa voix, n'oublions pas d'ajouter qu'il chante admirablement, chose importante, chose capitale, suivant tous les conciles: *nisi fuerint in cantu sufficienter eruditi*, dit le concile de Sens, *non promovebuntur* (1). Si M. Affre le savait!

M. Combalot n'écrit presque jamais ses discours. Suivant la méthode indiquée par Fénélon et saint

---

(1) Si un prêtre n'est pas habile à chanter, et doué d'une belle voix, on ne l'ordonnera pas.

Bonaventure, lorsqu'il a une fois tracé son plan et conçu les diverses proportions de l'ensemble et des parties, il se met en prière ; et la méditation fait le reste. Il est excellemment un improvisateur. Sa mémoire ne connaît point de surprise ; ou, si elle trébuche, l'échec devient pour elle une victoire, tant elle s'en relève glorieusement. L'expression lui vient à point toute faite pour la pensée, et toujours d'une justesse incroyable. Ses mouvements sont rapides et inspirés ; ses allures brusques et triomphantes. « Il rompt le fil de son discours, dit un biographe, et le renoue pour le rompre encore et le retrouver, sans s'égarer jamais. Il mêle les saillies, les incidents, les soudainetés et le pittoresque du style avec une pensée grave ; puis de sa voix, de son regard, il va toujours ; sa tête bout, son discours s'échauffe et se colore », il atteint immanquablement son but. En l'écoutant, on songe au P. Brydaine et à M. Berryer ; on a quelque idée de Mirabeau. Dans l'arène représentative, quelle qu'eût été d'ailleurs sa passion politique, M. Combalot jouerait un immense rôle de tribun ; et, lui aussi, d'un mot disloquerait ou rebâtirait des ministères et des gouvernements. On a répété à son propos, que ces harangues échevelées et foudroyantes qui produisent un si grand effet dans la chaire, souffriraient difficilement l'épreuve de la typographie, et fourmillent de fautes grammaticales à la lecture ; quand cette observation serait fondée, que s'en suivrait-il ? une seule chose, à savoir qu'il parle pour persuader et non pour se faire admirer, qu'il est un orateur et non un rhéteur. Cicéron et ses pareils, qu'on ne s'y trompe pas, écrivaient leurs Oraisons après coup. Il y en a aussi qui lui reprochent de laisser voir ses tendances gouvernementales.. Hormis certains principes généraux qui sont du domaine de la morale, et intéressent essentiellement la cause catholique, je nie qu'il en soit ainsi ; à moins qu'on n'ait en vue ses fréquentes invocations à la Sainte Vierge, et ses homélies du vendredi-saint sur la Passion de Jésus-Christ. « La politique et les choses de la terre, dit M. de Chateaubriand, parlant de l'éloquence sacrée, ne lui sont point inconnues ; mais ces choses ne sont pour elle que des raisons secondaires, elle les voit des hauteurs où elle domine, comme l'aigle aperçoit du sommet de la montagne les objets dans la plaine. »

Résumons en deux mots la physiologie de M. Combalot, comme orateur sacré. Il croit ce qu'il dit et fait ce qu'il croit. On monte sur les confessionaux pour l'entendre ; on entre dans les confessionaux après l'avoir entendu. Il réalise en lui, plus que personne, la définition célèbre de l'auteur latin : *Vir bonus dicendi peritus?* Il doit en quelque sorte sa grande intelligence à son grand cœur : *Pectus est quod facit disertum.*

Ayant vu ce qu'il est aux yeux du public, examinons son intérieur. M. Combalot, grand-vicaire de Pamiers, de Rouen, etc., etc., quand il est à Paris, occupe un petit appartement dans la rue de Madame. Nous n'apprenons pas aux pauvres qu'il est pauvre comme eux, et souvent plus pauvre qu'eux. Il sait trouver encore du superflu dans le nécessaire, et donne ce qu'il croit avoir de trop. Sa chambre est une cellule de séminariste. J'ai vu là un lit en bois peint, composé d'une paillasse et d'un matelas, une table où n'eût pas écrit le vertueux Sénèque, deux ou trois chaises, son crucifix en ivoire, d'une grande valeur, et sa belle bibliothèque. Il n'y a d'aussi simple en ce monde que la couchette de M. de Chateaubriand et le faste de M. de La Mennais. On trouverait du reste et sans peine, dan sce dénûment volontaire, une cause de l'empire qu'il exerce sur lui-même et sur les autres. Avouons pourtant qu'il a ses faiblesses de friandise, et qu'il aime le tabac ; dénonçons sérieusement à *l'Ami de la Religion* son penchant pour le bouillon de veau et les pommes cuites, dont il fait une consommation fabuleuse ; et cette jolie tabatière d'argent où sont gravées les aventures de l'enfant prodigue, doux et précieux souvenir d'une conversion qu'il opéra en prêchant à Saint-Roch sur cette parabole évangélique, gage de reconnaissance éternelle que lui donna un grand seigneur, sauvé par son éloquence; notons qu'il n'use d'aucun domestique, et reçoit bonnement de sa sœur, la pieuse demoiselle Alexandrine, les soins les plus essentiels de la vie ; disons qu'à défaut d'ambition pour lui-même, il possède surabondamment celle de préparer un bel et saint avenir aux enfants de son frère Louis, le petit Paul et la charmante Marie, élevés tous deux sous les ailes de la meilleure des mères ; et abordons le point difficile du sujet, je veux dire sa rupture avec M. de La Mennais.

Lui-même nous a raconté toutes les tribulations que lui suscita son enthousiasme pour le rédacteur en chef de l'*Avenir*. Ni les menaces, ni les prières, ni les peines infligées, ni les déboires de toute espèce, ni les premiers éclats d'une révolte fatale, ni la lettre encyclique du 7 juillet, ni les *Paroles d'un croyant*, rien n'avait pu l'ébranler, ou, s'il avait douté, c'était du moins dans le silence de sa douleur. *Mon dévoûment, dit-il, alla quelquefois jusqu'au fanatisme de la tendresse.*

Lorsque parurent les *Affaires de Rome*, sa position, comme celle de plusieurs autres, n'était plus tenable dans le clergé; son cœur se brisa; un instant encore, il resta immobile et comme glacé d'épouvante; sa première pensée fut de courir à son maître, de tomber à ses genoux, de le conjurer, de le fléchir par la puissance de l'amour et des larmes. Il a dit depuis à M. de La Mennais lui-même ce qui l'arrêta.

« J'avais cru d'abord que ma vieille amitié m'imposait plus de réserve, et que j'étais tenu à jeter sur vous le voile du silence ; et ce sentiment, Monsieur, était d'autant plus enraciné dans mon cœur, que personne au monde peut-être ne s'est plus compromis que je ne l'ai fait pendant dix ans pour vous. Mais quand j'ai vu la haine devenir la conseillère de votre génie, j'ai pensé que le silence serait coupable. Vos anciens amis connaissent seuls la profondeur de la plaie qui traverse votre entendement, parce qu'ils connaissent aussi l'inflexibilité de votre logique et *ce que vous pouvez faire en dehors du catholicisme.* » — (C'était une prophétie.)

Ce passage est tiré de deux lettres qu'il écrivit le 14 janvier, et dont nous reproduisons la teneur :

« Les phases de votre génie, disait-il, formeront l'un des chapitres les plus curieux et les plus lamentables de l'histoire des variations de l'esprit humain; car peu d'hommes ont varié autant que vous jusqu'au jour où s'est consommée la ruine de votre foi. Je dois dire que nul ne possède autant que vous les défauts de ses qualités; votre génie est inflexible et absolu; vous êtes plus poète que philosophe; quand vous envisagez une question, quelle qu'elle soit, votre pensée synthétique s'imagine la contempler dans ses rapports universels, et les conséquences les plus extrêmes jaillissent de votre raison; mais, dès que le point de vue d'où vous la considériez a changé pour vous et a fait naître des rapports inaperçus, vous n'en tenez aucun compte. Votre esprit procède à sa manière, et voilà la cause des perpétuelles contradictions de votre vie...

« Qui sondera l'abîme où vous êtes tombé? qui peindra les craquements d'un génie tel que le vôtre au moment où a éclaté la tempête qui vous a jeté loin du centre divin autour duquel s'accomplirent, pendant vingt-cinq ans, les grandes évolutions de votre intelligence! Les anges du ciel ont pleuré et pleurent encore sur vous..... Vous aviez suspendu *l'Avenir* pour aller solliciter à Rome l'examen des doctrines qui avaient soulevé contre vous tant d'orages. Le monde catholique vous accompagnait de ces bénédictions, et votre foi avait donné tant de gages de votre inébranlable fermeté, qu'on célébrait d'avance, avec enthousiasme, votre soumission filiale aux décisions du Pape... et voilà que vous écrivez ces paroles : — Qu'on ne s'imagine pas que le christianisme, auquel se rattachera bientôt le monde, puisse être jamais celui qu'on lui présente sous le nom de *catholicisme*.....

« Alors même que vous combattiez pour la foi, mes amis et moi avons cent fois déploré l'acrimonie de vos paroles, et gémi de cette tendance innée à la tyrannie de la pensée. Je vous écrivais ces mots devenus prophétiques :

« J'adresse à Dieu, mon cher ami, cette prière pour votre génie : *Emitte agnum dominatorem terrae*. Il y a de l'aigle, du lion, du tigre peut-être dans vos entrailles; la douceur de l'agneau n'y fut jamais.

« Votre âme, livrée à ses instincts propres, est pétrie de sarcasmes; Voltaire vous eût envié ce don. Il y a cinq ans que j'ai entendu dans votre âme comme un bruit de tempête; vos pensées, que l'autorité de l'Église ne contenait déjà plus, allaient et venaient comme des vagues furibondes, et le vent de l'erreur les poussait contre l'écueil où vous vous êtes brisé... »

« On vous demandait un jour à Juilly ce que vous feriez si Rome condamnait vos doctrines philosophiques et politiques, vous dîtes qu'il resterait à examiner la valeur de sa condamnation... »

« Vous m'écriviez le 12 mai 1832 :
« Je vous prie de remercier M. l'évêque de Pa-
« miers de la communication qu'il m'a faite par votre
« entremise. Je savais déjà à quel parti on s'était
« arrêté à Rome ; et quant au reste, c'est une chose
« toute simple de la part de pareils gens ; mais quoi
« qu'ils fassent, je ne m'en soucie guère ; le conflit
« qu'ils désirent, ils ne l'obtiendront point ; j'ai
« quitté pour jamais mon ancien champ de bataille ;
« je suis bien résolu à me placer désormais, comme
« écrivain, en dehors de l'Église. On m'a assez dit
« que leurs affaires ne me regardaient pas pour
« que j'aie le droit de le croire et d'agir en consé-
« quence. En dehors de la foi, il y a la raison, et
« là je me sens parfaitement libre. Simple fidèle
« en religion, je marche les yeux fermés dans la
« voie commune, à la suite du pauvre charbonnier ;
« en philosophie et en politique, je ne reconnaîtrai
« jamais à personne le droit de m'imposer son opi-
« nion. Voilà ma résolution, et j'y tiendrai... »

« Les résolutions extrêmes ne valent jamais rien..... Écrivez le livre de vos rétractations ; le monde entier l'accueillera avec un transport de reconnaissance ; c'est le meilleur emploi que vous puissiez faire des quelques jours qui vous restent.....

« Je me demande en pleurant à moi-même, si c'est bien moi, moi votre ami le plus dévoué peut-être, qui me suis vu forcé d'entrer dans la lice contre celui qui, pendant dix ans, soutint nos travaux et nous anima de sa parole et de ses exemples dans les nobles luttes de la vérité contre l'erreur !.. Non, personne n'a rencontré d'amis plus ardents et plus sincères que vous ; et l'un d'eux me disait, il y a quelques mois, qu'un seul signe de vous l'eût fait aller jusqu'aux extrémités du monde... Quand, réunis à la Chenaye, à l'ombre des vieux chênes qui jadis abritaient votre vertueuse mère, nous venions goûter le repos d'une tendre et forte amitié, qu'ils étaient beaux les jours que nous passions autour de notre maître ! La main sur la bouche, nous ne respirions plus pendant que la vôtre nous ouvrait des sources de science et de vie... Un jour cependant celui que nous aimions s'en alla jusqu'aux portes de la mort ; une maladie désespérée menaça notre propre existence ; et, pendant que l'Église entière conjurait le ciel de prolonger des jours si utiles à sa gloire, et que votre vénérable frère prononçait sur vous les prières des agonisants, votre main demi-glacée se portait çà et là avec ce geste lugubre qui présage une dernière crise : « Que cherchez-vous, mon frère? » vous demanda-t-il ; et, d'une voix ferme encore, vous répondîtes : « Je cherche la volonté de Dieu. » Et vous ajoutâtes : « Mon frère, je vous lègue la défense de l'Église ; c'est le dernier mot de mon testament. »

« Ah! que votre tombe eût été glorieuse, si ce mot du génie l'avait scellée! s'il fût devenu l'épitaphe du monument que notre amour vous destinait!.... Pourquoi avons-nous perdu notre père? pourquoi sommes-nous orphelins?... Revenez à l'espérance, rendez-nous cette portion de nous-mêmes que nous vous avions donnée de si bon cœur, et que nous n'avons plus depuis que vous avez cessé de vivre pour cette fille du ciel qui seule a pu obtenir de nous le torturant sacrifice de notre dévoûment et de notre amitié....

« Hélas! j'ai blessé un cœur où je voudrais répandre des torrents d'amour ; mais je prends le ciel et la terre à témoin qu'en combattant en vous des erreurs que votre inimitable éloquence a cent fois foudroyées, je n'ai pas cessé de chérir mon vieux maître; et si j'obtenais du ciel et de vous ce que j'achèterais aux dépens de mille vies, croyez que j'irais replacer en triomphe sur votre tête, toujours vénérée dans mes souvenirs, une couronne plus belle et plus radieuse que celle dont elle fut ornée dans les plus beaux jours de sa gloire! »

Ces citations, quelque longues qu'elles soient, ne déplairont pas à mes lecteurs, j'en ai la conviction; je n'approuve et ne blâme rien; selon ma coutume, j'exhibe les pièces d'un procès; à d'autres de juger. Ce qui par-dessus tout m'est démontré, c'est l'intégrité des intentions; et, en l'une et l'autre partie, je dois la reconnaître. Je ne crains pas non plus de le dire : les *Lettres* de M. Combalot feront époque dans l'histoire du XIXe siècle, comme ses *Éléments de philosophie catholique* dans les annales de la pensée humaine. Aussi vivement et aussi bien que nous, la postérité, en déplorant les causes de ces luttes inexprimables et toutes ces angoisses, se réjouira de voir que Dieu tient toujours aux avant-gardes du clergé d'intrépides soldats, et que les Chrysostome et les Augustin ne sont jamais morts tout entiers. Certes, je suis loin de souscrire à des invectives trop véhémentes; des injures ne sont pas des raisons; et, sans tous ces moyens-là, un homme de nos jours ne risque rien à être aussi sage et aussi spirituel qu'il le peut. Les catholiques sont de l'avis de Montaigne, qui a dit : « En dernier étage, n'entends-je pas loger ces autres qui pour se purger du soupçon de leur erreur passée, et pour nous assurer d'eux, se rendent extrêmes, indiscrets et injustes à la conduite de notre cause, et se tachent d'infinis reproches de violence. » (*Essais*, t. 1, p. 516.)

Mais la foi a bien aussi ses raisons. Le cœur est quelque chose, mais n'est pas tout dans l'homme. Sans y souscrire même, la conscience approuve des réfutations et des indignations comme celles de M. Combalot; elle désirerait seulement qu'on en fît disparaître ce qui n'est qu'injure et personnalité de mauvais goût, et que l'ancien disciple de M. de La Mennais ne vînt pas lui dire, par exemple : « Vous avez fait le voyage de Rome sous prétexte de consulter le Souverain Pontife sur les doctrines de l'*Avenir*, mais je sais, moi, votre confident, que ce fut en réalité pour vous soustraire à une contrainte par corps. » Ce qui d'ailleurs est essentiellement faux.

Finissons en priant pour la paix et la réconciliation. Ne demandons pas plus à la pauvre humanité qu'elle ne peut donner; ne cherchons pas des crimes là où il n'y a que des faiblesses. Depuis longtemps, cet étonnant Montaigne, que nous aimons tant à citer, l'a dit : « Qui fagotterait suffisamment un amas des âneries de l'humaine sapience, il dirait merveilles. » Ceci est vrai des plus vastes comme des plus maigres capacités. Encore une fois prions pour ceux qui se trompent, éclairons-les, s'il est possible ; ne les maudissons pas. Nul n'a en lui-même de quoi se passer d'être miséricordieux et modeste ; et nous ne pouvons rien que par le bon Dieu, qui est la charité.

Peut-être sera-t-il à propos de terminer cette biographie par un commentaire de la fameuse *encyclique*, commentaire qu'en a fait M. Combalot lui-même, vers 1833, dans la préface de ses *Éléments* ; d'autant que c'est là une preuve touchante de soumission et fort remarquable de logique et d'orthodoxie :

« Pour prévenir, dit-il, toutes les insinuations de la mauvaise foi, je déclare qu'il me paraît :

« 1° Que l'Encyclique venge d'une manière éclatante la suprême autorité des successeurs de Pierre, des atteintes que leur avaient portées des opinions flétries par le Saint-Siège lui-même, et qu'elle les improuve de nouveau, au moins indirectement, par ces paroles mémorables : *meminerint omnes*, etc.; etc. (1);

« 2° Que loin d'improuver la doctrine qui place le principe logique de la vraie philosophie dans la parole sociale (*verbum*) et non dans les aperçus nécessairement faillibles de la raison individuelle, indépendante ou cartésienne, l'Encyclique semble consacrer la doctrine de MM. de Maistre, de Bonald et de La Mennais, sur ce point capital. *Meminerint Deum*, etc. ;

« 3° Que la ligne politique suivie par l'*Avenir* et l'*Agence générale pour la liberté religieuse* sont improuvées par l'Encyclique.

« Enfin j'improuve, *avec* et *comme* l'Encyclique, le fait des révolutions actuelles, le principe des associations républicaines, la liberté illimitée de la presse, et la liberté illimitée de conscience. »

A cela il ajoute des réflexions que je recueille au hazard, ne pouvant les prendre toutes.

« L'Encyclique est l'évènement le plus heureux des temps modernes... Le vicaire de J.-C. avertit des écrivains qui lui sont attachés par le fond de leurs entrailles qu'ils ne doivent, quelle que soit la pureté de leurs motifs, former aucune association

---

(1) Voir l'Encyclique.

de pensées avec des hommes qui, sous prétexte de liberté, ne rêvent pour les peuples que servitude. »

Forcé de supprimer des détails intéressants pour donner place à des citations bien plus importantes encore, j'ai nommé, sans l'analyser ni le juger, le principal ouvrage de M. Combalot, celui d'où j'ai tiré le passage qui précède ; et au fait, que pourrais-je dire de l'admirable clarté de son style et de son immense érudition si habilement dissimulée, que d'autres ne doivent mieux penser et mieux dire après l'avoir lu ?

On a remarqué sans doute qu'en déclinant les titres de M. Combalot, je n'ai pas dit qu'il fût vicaire-général du diocèse de Paris. C'est la faute de M. Affre, et voici comment : il est de notoriété publique que M. Combalot a déterminé, plus que personne, le choix du successeur de M. de Quélen, aidé qu'il était du reste par un compliment connu. M. Affre, par reconnaissance, offrit à son protecteur la dignité dont il s'agit ; et jusqu'à son sacre, l'attacha tellement à sa personne, que nul n'allait voir le nouveau prélat nommé rue d'Enfer, n° 84, sans rencontrer avec lui M. Combalot. Les jalousies se mirent alors en campagne, et il y en a dans le clergé. Le lendemain de son installation, M. l'archevêque de Paris dit à M. Combalot : « Si vous saviez, Monsieur, comme on fait peu sa volonté à ma place!... Je ne puis vous donner les titres promis pour..... mais acceptez un canonicat..... — Oh! non, non, répondit M. Combalot avec un ton de franchise qui n'est qu'à lui : puisque cela vous gêne, je ne serai rien, et n'en serai pas moins votre ami. » Ces paroles valaient le compliment qu'il lui fit en chaire à Saint-Sulpice, le jour où parut l'ordonnance royale qui l'appelait au siège de Paris.

Le Pape l'a surabondamment dédommagé de cet échec en lui conférant, lors d'un voyage qu'il fit à Rome l'année dernière, le titre de missionnaire apostolique, titre qu'il a gagné, en quelque sorte, sur le champ de bataille, c'est-à-dire après avoir fait ses preuves devant Grégoire XVI lui-même, ou devant les représentants du saint et savant Pontife.

Il faut ici répondre à deux objections communes et parfaitement dénuées de sens.

On a dit d'abord que M. Combalot, précisément à cause de son zèle sans bornes et de l'ardente foi qui se produit, ne serait pas apte à devenir un bon évêque ou même un administrateur ecclésiastique secondaire.

On a dit en second lieu que, conséquemment à son excentrité d'idées, s'il était appelé à gouverner, soit indirectement, soit par lui-même, un diocèse ou une administration quelconque, un conflit ne tarderait pas à s'établir entre l'autorité supérieure et lui.

Si **M.** Combalot n'avait manifesté jusqu'ici sa vigueur et sa grande piété qu'exclusivement, et qu'il n'eût pas embelli ces qualités de tous les charmes de sa prudence, jointe à l'ingénuité la plus ravissante, on concevrait la première objection; elle porte donc sur une chimère.

La seconde suppose les mêmes absurdités; et tous les antécédents de M. Combalot la repoussent aussi victorieusement que possible. Chaque fois que l'occasion s'en est présentée, il n'a pas balancé une minute entre ses opinions ou ses convictions et l'obéissance. Si une seule fois, lorsque M. de Bruillard voulut l'interdire, il fit en sorte de s'éclairer et lança un manifeste, c'était pour des raisons que nous avons dites et que tout le monde appréciera comme nous. Il fut en réalité d'une soumission d'enfant.

Quel grand mal serait-ce donc qu'on lui offrît un siège comme celui de Beauvais, par exemple, où beaucoup d'adresse sera nécessaire avec beaucoup d'énergie. M. Lemercier avait la dernière sans la première; M. Cotteret la première sans l'autre ; qui plus que M. Combalot possède les deux qualités? et qui oserait dire : Cette place est faite pour moi et non pour lui.

Encore une observation d'un autre genre, avant de finir, et pour nous arrêter sur une douce pensée : la dévotion dominante de M. Combalot a trouvé place dans les *Éléments de philosophie*, que selon son habitude bien connue, il a mis sous la protection de la Sainte Vierge, comme nous faisons de notre œuvre :

« Et si un rire voltairien tombait sur ces lignes, dit-il, expression d'un sentiment dont nous sommes fier, nous dirions que le moment n'est pas éloigné où la philosophie elle-même comprendra que la Vierge est la seconde gloire de l'humanité reconquise, le type de la femme régénérée, la reine de la civilisation et des arts, la beauté, la candeur, l'innocence, la grâce et l'amour, sous leur forme *secondaire*, la plus pure, la plus resplendissante et la plus complète dans la cité de Dieu. »

P. S. Il s'est passé, depuis la deuxième édition de cette notice, un évènement grave. M. Combalot a publié un livre intitulé : *Mémoire adressé aux Évêques de France et aux pères de famille, etc., sur la guerre faite à l'église et à la société, par le Monopole universitaire*, livre bientôt saisi par les gens du roi, et qui est devenu l'objet d'un procès. L'illustre auteur, accusé de diffamation envers une classe de la société, vient de se voir condamner en quinze jours d'emprisonnement et quatre mille francs d'amende. Je parlerai ailleurs de cette condamnation; qu'il me suffise pour le moment de m'incliner devant le *condamné*, et de joindre mes humbles félicitations aux nobles condoléances de l'épiscopat et de tous les bons pères de famille.

3ᵉ ÉDIT.   1ᵉʳ Avril 1844.

Biographie du Clergé Contemporain.

Mr FRAYSSINOUS,

Evêque d'Hermopolis.

Bureau Central rue du Vieux Colombier 21.

M. FRAYSSINOUS.

> Quelle est cette puissance extraordinaire qui promène ces cent mille chrétiens sur ces ruines? Par quel prodige la croix reparaît-elle en triomphe dans cette même cité où naguère une division horrible la traînait dans la fange ou le sang? D'où renaissent ces solennités proscrites? Quel chant de miséricorde a remplacé si soudainement le bruit du canon et les cris des chrétiens foudroyés?
>
> M. DE CHATEAUBRIAND.

Les hommes dont j'ai parlé jusqu'ici n'ont pas fait leur carrière; ils l'ont commencée avec plus ou moins d'éclat et de bonheur; le passé, tel qu'il est, a subi provisoirement l'épreuve d'une analyse impartiale et naïve; reste à savoir quel sera l'avenir, et s'il ne sera pas un démenti donné aux faits antérieurs; c'est là l'inconvénient d'une biographie contemporaine, le plus ordinairement du moins, je le sais aussi bien que personne. Ici toutefois je n'éprouve rien de pareil; M. Frayssinous a été tout ce qu'il sera; il appartient en réalité à l'histoire, car sa retraite paraît bien définitive et absolue, comme sa pensée vraisemblablement vouée à la méditation unique des fins dernières.

Placé à cette extrémité lointaine d'une illustre existence, si pleine de gloire et d'orages; ému encore par ce dernier murmure des révolutions expirantes, et par les phénomènes avant-coureurs de celles qui ne sont pas encore, mais qui viendront; songeant aux modestes douceurs de son enfance dans les montagnes, et sentant à ses yeux les pleurs mal essuyés que lui coûtèrent des intimités de roi malheureux; plongeant ses regards épouvantés sur cette lamentable et prodigieuse histoire de notre temps; pauvre nautonnier meurtri et déchiré par tous les rescifs et tous les naufrages; épuisé par des luttes immenses mais inutiles, quel étrange saisissement doit éprouver son âme! Quels enseignements féconds et admirables pourrait dicter sa vieillesse à la génération qui commence, si, recueillant, comme en une gerbe lumineuse, ses incalculables expériences de quatre-vingts ans et leurs inductions morales, il les épandait sur les rois et les peuples, avant de s'acquitter de la vie! hélas! nous sommes assez malheureux pour avoir perdu ces belles traditions des époques primitives, qui consacroient en quelque sorte l'adoration des cheveux blancs, et rangeaient parmi les paroles divines, celles qu'un patriarche faisait entendre à son lit de mort!

οὐ καλὸν ἁρμονίην ἀναλυεμεν ἀνθρώποιο
καὶ τάχα δ'ἐκ γαίης ἐλπίζομεν φάος ἐλθεῖν
λείψαν' ἀποιχομένων ὀπίσω δὲ θεοὶ τελέθονται (1)

(1) Il est impie de disperser les restes de l'homme, car la cendre et les ossemens des morts retournent à la lumière et deviendront semblables aux Dieux (Phocylide).

et c'est pourquoi je n'ai pas craint de répéter les lieux communs qu'on vient de lire; rien n'étant ignoré aujourd'hui comme les choses les plus connues (1).

M. Denis Frayssinous est né dans le village de Curières, diocèse de Rhodez, arrondissement d'Espalier. Son père, qui vivait dans une modeste aisance, lui fit donner de bonne heure une éducation choisie, et remarquant en lui des dispositions précieuses pour l'état ecclésiastique, c'est-à-dire beaucoup de piété et une grande aptitude aux sciences sérieuses, le plaça dans un séminaire. Sur ces premières années du jeune Denis je n'ai rien à dire qui soit nouveau; ainsi que bien d'autres, soit à tort soit à raison, il eut des admirateurs frénétiques de sa précocité dans sa famille, dans sa mère surtout, et dans les complaisans amis qui ne manquent jamais. Peu importe. Ce qu'il y a de certain, c'est que ses études de latinité et de théologie furent remarquables,

(1) Thomas Moore, *amours des anges.*

et qu'en le nommant vicaire d'une pauvre petite bourgade, son évêque avait hautement manifesté le désir de le rappeler bientôt au chef-lieu du diocèse ; mais la providence disposa autrement les choses ; on m'a souvent dit, et je repète sans le garantir qu'une contestation s'étant élevée entre le jeune vicaire et son curé sur un point peu important, les têtes s'echauffèrent pourtant à tel point, qu'il fallut se séparer et que, d'après un avis extrêmement respectable, M. Frayssinous quitta le Rouergue pour se rendre à Paris, en la société de M. Boyer, son second vicaire, qui avait épousé sa querelle et suivi sa résolution.

Bien entendu que je suis prêt à rétracter ce fait, s'il survient une réclamation légitime.

Quoiqu'il en soit de cette version vraisemblable au moins, si elle n'est point vraie, après avoir passé dans l'obscurité et le calme de ses montagnes les phases les plus dangereuses de la révolution, vers 1801, à l'âge de trente-six ans, puisqu'il était né en 1765.

M. Frayssinous, simple petit abbé, pauvre, vicaire disgracié, sans argent et sans espoir peut-être, cheminait vers la capitale; et arrivé là, faute de savoir où loger, descendait au séminaire de Saint-Sulpice, puis entrait par vocation dans la compagnie des prêtres qui le dirigent.

Le concordat, cette hypocrite transaction de la politique rebelle avec les intérêts de l'Eglise avait rendu quelque influence apparente au clergé catholique. Il y avait, comme on l'a dit bien souvent lassitude de tout, même de l'impiété systématique; avec l'unité gouvernementale revenait le sens religieux. Bonaparte voulait sembler croire, pour provoquer la foi dans les masses, la foi dont il se fit, et à bon droit, un véhicule et un levier dans d'incommensurables labeurs, alors qu'il déblayait cette société encombrée et inhabitable, la foi dont il se fit aussi, il faut bien l'avouer, une sacrilège complice pour plus d'un forfait. On avait besoin d'orateurs; les chaires étaient veuves et inconsolées, car

Bossuet ou M. de Beauvais n'étaient plus. Les regards de l'autorité ecclésiastique se portèrent sur M. Frayssinous, et il commença dans l'Eglise des Carmes, rue de Vaugirard, ses *Conférences*, qui sont sa gloire et qui furent sa fortune. Pie VII l'entendit alors prêcher à Paris

C'était un langage inouï, comme l'époque; les écrivains qui ont vu là une littérature classique et terre-à-terre, sont les mêmes qui affirment que, sur l'injonction de la police, M. Frayssinous abreuva le premier consul de fades et hideuses louanges; ce qui donne la mesure du fonds qu'on doit faire de leurs assertions.

Je cite au hasard le passage suivant d'un discours sur les livres irréligieux faite à une date postérieure :

« Vous voulez, dites-vous, examiner; j'y consens; mais discutez donc les preuves de la religion, pour en sentir la force; pesez les témoignages pour les évaluer, faites taire les passions qui vous offusquent, consultez dans vos doutes, éclaircissez vos difficultés. Vous voulez examiner la religion ; mais non, vous ne le voulez pas : vous faites précisément ce qu'il faut pour rester incrédules, si vous l'êtes déjà, ou pour le devenir, si vous ne l'êtes pas encore. Nos livres saints, notre doctrine, nos traditions, notre culte, l'histoire du christianisme, vous en cherchez la connaissance dans des écrits pleins de fiel et d'amertume, d'obscurités comme de blasphèmes, peut-être dans les commentaires libertins et facétieux de Voltaire; et c'est après y avoir puisé le dégoût et le mépris de la religion, qu'il vous vient en pensée de donner quelques momens à la lecture de ses apologistes; ce qui est grave, solide, approfondi, ne vous cause que de l'ennui. Je vais, par quelques comparaisons, vous faire sentir ce que votre conduite a d'étrange.

« Ce jeune homme, après avoir terminé dans quelqu'une de nos provinces ses études littéraires, arrive dans cet capitale pour y étudier cet art si compliqué, si difficile, si précieux et si redoutable à la fois, l'art de guérir. Que fait-il pour cela? Il commence par lire toutes les satires anciennes et modernes contre les médecins, tout ce qui peut lui persuader que c'est ici un art frivole, conjectural, fondé sur l'ignorance de la crédulité, exercé par des charlatans sur des dupes qui trop souvent en sont les victimes; plein de ces idées, imbu de tous ces préjugés, il parcourt quelques livres scientifiques, s'en entretient avec quelques compagnons de son âge, moins pour s'en rendre mutuellement un compte sérieux que pour s'en moquer. C'est à cela qu'il borne ses études, et le voilà médecin : ce n'est qu'une fable, si vous voulez; mais c'est l'image fidèle de ces jeunes gens qui, pour connaître la religion, la cherchent dans les livres de ses ennemis, écrivains souvent aussi licencieux qu'ils sont impies.

« Vous vous êtes constitué par état le défenseur de l'orphelin et de l'opprimé; une veuve délaissée vous confie ses intérêts et ceux de ses enfans; elle vous remet entre les mains les titres qui doivent faire triompher sa cause, et se repose sur votre zèle; et vous, que faites vous? Au lieu de les étudier avec soin, de bien vous en pénétrer, vous daignez à peine les parcourir rapidement; mais vous vous livrez à un examen approfondi de tout ce qui est contre celle que vous êtes appelé à défendre, sans vous occuper des moyens de repousser les attaques. Cependant le jour fixé pour les débats est arrivé; vous voilà devant votre adversaire, comme un soldat désarmé devant l'ennemi; comment pourriez-vous soutenir le choc avec avantage, et, si le bon droit succombe, qui faudra-t-il en accuser? Ce n'est là qu'une comparaison, mais qui trouve peut-être son application dans cet auditoire.

« Enfin vous ne cherchez, dites-vous, que les agrémens du style; ainsi vous êtes plus attirés par quelques ornemens frivoles que vous n'êtes repoussé par le blasphème, et les ennemis de Dieu cessent de l'être pour vous, du moment qu'ils ont l'art de vous amuser.

Vous savez bien qu'il n'y a pas loin de l'auteur qui plaît à l'auteur qui séduit, et qu'aisément le plaisir fait la persuasion : n'importe, le désir de lire quelques traits d'esprit, quelques phrases brillantes, balance, efface même à vos yeux les graves intérêts des mœurs et de la religion ; il faut qu'une curiosité funeste vous entraîne à connaître par vous-mêmes ce que vous ne pouvez connaître sans danger. Je vous le demande ; si la renommée portait jusqu'à vous la connaissance des ravages d'une peste cruelle, ne vous contenteriez-vous pas d'applaudir au dévoûment de ceux qui, par état ou par zèle, iraient porter des secours aux malheureux atteints de la contagion ? iriez-vous par curiosité, sur les lieux mêmes, respirer l'air empesté, pour en faire l'épreuve personnelle ? Vous cherchez les agrémens de la diction : mais quoi ! les siècles de Périclès, d'Auguste et de Louis XIV, les sciences et les lettres, la poésie et l'éloquence, les relations des voyageurs, l'histoire des hommes, celle de la nature, les livres saints avec leurs beautés originales et leur majestueuse simplicité, tout cela ne présente-t-il pas un choix de beautés pures, faites pour satisfaire l'esprit, l'imagination, le cœur, pour plaire à tous les goûts, et charmer tous les loisirs ? Certes, ils sont bien avides ceux à qui ces trésors ne suffisent pas.

« Oui, la conspiration permanente contre le trône et l'autel se trouve dans cette permanente émission d'écrits et de libelles pervers qui prêchent tous les jours la révolte avec l'impiété : voilà ce qui ferait désespérer du salut de la patrie, si le ciel ne s'était pas expliqué par tant de miracles en faveur de la France. A aucune époque, il est vrai, il n'y eut une portion de la jeunesse plus égarée que de nos jours ; mais jamais aussi il n'y eut une portion de la jeunesse plus loyalement, plus courageusement chrétienne. Depuis long-temps, un combat terrible est engagé entre la vérité et le mensonge, entre le christianisme et l'incrédulité, entre la rébellion et l'autorité ; le bien et le mal sont toujours en présence, le mal avec ce qu'il a de plus extrême, le bien avec ce qu'il a de plus héroïque. A qui donc restera la victoire ? N'en doutez pas, à Jésus-Christ et à ses fidèles adorateurs, au trône légitime et à ses fidèles serviteurs. Ce que nous disions, il y a quelque temps, au milieu de présages sinistres, nous le disons aujourd'hui avec plus de confiance encore, après tant de prodiges de miséricorde dont nous avons été et dont nous sommes tous les jours les témoins.

« Non, il ne périra point ce trône que tant de rois sages, vaillans et pieux, ont rendu vénérable au monde entier, ce trône chéri de Dieu et des hommes, et qui, après avoir résisté, pendant quatorze siècles, à tous les coups de la fortune et du temps, n'avait été abattu que pour faire, ce semble, éclater davantage la prédilection de la providence à son égard.

« Non, elle ne s'éteindra point cette race auguste, nécessaire au repos de l'Europe autant qu'à notre bonheur, à laquelle le ciel a donné un rejeton miraculeux, comme un nouveau gage de son éternelle alliance avec elle.

3.

« Non, elle ne mourra point cette église gallicane, illustre entre toutes les églises, belle aux jours de sa prospérité, plus belle encore aux jours de ses malheurs ; elle triomphera des insultes présentes comme des fureurs passées de ses ennemis, de la plume des sophistes comme du fer des bourreaux. Puisse le sang de ses pontifes et de ses prêtres, versé pour la foi, être comme la semence de pontifes et de prêtres nouveaux ! puisse-t-elle, joignant l'éclat de la science à celui des vertus, sauver les bonnes mœurs, et assurer le triomphe des bonnes doctrines pour le bonheur du temps et de l'éternité ! »

Encore une fois, cette manière n'était celle de personne ; la douceur et la pureté de son style, son atticisme, que n'égala pas Massillon lui-même, et qu vaut celui de Fenélon, sa grâce touchante et persuasive, la nature toute entière de son éloquence était alors ce qu'il fallait qu'elle fût. Heurter trop fort des débris quand on veut les reconstituer, serait les briser encore. La fougue dogmatique de M. de Lamennais eût été inopportune ; les esprits malades avaient besoin de ménagemens jusque dans les remèdes qui leur étaient offerts. M. Frayssinous était excellemment le médecin de ce temps-là, et, en ce sens, l'homme suscité de Dieu. La littérature révolutionnaire, dit M. de Chateaubriand, fut foudroyée, et le goût reparut dans le style avec l'ordre dans l'état et les idées dans la religion.

L'on ne peut donner idée de l'affluence qui eut lieu autour de sa chaire. Le peuple s'y rendait sans doute ; car le prédicateur était doué doublement du rare privilège de se faire entendre aux intelligences les plus élevées et aux plus modestes auditeurs ; mais la plus notable partie des assistans se composait de toutes les sommités civiles et scientifiques de la France, de la jeunesse des écoles, et de celle que son riche désœuvrement de chaque jour disposait moins aux conversions chrétiennes. M. Frayssinous fit avec ses sermons ce que M. de Chateaubriand fit avec ses chefs-d'œuvre : il poétisa l'Évangile et le mit à la mode, là même où il n'établit pas la conviction ; à prendre l'homme pour une espèce d'ange égaré, mieux eût valu, sans doute, le conduire droit au but, sans prendre ainsi des détours et parfumer politiquement les bords du vase ; mais tel n'est pas l'homme, et je suis de ceux qui admettent d'honnêtes et ravissantes supercheries quand il en doit résulter presque immanquablement, et par déduction naturelle, un immense bien ; le christianisme, est aussi la religion des douces et ineffables voluptés : *jugum meum suave est*, dit Jésus-Christ, *et onus meum leve*. (1)

La justice veut qu'au milieu des beautés scintillantes dont est parsemé l'œuvre de M. Frayssinous, l'œil exercé découvre des défauts comme en ont toutes les productions humaines. Ainsi l'élégance devient-elle souvent affetterie, la clarté diffusion. Difficilement on pourrait dire l'exorbitant emploi qu'il y fait du mot *soleil* ; c'est presque du

---

(1) Mon joug est doux, et mon fardeau léger.

sabéisme ; car, en vérité, toutes ses comparaisons en viennent là ; les exclamations pullulent ; les périphrases roulent à flots ; le style se distend et se liquéfie à ce point, que la pensée s'y noie et s'y absorbe. En général, le caractère de cet esprit, supérieur à beaucoup d'égards, n'est pas le nerf et la puissance de dialectique, c'est plutôt la grâce molle et séduisante et tout le charme indéfinissable d'une éloquence quasi virginale. Quoi qu'on en ait dit, et, je le crois, malgré les prétentions bien permises de l'auteur et quelques allures plastiques, il y a plus pour le cœur dans sa parole que pour l'intelligence. Et, au fait, pour cette circonstance comme pour toutes les autres, était-ce donc un grand tort ?

Non, dit Voltaire ; où en serait le genre humain, s'il fallait étudier les sciences mathématiques et les règles logiques d'Aristote pour connaître Dieu ? Celui qui nous a créés tous, doit être manifeste à tous, et les preuves les plus communes sont les meilleures, par la raison qu'elles sont les plus communes; il ne faut que des yeux, et point d'algèbre pour voir le jour.

J'aime à croire, bien que ceci contrarie l'idée de certains juges, que M. de Fontanes, en l'appelant au conseil de l'université comme membre de la faculté de théologie, récompensa son mérite, et non je ne sais quelles bassesses, dont en tout cas il faudrait plutôt accuser ses détracteurs que lui. Du reste, pour être impartial, je cite sans commentaire les paroles suivantes d'un écrivain remarquable, M. de Carné : « La neutralité, dit-il, ne suffisait pas aux censeurs qui rayèrent une page de madame de Staël, dans laquelle elle disait que ce Paris, ville de plaisirs, était le lieu du monde où l'on pouvait le plus aisément se passer de bonheur, comme suspect de laisser à entendre que la France ne jouirait point de tout le bonheur désirable sous le gouvernement de Napoléon ». Ces hommes se plaignirent donc que le prêtre ne parlât que de Dieu, et qu'il n'eût point encore payé le tribut de louanges à César. M. Frayssinous, mandé à la police pour s'expliquer, répondit que la religion qu'il prêchait plaçait l'obéissance au rang des plus impérieux devoirs ; et il parla, dans le discours suivant, *de la main qui avait été suscitée pour relever les autels.* En vérité, il faut avoir de ce cher M. Fontanes, de M. Frayssinous et de soi-même, une singulière estime pour voir là une flatterie indigne, une indigne protection, et quoi encore ? Non, M. le grand-maître, nul ne vous en veut pour vos faveurs, sauf les biographes qui ont faim, et qui dînent de scandale et de mensonges; on vous bénira même si vous nommez M. Frayssinous inspecteur-général de l'université, et que l'autorité compétente ajoute à ce titre celui de chanoine de la métropole. J'en appelle à toute la génération de l'empire et de la restauration ; j'en appelle à la bonne foi de ses ennemis, s'ils en ont de reste.

Elevé ainsi en dignité, il n'était pas toutefois à couvert d'une disgrâce, sous le regime ombrageux d'alors; après avoir continué durant quelques temps ses conférences dans l'Eglise de Saint-Sulpice, environné toujours de l'enthousiasme général, il fût obligé de les suspendre en 1809; non qu'il se fût compromis par des allusions téméraires à la politique, mais pour les raisons que M. de Carné nous a indiquées plus haut; outre qu'une ordonnance avait supprimé les missions et les prédications extraordinaires, et ne permettait plus les chaires qu'aux prêtres officiellement désignés pour le service des paroisses. Ce n'est qu'en 1814, après le retour des Bourbons, qu'il les reprit plus vives, plus brillantes et plus triomphantes que jamais. Aux premières causes d'entrainement qui étaient son éloquence, la nature des sujets traités et la disposition nationale, s'était jointe la raison toujours si puissante de l'opposition, ou le souvenir des persécutions auxquelles l'orateur bien aimé avait été en but. M. Saint-Edme, dont je respecte le caractère mais non les opinions et la passion, rapproche des mots prononcés à la louange de Napoléon (voir) ces autres paroles qui ont trait à Louis XVIII: *prince éclairé qui eut été le roi des beaux esprits, s'il n'eut été celui des Français*, et il s'en indigne. Je n'ai pas pour mon compte le talent de voir ici une horrible et infamante contradiction ; j'y vois bonnement un peu de marivaudage et d'*Hôtel-Rambouillet* ; le reste de part et d'autre est justice ; M. Saint-Edme, à part ses idées napoléoniennes, le sait bien. Les Bourbons ne restèrent pas au-dessous de Bonaparte en fait de munificence ; ils nommèrent M. Frayssinous censeur royal le 24 octobre 1814 et ensuite prédicateur du roi. Durant les cent jours il se réfugia dans l'Aveyron ; et après la seconde chute de Napoléon revint à Paris pour continuer ses prédications jusqu'à 1822.

En 1818, il avait publié une brochure intitulée *les vrais principes de l'Eglise gallicane*. Il aurait pu, ce me semble, s'en dispenser. En vain dira-t-on qu'il était urgent de déterminer les limites des deux puissances, temporelle et spirituelle, lorsque le concordat jeté au milieu des esprits en fermentation, réveillait les vieilles disputes des ultramontains et des gallicans. S'il fallait écrire, c'était autrement; il n'appartenait pas à un prêtre, en ces circonstances critiques surtout, de faire cause commune avec les jansénistes des Parlemens, directement ou non, psur empiéter sans pudeur sur la puissance du vicaire de Jésus-Christ, au profit des souverainetés de la terre. Avec un peu plus de temps et d'espace, je justifierais ce que j'ai avancé, à savoir que les principes de M. Frayssinous, conduisent inévitablement et selon les conséquences les plus rigoureuses, soit au jansénisme, soit à quelque chose de pire encore; mon but n'est pas de discuter ici, mais de constater les faits. C'est plutôt encore malgré cet ouvrage que pour ses véritables mérites comme orateur et théologien, qu'il fut nommé évêque *in partibus* d'Hermopolis, et en 1822 grand-maître de l'université, puis membre *du corps des lettrés, au nombre de quatre fois dix*, comme dit une diatribe publiée contre lui vers ce temps la, diatribe qui fut accompagnée d'une foule d'autres plus ou moins déchirantes ou dégoutantes.

J'ose à peine citer l'ignoble biographie en style apocalyptique qui fut publiée autrefois par un anonyme. Cette pièce n'a pas même le mérite d'un certain esprit, et porte d'ailleurs tous les caractères possibles d'ignorance grammaticale et d'insolence crapuleuse. Je ne puis comprendre que deux hommes aussi remarquables et par leur intelligence élevée et par la délicatesse du savoir-vivre que le sont les auteurs de la *Biographie des hommes du jour*, aient daigné donner entrée dans leur œuvre à de pareilles ordures, et tous leurs antécédens protestent contre qui voudrait leur en imposer la solidarité.

Il y a dans ces abominables et fangeuses attaques dirigées contre un homme incapable, on le sait bien, de répondre, soit à cause de sa position sociale, soit comme prêtre, il y a de la lâcheté, et celui-là seul pouvait s'en rendre coupable qui n'aurait pas le hideux courage de dire, aujourd'hui même, devant cette puissance tombée : c'est moi !

M. Frayssinous fut bientôt créé pair, et reçut, avec des lettres de noblesse, le titre de comte. Fortune rapide, comme on le voit, s'il en fut jamais et qui semblait dès-lors ne pouvoir plus s'élever. Toutefois, elle ne s'arrêta pas à ce point, et le 26 août 1824, le ministère des affaires ecclésiastiques fut créé pour lui.

Revenons sur les reproches qui lui ont été adressés. Lorsque M. Frayssinous fut appelé au fauteuil académique, dit un auteur, on fouilla dans toutes les bibliothèques et dans toutes les boutiques de libraires pour chercher ses titres. Mais les bibliomanes et bibliographes y perdirent leur latin. — L'auteur oublie ses discours qui sont des chefs-d'œuvre.

Inutile de reproduire ici les repoussantes injures qui furent vomies contre lui à-propos des lettres honorifiques que lui conférèrent les Bourbons.

On a bien dit que, pour se refaire le sang, Louis XI suçait celui d'une quantité de petits garçons nouveau-nés ; et les Orientaux, pour la plupart, refusent bien aux femmes le plaisir et l'honneur d'avoir une âme. En absurdité et en infâmie, tout est possible ici-bas.

Comme ministre de l'instruction publique, est-il vrai qu'il n'essaya que des améliorations partielles, mesquines, sans portée? qu'un déplacement de personnes, l'introduction d'un grand nombre de prêtres dans l'administration des colléges, laissèrent subsister les vices radicaux de l'éducation universitaire, et formèrent des mécontentemens, des défiances ? Je ne partage pas cet avis, et quand on aura prouvé ce qu'on ne fait qu'affirmer, il sera temps pour M. Frayssinous de répondre. En attendant suivons le. Le 25 octobre 1824, il prononça dans la basilique de Saint-Denis, l'oraison funèbre de Louis XVIII; il y retraça toutes les infortunes du prince, et, s'écrie le vertueux Rabbe, le nom de la charte constitutionnelle ne fut pas prononcé dans un discours aussi solennel. Le croiriez-vous ? Eh ! bien lui en a pris de ne pas jouer une farce sur un cercueil vénérable, d'abord; fort bien de n'avoir pas gâté avec cet assaisonnement-là un discours qui, au moins, devait être sérieux et propre. Ce M. Rabbe est charmant! M. Rabbe ne pouvait manquer les Jésuites; il accuse donc M. Frayssinous d'avoir osé, en pleine Chambre des pairs, confesser que la France recelait sept maisons d'éducation gouvernées par cette société, à laquelle lui, M. Frayssinous, n'appartenait pas, non plus que M. Rabbe. Ceci se passait en 1826 et 27; bien plus, ajoute le même *sévère historien*, comme dit M. V. Hugo, il eut l'audace de rappeler l'assassinat du 13 février 1820, dans son panégyrique de Louis XVIII, et d'attaquer la liberté de la presse. Vous êtes prié, cher lecteur, pour trouver d'aussi belles choses, de lire la préface de *la Marseillaise*, par M. Felix Pyat! On cite à l'appui.

« Oui, messieurs, depuis vingt-sept ans, au sein de la capitale, existe une association qui n'a pas cessé un seul jour d'exister; pour ma part, j'en parle avec d'autant plus de désintéressement que je n'en suis pas membre; j'ai refusé plusieurs fois d'en faire partie quoiqu'on me l'ait plusieurs fois proposé; non que je ne sois rempli d'estime et de respect pour elle, j'y ai même fait entrer plusieurs jeunes gens d'après leurs désirs, ou *celui de leur famille*, et je n'ai jamais eu qu'à m'en féliciter; mais je n'ai pas voulu porter d'autres liens que ceux qui m'attachaient à mes supérieurs ecclésiastiques. »

Je n'approuve pas ceux qui ont voulu voir dans ce passage une critique d'autant plus cruelle qu'elle est plus dissimulée contre les engagemens religieux et les vœux perpétuels ou temporaires.

M. Frayssinous, c'est notre pensée, protégea les Jésuites, et il ne tint pas à lui qu'ils ne revinssent en France, avec les modifications exigées par la nature et les nécessités des temps. Comme instituteurs de la jeunesse, M. Frayssinous pensait que la société des Jésuites n'eut jamais et n'aura jamais d'égale; j'ai hautement exprimé déjà ma manière de voir à ce sujet. Avec une conviction pareille, et une probité antique, il devait faire en sorte que sa conduite fût conséquente à ses idées et agir comme il l'a fait. Les gens de bien l'en remercieront éternellement, ceux même qui n'auront pas partagé son opinion. Qu'il ait attaqué certains colléges, rien de plus simple et de plus légitime aux yeux de qui sait quelle était alors la dépravation de ces établissemens. M. Feutrier apprit bientôt, mais trop tard et trop cruellement, que la société des Jésuites n'était pas si antipathique à la population; en les frappant le 16 juin 1828, il signa sa honte et peut-être son arrêt de mort, car les chagrins que lui causèrent les malédictions publiques, l'ont seuls conduit au tombeau.

N'attisez point le feu avec une épée, dit Pythagore, et ne mangez ni votre cœur ni votre cervelle.

Les discours de M. Frayssinous à la Chambre de Pairs et à la Chambre des Députés, sont du reste dignes de figurer à côté des *conférences sur la Religion*, qui furent recueillis et imprimées en 1825; on y trouve la même verve, la même abondance et la même richesse, et toujours ce caractère d'indéfinisable persuasion que peu d'hommes possèdent aujourd'hui. Dans la biographie de M. Lacordaire, nous établirons autant que possible un parallèle entre les Stations de ce dernier dans Notre-Dame, et celles de Saint-Sulpice dont nous avons parlé; je suis obligé d'abréger ici comme ailleurs, pour trouver place aux faits qui se pressent. Je n'aurai pas non plus le tort d'analyser son discours prononcé à Saint-Denis, pour les obsèques du prince de Condé, en 1818; son oraison funèbre du cardinal de Talleyrand-Perigord, archevêque de Paris; son discours de réception à l'Académie française, prononcé le 28 novembre 1822, et celui sur le prix de vertu, du 25 août 1823; on les a lus et on les lira long-temps pour les admirer et reconnaître qu'avec de tels passeports, un homme peut passer le seuil d'une Académie où figurent MM. Briffaut, de Cessac, et compagnie.

M. Frayssinous, en dépit de ses ennemis *quand même*, n'a jamais été odieux à ce qu'on appelait le parti libéral sous la restauration. Sauf des exceptions que j'ai, où à peu près, signalées, sa politique procédait de la probité; les moyens ténébreux le révoltaient; il ne tatonnait pas, il se précipitait sur le fait, quand il l'apercevait; et ses collègues, M. de Villèle entr'autres, souffraient affreusement de ses prétendues indiscrétions. Non que j'en sois au point d'ignorer qu'il parla contre la liberté de la presse, et vota pour la loi du sacrilège, mais le premier cas est une chose à expliquer, le second de même, et en expliquant les choses on change bien souvent d'opinion sur elles. Du reste ce n'est pas ici mon affaire, et je coupe court en observant que M. de Villèle, lors de la révolution ministérielle de 1828, n'entraina pas M. Frayssinous dans sa chûte. Mais celui-ci tomba peu à près renversé par le système Martignac; et ce fut M. Feutrier, de fâcheuse mémoire, qui le remplaça. Une lutte ardente s'établit entre les deux évêques, et finit comme on sait: ce dernier ministère fit place à celui de M. de Polignac, et celui-ci à la révolution de Juillet. M. Frayssinous eut le bonheur d'éviter ce ministère plus malheureux que coupable, et de ne pas signer les Ordonnances.

Depuis 1830, il s'était retiré de Paris où il est revenu pour se fixer définitivement aux missions etrangères. Il resida en Auvergne d'abord, puis il voyagea dans la Suisse et le Piémont, et fut appelé auprès du jeune duc de Bordeaux. Charles X l'aimait beaucoup et l'honorait d'une confiance toute particulière. Le vieux roi trouvait quelque consolation dans son exil à deviser avec lui sur sa France bien-aimée, sa patrie et celle de ses aïeux, loin de laquelle il devait mourir. Si M. Frayssinous, a écrit des Mémoires, nous saurons sur cela des choses bien belles. Quand Charles X, eut fermé les yeux, et que l'éducation du jeune roi, fut terminée M. Frayssinous prit congé de la famille royale, et c'est alors qu'il a revu Paris et s'est renfermé dans une autre solitude qu'il quitte peu, s'il la quitte jamais.

On dit, et je le crois volontiers d'un homme de cette sorte, qu'au sein des grandeurs comme lorsqu'il vivait encore dans l'obscurité, M. Frayssinous n'oublia jamais son humble origine, et fut toujours l'ami du pauvre. On a été même, tant la passion peut inspirer de sottises, jusqu'à lui faire une reproche de cette rare disposition d'âme. Aujourd'hui rien de son existence ne transpire au dehors si ce n'est la multitude de ses bonnes œuvres et de ses charités. Il y a une chose digne d'observation, c'est que les intelligences les plus merveilleusement appréciées par les classes supérieures de la société, sont presque toujours celles qui, en certain cas, se font le mieux comprendre et goûter des classses inférieures. Cette double prérogative, M. Frayssinous la possèdait au suprême degré : homme du monde autant que le permettait son caractère de prêtre, il figurait aussi avantageusement que personne à la cour et dans les plus brillants salons causant à ravir, ayant toutes les formes d'un grand seigneur. Son extérieur se prêtait fort bien à ce rôle éminent : une taille bien prise ; des yeux d'une expression fine et magnifique ; une des plus belles chevelures que j'ai vues ; des mains que lord Byron appelle quelque part *suzeraines* ; une manière de porter sa belle tête, et une démarche que bien peu de nos jeunes évêques connaissent à présent ; tout cela, bien qu'au fond l'importance n'en soit pas grande, faisait de M. Frayssinous une des plus dignes figures du grand monde d'alors, et n'était pas, du reste, ainsi que nous l'avons dit ailleurs (1) à dédaigner dans la chaire et dans le sanctuaire, au point de vue du proselytisme chrétien.

D'autre part, M. le comte Frayssinous, prédicateur du roi, grand-maître de l'université, ministre des affaires ecclésiastiques, évêque d'Hermopolis, décoré de presque tous les ordres de l'Europe, instituteur d'un roi, l'un des premiers orateurs du siècle, M. Frayssinous de toutes ces honneurs et de toutes ces charges s'est-il fait comme tant d'autres une

(1) Biographie de M. de Latour-d'Auvergne.

vaste fortune? Il est assez pauvre pour ne faire l'aumône qu'aux dépens de son nécessaire, et je laisse à penser quel est son secret pour la faire encore abondante.

Je termine et regrette de n'avoir pu prêter à cette esquisse tous les développemens désirables. A défaut d'une vie complète, qui sans doute eut donné encore plus d'édification, ce sera pour moi un bonhenr si par ces quelques mots j'ai réussi à rappeler sur M. Frayssinous des souvenirs affaiblis en certaines personnes, et à faire connaître à d'autres ce qu'elles n'auraient jamais entendu dire de lui.

Il est certaines questions que je n'ai pas voulu aborder, craignant toujours les susceptibilités si chatouilleuses de mes doux contemporains. La politique n'offre pas toute seule des dangers ; le cœur a aussi sa tyrannie et sa police occulte. Le temps viendra pourtant, je l'espère, où la franchise sera chose possible, en tout et pour tout. On marche à grands pas vers cette fin là. Les soufflets, comme disait

M. de Livry, dans ses *impatiences,* se sont multipliés en Europe, la justice arrive, et la balance deviendra égale entre le catholicisme et ses adversaires, alors on verra bien ce que pèsent chacune dans leur plateau d'un côté la colomnie, de l'autre la vertu, et on aura le droit d'en parler tout haut. Jusques-là répétons, après ce même M. de Livry, ce penseur amphigourique et brutal qui a dit vrai quelquefois :

« Il est triste de penser que quand on n'a pas rampé comme le serpent, sauté comme le crapaud, mangé comme le cochon, trompé comme le mouchard, tué comme le bourreau, il faille cependant devenir comme ces intéressans personnages la pâture des vers. »

Biographie du Clergé Contemporain.

M. LACORDAIRE.

Bureau central, rue du vieux Colombier

M. LACORDAIRE.

> [illegible epigraph]
> LaRochefoucauld, *Maxime* 460.

> [illegible epigraph]
>
> [signature illegible]

Après avoir lu les renseignements relatifs à M.
Lacordaire dans les journaux et la littérature de
ces dix dernières années, muni encore d'un grand
nombre de confidences particulières, l'idée me vint
d'adresser de nouvelles [illegible] à ce [illegible] ecclésiastique qu'on m'[illegible]
et je me rendis chez lui, sous prétexte d'une visite,
avec un de mes amis qui est aussi le sien. L'accueil
fut parfait ; on parla d'abord de mon ouvrage en
général, [illegible] de chaque notice en [illegible].

[bottom lines illegible]

Bureau central, rue du vieux Colombier

M. LACORDAIRE.

> Il s'en faut bien que nous connaissions tout ce que nos passions nous font faire.
>
> LAROCHEFOUCAULD, *Maxime* 460.

> On se tromperoit si l'on regardoit les entreprises du Clergé comme une marque de sa corruption : les grands hommes modérés sont rares, et, dans la classe des gens supérieurs, il est plus facile de trouver des gens extrêmement vertueux que des hommes extrêmement sages.
>
> MONTESQUIEU.

Après avoir lu les renseignements relatifs à M. Lacordaire dans les journaux et la littérature de ces dix dernières années, muni encore d'un grand nombre de confidences partielles, l'idée me prit d'adresser de nouvelles requêtes à un jeune ecclésiastique qu'on me disait avoir été son condisciple, et je me rendis chez lui, sous prétexte d'une visite, avec un de mes amis qui est aussi le sien. L'accueil fut parfait ; on parla d'abord de mon ouvrage en général, puis de chaque notice en particulier. M. *Affre* fut approuvé, sauf la question des *Officialités*, question vaste et capitale sans doute, mais *intempestive peut-être.* Atteint et convaincu d'avoir flatté *M. Olivier* outre mesure, je reçus des félicitations pour *M. de la Tour-d'Auvergne* ; j'entendis des cris d'indignation contre la haute estime que j'avais faite de *M. de Genoude* ; *M. de la Mennais* fut passé sous silence ; *MM. Combalot* et *Frayssinous* obtinrent une préférence marquée, bien qu'en ces biographies j'eusse prodigué les citations au détriment des faits. J'allais exposer l'objet précis de la visite, quand l'interlocuteur me devança. Il ne savait pas qui j'étais.

La dernière, dit-il, a singulièrement contristé nos Messieurs. — Laquelle, s'il vous plaît ? — *Celle de M. Lacordaire*! fit l'abbé d'un air surpris.

J'imaginai que je n'entendais pas bien, mais il me répéta textuellement ces dernières paroles, et sans laisser deviner encore que je fusse le Solitaire, je pris le parti de jouer la comédie, puisqu'il y avait lieu. J'insistai donc.

Aurait-on maltraité M. Lacordaire? — Pas positivement, répondit-il, mais ces pages-là sont pleines d'insinuations perfides ; l'auteur, alors même qu'il l'élève, n'en dit du bien que d'une manière cruelle ; il vaudrait mieux du mal. — En êtes-vous bien certain ? — Cet homme évidemment lui en veut : il explique son départ pour Rome et son entrée en religion par des motifs avilissants. Il a osé dire que sa naissance n'était point illustre ; que même sa pauvre mère avait vécu dans une espèce de dénuement, et son père, mauvais officier de santé campagnard, dans les dissipations les plus excentriques de la vie d'estaminet. Ne pousse-t-il pas l'indignité jusqu'à écrire que dans son enfance et sa jeunesse, M. Lacordaire avait les goûts mondains et impies, qu'il aimait singulièrement à jouer la comédie où il excellait ; qu'aujourd'hui, par suite sans doute de ces dispositions, il ne fait rien en plein jour et ingénument, mais que ses cartes se trouvent toujours sous la table ; qu'il tient comme attaché à son flanc je ne sais quelle franc-maçonnerie bâtarde de quelques petits séides blêmes et bilieux, dont la figure, la vie et la religion n'ont nulle physionomie, et qu'on n'aperçoit qu'alors qu'ils *grouillent* dans l'ombre et font froid au toucher. Enfin, nos Messieurs, ajoutait-il, m'en ont dit bien d'autres !

— Je répondis que c'était bien mal agir, et ne voulus pas déclarer à cet honnête jeune homme qu'il s'était exposé à une inimaginable méprise par sa confiance trop naïve en la chronique babillarde. Mon ami comprit ma position, et quand nous revînmes, il y eut entre nous un échange de réflexions et de suprêmes étonnements que devinera sans peine le lecteur. La visite était faite en juin dernier; au moment où nous publions cette notice, janvier touche à sa fin.

Or, voici tout le mal que je puis dire sur M. Lacordaire.

Il reçut, au jour de son baptême, le nom de Henri, et ce n'est qu'après avoir prononcé ses vœux comme Dominicain qu'il a pris celui du fondateur de son ordre. Son père, qu'il perdit de bonne heure, exerçait en effet la médecine à Recey-sur-Ource à l'époque de sa naissance. Sa mère est morte à Paris, rue du Pot-de-Fer-Saint-Sulpice, il y a quelques années seulement, et l'aîné de ses frères, qui est un de nos savants ingénieurs, a épousé la sœur de M. l'abbé Eglé, secrétaire de l'archevêché de Paris.

« Les habitants de la Bourgogne, dit un vieil auteur, sont bons catholiques, fort arrêtés en leurs opinions, pleins de franchise et de grand naturel, laborieux au reste et jaloux observateurs de la liberté, contre qui que ce soit, et le roi lui-même, si la nécessité le requiert. (*Paul-Émile, liv.* 6.)

Je note ce passage, parce qu'il s'applique excellemment à M. Lacordaire, comme nous le verrons par la suite, et avant d'assister à ses débuts dans la carrière des hautes études, je ne puis, quoi qu'on en dise, m'empêcher d'écrire en quelques mots l'histoire de sa première enfance.

Pareil à ceux de sa nature et de sa portée, il se fit remarquer prématurément par une pénétration mélangée d'étourderie et une vivacité qui tenait de la pétulance et de la malice. Il n'était mauvais tour qu'il n'inventât pour faire en ce monde la damnation de sa pauvre servante qui le raconte encore avec fierté; pour démolir et briser les squelettes les plus péniblement élaborés par son père; que sais-je?... pour déchirer à la page essentielle les livres de mathématiques de son frère aîné, et ceux où se courbait le professeur actuel de l'université à Liège, le brillant écrivain de la *Revue des deux Mondes,* Théodore Lacordaire. Sa mère, qu'il aimait tant et qu'il a toujours aimée jusqu'à lui rendre en quelque manière un culte d'adoration, frémit souvent à l'idée, si commune dans les familles, que ces démonstrations annonçaient pour la suite de cruels orages. Une chose cependant la consolait aussi parfois, c'était l'ingénuité vraiment virginale de son enfant, son excessive sensibilité de cœur, sa promptitude à reconnaître les petites fautes qu'il avait faites pour s'en repentir douloureusement, et l'air de componction ravissante avec lequel toute sa petite personne en demandait pardon.

Ces légères incartades furent même de peu de durée. Il n'avait pas six ans que cette impétuosité naturelle changeait visiblement de direction et d'objet, elle cessait aussi, pour ainsi dire, de s'éparpiller, se concentrait, se fortifiait, prenait une réelle consistance. Il eut alors à un degré remarquable la passion de la lecture; et pour former son âme, il ne s'agissait plus que d'un choix à faire dans les ouvrages qu'on lui abandonnait. Nul ne pouvait remplir cette délicate fonction mieux que madame Lacordaire, femme de goût et d'esprit, pieuse à bon escient, et comprenant selon les profondeurs de Dieu l'amour maternel; il fut donc merveilleusement guidé par ce premier de tous les anges gardiens qui nous fut donné à tous, et trouva naturellement, sinon immédiatement, le salut et la céleste doctrine, là où d'autres n'ont fait que heurter contre des écueils mortels au sein d'une nuit dévorante.

Il fut bientôt en état d'entrer au collège, et on le conduisit à Dijon. Il y fit ses études d'une manière brillante ; mais les impressions primitivement reçues s'effacèrent peu à peu, soit par suite des vicieuses tendances de l'enseignement universitaire, ou par la fréquentation des autres élèves et la fougue de l'âge. Habile à composer un thême et une version, discutant, comme un logicien retraité, sur les questions les plus ardues de la métaphysique, lorsqu'il fut arrivé au cours de philosophie, il se crut assez fort pour décider que le christianisme était une sottise et Dieu même une chimère, ainsi qu'il en fait l'aveu dans un discours prononcé devant la Cour d'assises de Paris, vers 1831 ; et c'est avec ces préoccupations déplorables qu'il commença son cours de droit et qu'il le finit.

Parmi les rares qualités dont il fit preuve à cette époque de sa vie, et qui portèrent bien haut la suffisance de son esprit, je n'oublierai pas de signaler ses dispositions particulières pour la comédie ou le drame. A Dijon, comme en bien d'autres lieux, les jeunes gens se réunissent et se cotisent pour élever de petits théâtres dans l'intérieur d'un collège ou d'une autre habitation particulière, et jouer devant un public d'élite quelques pièces morales ou châtiées, et apprises de longue date. En ce point, M. Lacordaire avait une réputation magnifique : il avait, comme on dit dans les coulisses, *ses entrées*, enlevait d'un mot des tonnerres d'applaudissements, et on eût pu parler de ses *transfigurations*. (VICTOR HUGO, *post-face de Ruy-Blas*.)

Dieu, pour mener la créature à ses fins, connaît bien des routes mystérieuses, et que l'œil de l'homme ne doit ni ne peut sonder; mais nous pouvons et devons l'adorer dans cette admirable économie de ses desseins providentiels; et c'est pourquoi toute nuance, si minutieuse qu'elle ait été dans une existence de choix, mérite sa mention spéciale et son développement. Il y a dans cette particularité, c'est du moins mon avis, une cause de la puissance oratoire que déploya depuis, et pour des sujets autrement dramatiques, le Conférencier de Notre-Dame.

Son droit terminé, il vint à Paris dans l'été de l'année 1821, et se présenta chez un avocat à la cour royale, M. Guillemin, auquel l'avait recommandé M. Riambourg, président de Chambre à Dijon. On voit qu'il sortait de bonnes mains pour passer en des mains non moins excellentes.

M. Riambourg, savant et vertueux magistrat,

l'un des plus purs représentants des vieilles traditions du Palais, ancien conseiller démissionnaire par refus de serment dans les Cent-Jours, procureur-général à la seconde restauration, et qui depuis 1830, sacrifia de rechef à sa conscience sa position de président de chambre ; il a publié plusieurs ouvrages de philosophie catholique ; et sa place est marquée parmi nos écrivains les plus utiles et les plus estimés.

M. Alexandre Guillemin, qui, après avoir passé avec avantage par les difficiles épreuves du barreau, s'est fait un nom qui grandit tous les jours dans la carrière de l'érudition, surtout dans celle de la poésie biblique, et dont la piété tendre et modeste égale et embellit le talent.

« C'est un excellent jeune homme que je vous envoie, disait M. Riambourg à M. Guillemin; il est irréprochable sous le rapport des mœurs, doué d'une grande capacité, mais d'une imagination vive et impérieuse. Sachant qu'il avait besoin d'une bonne *direction*, j'ai pensé à vous.

M. Guillemin reçut avec empressement M. Lacordaire, et remarqua aussitôt que le jeune homme vait été bien jugé. Lorsqu'une fois on eut échangé uelques paroles confidentielles, aussi discrètement que possible M. Guillemin toucha le point capital de la question et dit à M. Lacordaire: Au fait, monsieur, si j'ai bien compris M. Riambourg, je dois vous indiquer un *directeur* habile. — Un confesseur? répondit naïvement le jeune homme; mais, monsieur, pour cela il faut croire, et, je vous l'avoue, je ne crois pas. Oh! non, je ne vais pas à confesse!

La méprise était complète et singulière, le lecteur s'en aperçoit bien; M. Guillemin la vit aussi clairement, et il ajouta en homme prudent et sage: — Eh bien, Monsieur, n'en soyons pas moins amis, et permettez-moi d'espérer. M. Lacordaire ne fit pas un geste d'incrédulité, et la conversation changea de face; mais remarquons bien qu'en tout cela, s'il y avait eu de sa part un peu d'ingénuité dans l'aveu, la sotte forfanterie et le mépris insultant n'y étaient pas, car il ne s'agit pas ici d'un clerc d'huissier philosophe.

En 1822, M. Guillemin, nommé avocat à la Cour de cassation, et acquéreur, en cette qualité, d'une des plus immenses charges de la capitale, trouva, durant dix-huit mois, dans M. Lacordaire un collaborateur infatigable et d'une habileté singulière. Celui-ci rédigea des mémoires que son patron regarde comme des chefs-d'œuvre du genre, et conserve religieusement, si je suis bien informé. J'ai lu celui qu'il fit pour une grande affaire, et je partage amplement l'opinion que je viens de rapporter; je dis plus, je pense qu'en s'abimant depuis dans des théories dogmatiques où, à son insu même, la place de son intelligence se trouvait usurpée par son imagination ou son cœur, s'il lui est échappé nécessairement des élans plus sublimes, il n'a jamais rien fait d'aussi logique et d'aussi nettement coordonné; je sais, du reste, que pousser plus loin le parallèle entre ces deux objets serait absurde.

Je quitte avec lui le n° 11 de la rue des Saints-Pères où il avait mis pied à terre à son arrivée dans Paris; je le suis à la place Saint-André-des-Arcs n° 11 où M. Guillemin transfère son étude, et de là au Palais-de-Justice où il plaide à plusieurs réprises et d'une façon remarquable. Je touche au principal événement de sa vie.

Au mois de mai 1823, M. Lacordaire fut trouver M. Guillemin dans son cabinet et lui dit : — J'ai une grande nouvelle à vous apprendre; je vais vous quitter. — Pourquoi? Nous sommes si bien ensemble! — Aussi je ne vous quitte pas pour un autre, Monsieur, j'entre dans un séminaire, et il faut que je sois prêtre. — Prêtre, mon ami !... — Oui, moi qui ne voulais pas d'un confesseur !... J'ai souffert immensément... depuis six mois surtout... Enfin la lumière est venue, et la foi aussi; il faut que je sois prêtre. Il découvrit alors à son digne ami le projet qu'il avait conçu d'aller en Amérique pour y chercher un soulagement au vide de son âme, projet bien vite évanoui; puis il parla de la Bible qui l'avait convaincu, lui aussi, après tant de lectures ténébreuses et futiles.

M. Guillemin ne put empêcher sa joie d'éclater, il le pressa comme un fils sur son cœur.

— Il y a pourtant une difficulté, ajouta M. Lacordaire; c'est la peine qu'en ressentira ma mère. Après avoir consacré à mon éducation le peu qui lui restait de son humble fortune, au moment où elle était en droit d'attendre que mon travail l'indemnisât de ses sacrifices, comment lui demander encore le prix de ma pension pour trois ans à Saint-Sulpice ?

M. Guillemin s'engagea gracieusement à faire obtenir une demi-bourse, et en conféra sans délai avec M. l'abbé Boudot, grand-vicaire de la métropole, qui l'adressa à M. Borderies, depuis évêque de Versailles ; celui-ci, sur la lettre de M. Riambourg, fut charmé des antécédents du néophyte. Il le manda pour le lendemain à l'Archevêché. Quand il y fut, on le questionna fort au long ; l'enchantement ne diminua pas ; M. Borderies lui dit de s'asseoir à son bureau ; il le fit écrire sous sa dictée à M. de Boisville, évêque récemment nommé de Dijon, pour obtenir son *exeat*, et, par suite, le droit de s'incorporer au clergé de Paris. M. de Boisville, qui ne connaissait pas son diocésain, ne fit aucune difficulté, et plus d'une fois depuis il s'est rappelé cet honnête guet-à-pens.

Ainsi préparé, M. Lacordaire entra donc au séminaire comme élève de théologie. Là, ses antécédents étaient connus et on attendait avec une certaine impatience la première occasion de l'entendre. Il n'est malheureusement pas ordinaire de trouver, parmi les jeunes ecclésiastiques, des hommes aussi distingués que l'était le nouveau venu. Sous le rapport de la piété, il fit constamment l'édification générale, et cela devait être. Au point de vue de la science, la question variait. Quand on se précipite d'un extrême à un extrême, il y a nécessairement passion, il y a inflexibilité ; transiger est impossible ; c'est tout ou rien. Après son athéisme fanatique, M. Lacordaire eut un catholicisme fanatique, qu'on me passe le mot ; les idées cartésiennes n'étaient pas assez absolues pour lui, elles accordaient trop à la raison misérable de l'homme, et c'était par elle peut-être qu'il était arrivé jadis au scepticisme ; c'était en étudiant le lycophronique Laromiguière et la *philosophie de Lyon*. Dans le système des déclarations gallicanes, ou les articles organiques de n'importe quels Concordats ou Pragmatiques, il voyait des faux-fuyants, des révoltes plâtrées, des tentavives d'églises nationales, c'est-à-dire de schismes, des fractionnements de la vérité qui est essentiellement une, des tempéraments imposés à Dieu; et son âme se contristait, sa verve même s'allumait à ce point qu'un M. Roy, professeur de scholastique en ces temps-là, brave homme sans trop de malice ni de science, mais de beaucoup d'oraison, s'en alarma, s'en irrita même, et criblé d'objections inintelligibles, disait-il, et peu judicieuses, porta finalement la chose au Conseil des Directeurs. Il y fut décrété que M. Lacordaire n'avait qu'un peu d'imagination et point de talent, de plus qu'il était un disciple de M. de la Mennais. *On l'assigna à comparaître à ces fins de promettre qu'à l'avenir, par humilité, il se tairait.* Il se tut, et désormais M. Roy réfuta parfaitement toutes ses objections, il les trouva *judicieuses* et *intelligibles*, et on n'appela plus M. Lacordaire : *bouteille à l'encre.*

Toutefois, le silence de celui-ci ne dura pas toujours. Il est d'usage, comme chacun sait, qu'à la rentrée des classes tout élève rapporte un sermon qu'il a écrit durant les vacances, et qu'il le prêche au réfectoire durant que la communauté dîne. M. Lacordaire eut son tour. Il avait pris pour sujet l'*Incarnation de Jésus-Christ.* Le scandale fut au comble ; et lorsque, à la lecture spirituelle du lendemain, M. le supérieur fit l'analyse du discours, et eut à se prononcer catégoriquement sur le plus ou moins de mérite de l'œuvre, il articula ces mots, ou à très peu près : « *Moitié galimathias, moitié sans aucun sens possible, tout ridicule.* » Qui aura raison ? la chaire du réfectoire, ou la chaire de Notre-Dame ?

J'ai nommé en passant M. de la Mennais, bien qu'on me reproche de le faire souvent, mais parce qu'il est impossible de traiter un point d'histoire religieuse au XIXᵉ siècle sans toucher à cet homme qui, tantôt heureusement, tantôt malheureusement, y participe toujours et la domine tout entière. M. Lacordaire l'a déclaré bien haut : C'est à l'auteur de l'*Essai sur l'indifférence* qu'il a dû sa conversion ; et c'est le cas, ou jamais, d'appliquer ici un mot charmant : M. Lacordaire est un des plus beaux ouvrages de M. de la Mennais.

A la sortie du séminaire, M. Lacordaire fut nommé aumônier d'un collège de Paris, et il occupa cet emploi jusqu'à la révolution de juillet, aimé comme un père et un ami de tous les enfants confiés à sa sollicitude, poursuivant dans la modestie et le silence le cours de ses investigations théologiques, et se préparant à des combats qui n'étaient pas non plus sans prix et sans danger. Il est inutile de dire que, dans ses fortunes diverses, jamais rien ne lui fit perdre et ne put affaiblir chez lui la mémoire du cœur, si ce n'est une circonstance que nous rencontrerons bientôt, hélas !

Lorsqu'il était aumônier de collège, un rapport sur l'état moral des jeunes gens, signé de lui, et qui fut dénoncé aux magistrats, jeta pour la première fois son nom à la presse qui devait ensuite le répéter si souvent. Toutefois l'affaire ne fut pas suivie (1).

(1) Alibi.

Vint la fondation de l'*Avenir* en septembre 1830. Jaloux de réunir autour de lui toutes les sommités intelligentes du jeune clergé, vivant déjà dans l'intimité des abbés Gerbet, de Salinis, de Scorbiac, Rohrbacher, Combalot, Pelier de la Croix, et de l'évêque de Pamiers, etc., etc., M. de la Mennais tendit les bras au jeune aumônier de Henri IV et lui fit bonne part dans la tâche à remplir comme dans la gloire qui allait en résulter. Le journal eut un succès immense et admirablement mérité sous bien des rapports, exception faite de ceux que le souverain Pontife a blâmés. Mais il surgit des oppositions formidables; la réputation et le mérite des rédacteurs n'y perdaient rien apparemment; la caisse toute seule tombait en souffrance faute d'abonnés suffisants; et qui s'abonnait dans le clergé inférieur jouait son avenir et son pain quotidien. Il fallut donc imaginer un expédient. En conseil réuni, certains voulaient qu'on adoucît un peu l'âcreté des formes, qu'on ménageât des amours-propres chatouilleux, qu'on évitât de traiter les sujets violents. Plusieurs s'opposèrent à ces amendements comme entachés de vice et de lâcheté. M. Lacordaire, m'assure-t-on, fut de ces derniers; et en résumé c'était bien sa cause qu'il défendait;

car, de l'aveu de tous, si l'*Avenir* a été compromis par des exagérations et des violences, celui qui les a semées dans ses articles avec le plus de profusion signait du nom de H. *Lacordaire*, et il me souvient qu'alors les enthousiastes même du journal s'effrayaient et disaient : On en permet trop à ce jeune homme, on le gâtera. Il fit bien sentir de ses coups à l'abbé Grégoire comme à MM. Affre et d'Auribeau, à MM. Clausel et Boyer comme à MM. Picot et Lanjuinais, etc., etc. Il était désigné, du reste, pour les *coups de main* ; j'oserais dire, à part le mauvais goût de la comparaison, qu'il était le Murat de M. de la Mennais.

Or, comme je l'ai dit dans une biographie précédente, pour terminer tous les différends, M. de la Mennais se rendit à Rome avec le jeune comte de Montalembert et M. Lacordaire. On connaît le résultat de ce voyage et les circonstances qui suivirent. Dans un ouvrage intitulé : *Considérations sur le système philosophique de M. de la Mennais*, e premier qui soit sorti de sa plume, M. Lacordaire écrivait : « Aujourd'hui, nous pouvons annoncer que *cette école que nous avions quittée dès longtemps* n'existe plus, que toute communauté de travaux est rompue entre ses anciens membres, et que chacun d'eux, fidèle à ce que son cœur lui demandera d'égards envers le passé, ne connaît d'autre guide que l'Église, d'autre besoin que l'union, d'autre ambition que de se presser autour du Saint-Siège et des évêques que la grâce et la miséricorde divine ont donnés aux chrétiens de France. Pour nous qui avons contribué *plus que personne* à l'excitation des esprits, nous avons cru devoir à nos frères, dans ces douloureuses circonstances, d'élever la voix. *Initié à tous les secrets de cette affaire,* nous rendrons témoignage à Dieu, à son Église, et à l'Église romaine en particulier, jusqu'à notre dernier soupir. » Ces dernières phrases avaient déjà été lues dans les colonnes de l'*Univers religieux* le vendredi 2 mai 1834.

En effet, toutes ses relations avec M. de la Mennais furent rompues, il ne l'a pas vu depuis. On croit même qu'après une violente dispute il s'était déjà séparé de lui, à Rome.

A son retour à Paris il entreprit ses conférences du collège Stanislas qui lui attirèrent, de l'autorité mal informée, dit un auteur, une disgrace et presque un interdit.

Il a toujours affecté depuis de fuir M. de la

Mennais avec bruit ; poussant, nous assure-t-on, ce zèle nouveau jusqu'à proclamer que toujours il avait ressenti une certaine aversion pour son maître ; que celui-ci ne l'avait gagné qu'à force de sollicitations et après mille refus réitérés ; que c'était à peine s'il avait réussi à l'estimer ; qu'il n'avait partagé ses doctrines qu'en politique ; qu'il ne s'expliquerait jamais du reste par quelle sorte de fascination pernicieuse il avait vécu si longtemps dans l'erreur.

Ces paroles sont-elles tombées de sa bouche ? Rien de lui n'autorise à l'en croire capable, et cependant c'est un ecclésiastique bien digne de foi qui nous les rapporte et soutient les avoir entendues de ses oreilles. Quoi qu'il en soit, une grande faute a été commise par quelques disciples de M. de la Mennais, lorsque malheureusement il se sépara de l'Église et de lui-même. Élevés et presque nourris par lui, n'étant que par lui tout ce qu'ils pouvaient être, dépositaires de ses pensées les plus chères et les plus secrètes, complices de chacun de ses actes antérieurs, de ceux surtout que frappaient les foudres romaines, décorés de son amitié, d'une amitié douce et glorieuse après tout, s'il y avait un devoir sacré pour eux, c'était assurément celui de jeter leur douleur comme un voile sur une faiblesse immense comme le génie, l'investissant de leurs prières, ou du moins, si ces armes-là demeuraient impuissantes, se retirant avec une lugubre vénération dans le silence. Le rôle qu'ils ont joué ne leur allait pas et les rendait difformes : enfants ingrats et cruels qui briguaient brutalement l'avantage d'exécuter leur père ! Il est juste pourtant d'en excepter plusieurs, tels que MM. de Montalembert, Rohrbacher, de Salinis, de Scorbiac, Lejeune, curé de St-Marc à Orléans, Pélier de la Croix, Migne, etc., etc....

Leurs pamphlets du reste ne sont pas plus des chefs-d'œuvre de composition que des monuments de délicatesse. Dans ses *Considérations*, par exemple, M. Lacordaire me fait l'effet de ne savoir souvent lui-même s'il se comprend. Pour prouver que son adversaire se trompe, il développe, avec plus ou moins d'exactitude, l'affaire en litige, arrive à une conclusion différente de celle qu'il cherche, et finit par affirmer ce qu'il nie. Les *Considérations* peuvent passer pour une suite de mauvais plaidoyers à l'appui des idées philosophiques et autres de M. de la Mennais, et où les correctifs sont si maladroitement placés qu'ils font l'effet d'une grosse dérision. Voici, sur ce livre, le jugement d'un apologiste de la religion, M. Madrolle :

« Celui de ses anciens disciples qui semblait le mieux l'avoir abandonné, n'a pas craint de publier, dans le journal *l'Univers religieux*, sous le titre menteur de l'*État actuel de l'Église de France*, un long article où ne se trouve pas un mot qui ne décèle l'embarras, l'orgueil, l'ingratitude et même l'audace. » — C'est l'opinion de M. Madrolle.

Je doute d'ailleurs qu'en une matière quelconque, M. Lacordaire fasse jamais bien un grand ouvrage. Son genre est excellemment la soudaineté ; il a de l'illumination, des aperçus brillants, des échappées saisissantes ; il a beaucoup d'esprit ; mais mon avis est qu'il manque vite d'haleine quand il est à la poursuite des idées ; il n'en a pas amassé une somme suffisante pour traverser sans crainte une longue étendue. Le peu qu'il a, il le délaye et l'épuise en combinaisons intarissables de mots souvent magnifiques, souvent étranges. Un livre de M. Lacordaire n'est pas possible ; il n'a fait un livre ni en publiant sa *Lettre sur le Saint-Siège*, ni en écrivant le *Mémoire pour le rétablissement des frères prêcheurs*. Nous examinerons bientôt la *Vie de saint Dominique*; mais hâtons-nous d'abord d'assister aux conférences de Notre-Dame, et voyons s'il faut en croire la voix publique, cette grande menteuse qui s'acharne à proclamer que M. Lacordaire est le premier prédicateur du siècle, et qui cette fois a raison peut-être.

Pour tenir compte au jeune ultramontain de sa conversion bruyante, et, quoi qu'il en semble, bien sincère, M. de Quélen lui proposa, certains disent lui accorda, de prêcher une station quadragésimale devant le premier auditoire de Paris. La jeunesse des écoles ne fut pas seule curieuse de voir et d'entendre celui dont on lui avait dit tant d'étranges choses, et qui, après l'avoir électrisée plus d'une fois par ses tirades démocratiques, était rentré dans l'obéissance passive comme un petit enfant. Toutes les illustrations de la France se donnaient rendez-vous autour de sa chaire : M. de Châteaubriand s'y trouvait ponctuellement avec M. Pozzo di Borgo ; M. de la Martine et M. Arago n'y manquaient pas une seule fois ; M. Ballanche et M. de Cormenin ; M. Cahen, le savant israélite et M. Cuvier de l'église réformée, figuraient parmi les plus attentifs et les plus assidus. Il y avait là une bonne partie de ces mêmes Pairs qui avaient jugé et condamné l'orateur de l'*Ecole libre*, le 23 septembre 1831.

Mais à ce propos qu'on me permette de m'interrompre pour dire quelques mots de al'ifaire.

Effrayés des ravages qui désolent la jeunesse actuelle et par conséquent les populations sous le régime universitaire, régime profondément immoral, disaient-ils, et athée; ennuyés et fatigués de voir que toutes leurs réclamations, si motivées qu'elles fussent, restaient sans réponse, ou n'obtenaient qu'un brutal mépris, les rédacteurs de *l'Avenir* fondèrent dans la rue Jacob une école, et la confièrent aux soins et au zèle de MM. Lacordaire, de Montalembert, et de Coux. Là étaient admis sans aucune rétribution, riches ou pauvres, tous les enfants ; et les maîtres, guidés par la seule ambition du bien, leur distribuaient l'instruction profane ou sacrée, sans jamais perdre de vue le principe catholique, en y ramenant même toutes choses sans efforts ; leur méthode était admirable comme leurs intentions; elle portait déjà d'heureux fruits, et ils s'en réjouissaient dans la sincérité de leur cœur, lorsque les gens du roi survinrent et les chassèrent de chez eux, au nom de la loi, avec leurs élèves. La Cour des Pairs fut saisie de l'affaire, parce que M. de Montalembert, l'un des inculpés, était un de ses membres; elle décréta pour les autres qu'il n'y avait lieu à disjonction, et le jour du jugement fut fixé ; M. Persil se chargea du réquisitoire.

Il faut dire vite, car le temps presse, que les discours de MM. de Coux et de Montalembert produisirent une grande impression sur l'assemblée, l'un par la profondeur et la haute rectitude de sa logique, l'autre par ce ravissant caractère de franchise, de foi et de sensibilité qui distingue toutes ses productions, et se révélait déjà puissamment à son début. Mais les honneurs de la journée furent pour leur confrère : il fut tour à tour avocat et tribun, dialecticien subtil et terrible, cruel accusateur et cruel suppliant ; il cloua sur son banc ce pauvre M. Persil qui souriait éperduement à défaut de mieux. « Je regarde et je m'étonne, disait-il ; je m'étonne de me voir au banc des prévenus, tandis que M. le procureur-général est au banc du ministère public. Je m'étonne que M. l'avocat-général ait osé se porter mon accusateur, lui qui est coupable du même délit que moi, et qui l'a commis dans l'enceinte où il m'accuse, devant vous, il y a si peu de temps. Car de quoi m'accuse-t-il ? d'avoir usé d'un droit écrit dans la charte et non encore réglé par une loi. Et lui vous demandait naguère la tête de quatre ministres en vertu d'un droit écrit dans la charte et non encore réglé par une loi! s'il a pu le faire, j'ai pu le faire aussi, avec la différence qu'il demandait du sang et que je voulais donner une instruction gratuite aux enfants du peuple. Tous deux nous avons agi au nom de l'article 69 de la Charte. Si M. le procureur général est coupable, comment m'accuse-t-il? et s'il est innocent, comment m'accuse-t-il encore? »

Il discute les décrets constitutifs de l'université, appelle la loi de 1806 et celle de 1811 *non pas même un glaive sanglant, mais le fer ignoble avec lequel on a cloué sa porte.*

Or, une telle défense avec de tels juges devait se terminer par une condamnation; la Cour Royale de Paris dans cette même cause avait condamné les trois prévenus par défaut au *minimum* de la peine; la sentence fut ici la même: deux cents francs et les frais, point de prison; M. Lacordaire resta comme il était, *jeté hors de son domicile, où les scellés l'empêchèrent* pour toujours *de rentrer.*

Il n'en fut point ainsi à Notre-Dame. Les commissaires de police, s'il y en a qui soient catholiques, n'y ont mis personne à la porte; on l'a bien vu de reste, tant la nef était pleine, et l'orateur libre et fort dans sa chaire. Alors il prit magnifiquement sa revanche, et M. Persil était là, sans requérir !

Certes, les motifs n'eussent pas manqué plus qu'autrefois à l'accusation : il y avait enseignement, il y avait véritablement école. Jamais en pareil lieu le nom de la liberté ne fut si souvent et si amoureusement prononcé, avec celui du peuple souffrant et digne d'être heureux, humilié, accusé, et cependant dépositaire primitif de la souveraineté, plus grand dans ses instincts, ses élans, sa destinée, son histoire et ses excès même, que l'aristocratie barbare et fainéante qui le dédaigne. Lorsqu'il prenait le gouvernement en flagrant délit d'inconséquence, de mensonge ou de faiblesse, ou encore de crime contre les institutions catholiques, unique source et condition de son existence révolutionnaire, l'orateur ne s'abstenait pas ; son indignation débordait. J'ai vu M. de Quélen s'agiter, sur son siège, et je sais bien ce qui se passait dans l'âme de cet inflexible légitimiste qui était un si prudent archevêque.

Dois-je établir un parallèle, comme je l'ai annoncé, entre M. Lacordaire et M. Frayssinous ? l'un et l'autre selon la nature de leur talent et celle de leur époque, ont eu un succès incomparable, sous le rapport de ce qu'on appelle la vogue. La grande question serait de savoir lequel des deux a conquis le plus grand nombre d'âmes à Dieu ; nul n'y répondra maintenant. M. Frayssinous me semble plus académique et plus insinuant, M. Lacordaire plus vigoureux et plus original. En lisant aujourd'hui les discours du premier, on le trouvera verbeux et trop uniformes, mais limpides et merveilleusement coordonnés ; le second, qui n'a pas écrit les siens, en a laissé une autre idée : il va plus directement au fait ; il est plus varié, plus inspiré, plus serré dans ses raisonnements, plus rigoureux dans ses conséquences, moins causeur et plus orateur, ou moins orateur et plus ce qu'il s'agissait d'être. L'un était l'homme d'une cour ennuyée ou d'une société lasse d'avoir fait de la logique et de la concision jusqu'au sang ; il l'a calmée et endormie peut-être aux sons harmonieux de ses phrases. L'autre est l'homme du peuple, qui soulève les masses, provoque l'action, réveille et irrite les énergies chancelantes, et jette la vérité toute nue sur la place, la donnant telle qu'elle est et pour ce qu'elle est, sans jeux de mots, sans soucis d'atticisme, sans artifices. Isocrate était le Frayssinous des Grecs ; Eschyne, si j'en crois les traditions, avait un peu la physionomie de M. Lacordaire. J'aime Isocrate, mais j'aime Eschyne.

L'avantage de l'extérieur est immense ; or, dans un genre différent, celui-ci l'avait, celui-là le possède aussi. J'ai tracé ailleurs le portrait de M. l'évêque d'Hermopolis ; M. Lacordaire est d'une taille peu élevée, son visage maigre et légèrement coloré s'empreint, lorsqu'il n'agit pas, d'une expression de souffrance, et accuse un tempérament débile; ses yeux sont fort ouverts et d'un noir brillant; sa chevelure peu épaise et sans apprêt. Quand on voit poindre dans la chaire cette chétive personne, et qu'à l'exorde sa voix hésitante et voilée parvient à peine aux auditeurs les plus voisins, on tremble à la pensée qu'il s'épuisera vite et ne terminera même pas. Mais peu à peu la vie surabonde à la surface, sa voix s'anime et s'élargit avec les mouvements et le regard ; une miraculeuse transformation s'opère, et on n'entend plus un souffle dans toute la basilique, et parfois aussi l'enthousiasme éclate, et des applaudissements se font entendre comprimés bientôt par le respect et l'épouvante.

J'ai sous les yeux deux ouvrages de M. Madrolle où M. Lacordaire est fort maltraité. Après ce que j'en ai dit moi-même, je cite, sans commentaire, la critique.

« Si l'abbé Lacordaire a le faible mérite d'une imagination préoccupée de la langue nouvelle et d'une habitude de mémoire et de *causerie*, qui se fait écouter par un auditoire prévenu, il manque tout-à-fait et de cette théologie qui emporte la sécurité, et de cette unité de vie et d'expérience qui écarte le soupçon de tant de convictions, et de cette logique naturelle qui supplée à tout le reste, et même de ce goût et de cet organe extérieurs sans lesquels on ne conçoit même pas l'éloquence proprement dite. Il sait plus de littérature que d'histoire, plus d'histoire que de philosophie, plus de philosophie et même de politique que de théologie, et cela parce qu'il eut toujours plus d'imagination que de jugement, plus de préoccupation du monde que d'esprit du sanctuaire. »

M. Madrolle relève ensuite les néologies et les expressions triviales qu'il paraît avoir trouvées dans ces Conférences, à la suite desquelles M. de Quélen fit pourtant M. Lacordaire chanoine, et l'appela un *prophète d'un ordre nouveau* (textuel), parole qui, suivant le même, contrista profondément M. Auger, l'un des grands-vicaires, à ce point qu'il en versa des larmes.

Il est bien à croire du reste que l'opinion de M. Madrolle n'était pas celle de toutes les autorités ecclésiastiques, car M. Lacordaire fut nommé pour faire la station plusieurs années de suite, et ne cessa qu'à l'époque de son voyage à Rome.

Ce voyage et la détermination extrême qu'il prit bientôt, furent diversement interprétés. Je n'affirmerais pas ce qu'on avance sur ce point, mais je le rapporte.

M. de Quélen, d'un côté, n'aurait complimenté M. Lacordaire que pour le gagner tout-à-fait à sa cause et l'éloigner à jamais de M. de la Mennais. Il aurait eu aussi pour but de ménager par avance ses susceptibilités d'amour-propre, bien déterminé qu'il était à lui fermer la chaire, jusqu'à ce qu'il eût étudié plus de théologie. D'impérieuses circonstances l'auraient ensuite gêné dans ses plans, et forcé même à céder encore pour l'année suivante à de très humbles sollicitations. Enfin la désapprobation serait devenue générale et si forte que, pour le coup, M. de Quélen aurait engagé M. Lacordaire à cesser toute prédication, ce qui, d'autre part, aurait indisposé violemment ce dernier, et décidé son entrée en religion.

Trois mois après les conférences du collège Stanislas, on lui proposa, dit un écrivain, de donner à Notre-Dame d'autres conférences, mais à des conditions... M. Lacordaire baissa la tête et accepta. Il livra son plan et ses cadres. M. Affre fut chargé par l'archevêque et son conseil de les examiner, et d'en faire un rapport. Il fallut ce patronage pour que M. Lacordaire pût prêcher. L'année suivante, l'envie avait résolu sa perte et lui avait *décoché un dard empoisonné :* la calomnie. Mais il a heureusement esquivé le coup. — Je m'arrête.

Avant de clore sa dernière Station, M. Lacordaire s'exprima ainsi :

« Je laisse entre les mains de mon évêque la
« chaire de Notre-Dame fondée par lui, par vous,
« par le peuple. Un instant, cette double auréole
« brilla sur mon front, permettez que je l'écarte,
« et que je reste seul devant ma faiblesse et devant
« Dieu. »

M. de Quélen y répondit par les gracieuses paroles que j'ai déjà indiquées, et il ajouta :

« Il va bientôt nous quitter, ce cher prédica-
« teur, *malgré nos vives et réitérées instances.* Il

« va dans la ville éternelle porter jusque sur le
« tombeau des saints apôtres, le témoignage de sa
« foi forte et fidèle. Il nous reviendra, nous l'espé-
« rons, plus parfait encore, etc. etc. »

Il partit en effet le 7 mars 1839, avec deux compagnons, M. Boutod, ecclésiastique de Paris, et M. Hippolyte Réquéda, jeune républicain, saint-simonien, commis-marchand et récemment converti au catholicisme. Les voyageurs, après avoir vu Turin et Milan, et reçu de tous les couvents d'Italie une hospitalité fraternelle, arrivèrent à Rome le 25 mars; ils descendirent à la Minerve, siège principal de l'ordre des Dominicains, où ils restèrent quelque temps, et se disposèrent à faire leur noviciat. Le souverain pontife les accueillit en audience particulière et avec une grande bonté; et quand le général des Dominicains lui parla de leur projet, Sa Sainteté répondit : « Qu'ils marchent en avant, c'est un brave et noble projet. » Après une année, M. Lacordaire et M. Réquéda prononcèrent leurs vœux en avril, le jour des Rameaux; M. Boutod n'osa pas en faire autant, il se retira.

Or voici comment se fit cette cérémonie. Le novice avant de prendre l'habit est affilié à un couvent qui le reconnaît comme son enfant et s'engage à le recevoir quand il sera vieux ou s'il devient infirme, et à lui procurer toutes les choses nécessaires de la vie. C'est au couvent de la Minerve que les trois français furent reçus, le 3 avril, non au scrutin secret, comme c'est l'habitude, mais *à la française;* la prise d'habit eut lieu le 9 avril; on rasa la tête des nouveaux frères, mais en leur laissant une large couronne de cheveux. Le général descendit ensuite à l'église, les reçut sur les marches de l'autel, et leur demanda ce qu'ils désiraient : la miséricorde de Dieu et la vôtre, répondirent-ils. Alors ils se remirent à genoux devant le général; on mit sur leurs habits ordinaires l'habit blanc et noir de Saint-Dominique, au son des orgues et en chantant le *Veni Creator;* puis le général donna à M. Lacordaire le nom de *père Dominique*, à M. *Boutod* celui de *P. Vincent*, et à M. Réquéda celui de *P. Pierre*.

Le lendemain 10, les novices partirent pour Viterbe et se renfermèrent dans le couvent de Quercia, pour y vaquer aux exercices de l'Ordre et méditer la doctrine de S. Thomas.

Mais bientôt M. Réquéda, miné par la fièvre, mourut, le 2 septembre 1840, et M. Lacordaire resta seul; il l'est encore provisoirement, car nous ne pouvons compter comme frères prêcheurs les sept élèves qui vivent avec lui : M. Piètre ; un polonais qui s'est fait prêtre à Rome ; MM. Piel architecte, Herchin israélite converti, sorti professeur de philosophie à l'école normale ; Besson, jeune peintre distingué, etc., etc... Dieu qui fait d'un germe imperceptible le vaste chêne qui abrite sous son feuillage les oiseaux du ciel, peut aussi de cette poignée d'hommes susciter, s'il le veut, assez de frères prêcheurs pour couvrir tous les pays de la terre.

Depuis quelque temps M. Lacordaire en passant par la Minerve avait été se fixer à Sainte-Sabine sur le Mont Aventin. Il arrive en ce moment à Paris ; j'annonce avec bonheur qu'il doit prêcher à Notre-Dame dans les premiers jours de février, avec son froc de capucin, et sans doute aussi avec son talent. Jusques-là, je lirai pour la seconde fois son Histoire de S. Dominique, et en rendant grâce à Madame Swetchine pour la scrupuleuse attention qu'elle a mise à corriger les épreuves de cet ouvrage, je répéterai probablement ce que j'ai dit plus haut, à savoir que M. Lacordaire peut être un orateur fort admirable avec sa verve et sa riche imagination, qu'il peut faire prodigieusement bien des choses, mais qu'il ne peut pas faire ce qui s'appelle un livre, ou que du moins il ne l'a pas fait encore ; et j'adresserai mes vœux au Ciel pour que ses nouveaux projets de prédication soient bénis comme ils le méritent ; puis je terminerai en répondant par le fait suivant aux personnes qui se sont étonnées de le voir se constituer, pour ainsi dire, chef d'ordre de lui-même : A la mort de Pierre Lombard, le maître des Sentences, le chapitre à qui était attribuée, à cette époque, l'élection de l'évêque, ne pouvait s'accorder sur le choix ; toutes les voix se réunirent pour confier cet important mendat à Maurice de Sully, archidiacre de Paris, ex-mendiant aux environs d'Orléans ; la chose fut bientôt faite : « Je ne lis pas dans la conscience des autres, dit il, mais dans la mienne. Ma conscience me dit que, si je prends le gouvernement de ce diocèse, je ne chercherai qu'à le bien régir avec la grâce du Seigneur ; si donc vous ne faites opposition, ajouta-t-il en montrant sa poitrine, je me nomme moi-même ; voici votre évêque. » La suite prouva que cette apparente présomption n'était que l'ingénuité d'une grande âme.

Biographie du clergé Contemporain.

M. DE QUÉLEN.

A. Appert éditeur, Passage du Caire 54.

M. DE QUÉLEN.

> Justum et tenacem propositi virum
> Non civium ardor prava jubentium,
> Non vultus instantis tyranni
> Mente quatit solida.
>
> — Horace.

« Tout cela est bien sur le papier, mais levons bien nos têtes. » Ainsi parlait M. de Quélen le [...] juillet 1830, lorsqu'il apprit par le Moniteur la publication des Ordonnances. [...]

[...] révolution commençait ; le [...]

[...] 28, une troupe [...]

[...]

A. Appert éditeur, Passage du Caire, 54

M. DE QUÉLEN.

> Justum et tenacem propositi virum
> Non civium ardor prava jubentium,
> Non vultus instantis tyranni
> Mente quatit solidâ.
>
> HORACE, Od.

« Tout cela est bien sur le papier, mais tenons bien nos têtes. » Ainsi parlait M. de Quélen le 26 juillet 1830, lorsqu'il apprit par le Moniteur la publication des Ordonnances.

Le 27, la révolution commençait; le 29, elle était accomplie; et en effet, M. de Quélen dut tenir bien sa tête.

Le 28, une troupe de bandits s'était présentée à la grande grille de l'archevêché, près du petit Pont-aux-Doubles, et avait demandé l'archevêque pour le pendre à l'une des tours de Notre-Dame. Il était à Conflans.

Le lendemain 29, la troupe accourt plus nombreuse et plus féroce. Elle veut qu'on lui livre l'archevêque avec cinq mille fusils et autant de jésuites cachés dans les caves. Épouvantable bouffonnerie ! scélératesse niaise !

Les portes sont enfoncées, les serrures brisées, les papiers déchirés et jetés au vent, l'argent est volé.

Je dis que l'argent fut volé; n'en déplaise aux amis du peuple et aux admirateurs de sa probité généreuse. S'il a porté 2,400 fr. à l'Hôtel-Dieu, c'est bien ; qu'on ait trouvé 3,000 fr. dans les décombres, je ne le nie pas; mais il faut aussi tenir compte du reste à la justice de Dieu qui est, et à celle des hommes qui pourrait être. Comment ont disparu 200,000 fr. destinés à l'établissement des prêtres de Saint-Hyacinthe; 100,000 fr. provenant d'un legs de madame la présidente Hocquart ; tous les fonds de la caisse diocésaine, du secrétariat et des deux séminaires; le produit des quêtes faites pour le paiement de la châsse de saint Vincent-de-Paul; un grand nombre de dépôts particuliers; et des sommes plus élevées encore? évidemment, je le répète, l'argent fut volé.

Il ne resta de l'archevêché que les murailles et les toits. Ni les saintes reliques, ni les objets d'art, ni les bibliothèques, rien n'échappa aux mains des démolisseurs. Dix mille volumes furent anéantis. Le nombre des blessés s'éleva en un seul jour à plus de cinq cents; mais aucun jésuite ne sortit des caves; hormis quelques coups de feu tirés par les fenêtres pour donner le change aux badauds, on ne vit pas l'ombre d'un fusil; M. de Quélen lui-même n'était pas là : il se trouvait encore à Conflans.

De là un désappointement nouveau, et ces cris furieux : à Conflans! mort à l'archevêque! à bas les traîtres! Le peuple donc se portait sur Conflans. M. le docteur Caillard, ami intime de M. de Quélen, partit en hâte et prit les devants pour le prévenir. Il était temps. M. de Quélen se déguisa; on le fit monter dans une calèche de voyage, et il rentra dans Paris par la barrière de la Gare. N'ayant pu descendre à l'archevêché, il se réfugia d'abord à la Salpêtrière; puis à la Pitié, chez M. Serres. Inutile d'ajouter que cette hospitalité fut digne et de celui qui la recevait et de celui qui la donnait. M. Lisfranc peut aussi revendiquer sa part dans l'honneur qui en revient à ses nobles confrères. Pour échapper aux recherches, M. de Quélen quitta la maison de M. Serres après trois jours, et fut merveilleusement accueilli par M. Geoffroy-Saint-Hilaire, professeur au Jardin des Plantes, chez lequel il resta près de trois semaines. Là M. Girod de l'Ain le découvrit ; et, grâce sans doute à la douce intervention d'une femme angélique, madame la duchesse d'Orléans, que M. Caillard n'avait pas inutilement invoquée, les jours de M. l'archevêque furent mis hors de danger.

Toutefois les excès, à un autre point de vue, ne diminuaient pas. La rage, pour agir dans l'ombre, n'en portait que des coups plus atroces. Point de calomnies si infâmes et si dégoûtantes qu'on ne les mit en œuvre. Les crieurs vendaient sur la voie publique, et jusqu'aux portes de l'archevêché, des pamphlets que je n'ose nommer; et dont il semble que le souvenir seul salirait la pensée si elle s'y arrêtait. C'est bien plus tard qu'on fit disparaître des étalages les infâmes caricatures qui, dans la personne du saint prélat et celle d'une princesse vénérable, la plus héroïque des femmes, outrageaient sacrilègement la morale et jusqu'aux sentiments les plus inviolables de la nature. (1)

Ainsi se passèrent pour M. de Quélen les sept premiers mois du gouvernement de juillet, sauf

(1) Voir en quels termes le *National* du 3 septembre 1830 a flétri ces honteuses publications.

certaines particularités sur lesquelles je reviendrai bientôt. Le drame du 14 février 1831 devait surpasser en atrocités celui que nous avons vu.

Le 14 février est, comme on sait, l'anniversaire d'un régicide. Des personnes pieuses prièrent M. le curé de Saint-Roch de tout disposer pour le service du duc de Berry. Par prudence, l'autorisation fut préalablement demandée à M. Barthe, ministre des Cultes, qui s'empressa de l'accorder, mais la retira bientôt par des motifs plausibles. La cérémonie n'eut donc pas lieu à Saint Roch.

Mais le contr'ordre ministériel n'avait pu être notifié que le 13 au soir et au moyen d'affiches placées dans cette église ; c'est pourquoi les fidèles des autres paroisses n'en eurent avis que trop tard ; et ceux surtout de Saint-Germain-l'Auxerrois engagèrent leur cher curé à suivre l'exemple de Saint-Roch. M. Magnien trompé, lui aussi, par ce qu'il savait de la permission de M. Barthe, n'y vit pas d'inconvénient, et on fit un service de troisième classe en présence des agents de police, et non, tout porte du moins à le croire, à l'insçu du ministre compétent. L'office se termina comme il fut célébré, sans aucun bruit, sans le moindre signe de trouble. Les assistants se retiraient, M. le curé sortait de la sacristie, lorsqu'un élève de Saint-Cyr attacha au drap mortuaire une lithographie représentant M. le duc de Bordeaux. La foule s'arrête; tout-à coup M. Magnien frappé comme par la foudre, se précipite, lève le bras, non pour bénir mais pour saisir le portrait, l'arrache, et l'emporte. Le mal était fait. Des rassemblements se forment sur la place, il y circule de grandes rumeurs aussi étranges que ridicules; la foule se grossit; l'irritation monte; on se heurte; on pousse des cris de mort; on brise à coups de pierres les fenêtres du presbytère; surviennent MM. Baude, nouveau préfet de police, à qui on demande la démolition de l'église; et Cadet Gassicourt, maire de l'arrondissement, qui fait abattre la croix de pierre de la façade principale; les gardes nationaux se croisent les bras; M. Magnien est jeté au dépôt de la conciergerie, où il reste dix-neuf jours.

Tel fut le prélude. Vers sept heures, un individu de haute taille, l'un des principaux agitateurs, pousse un cri: *à l'archevêché!* on se dirige vers l'archevêché; les scènes du 28 juillet recommencent. On brise les vitres, on brûle la bibliothèque, on disperse les papiers, on livre tout au pillage, on vole encore 542 francs, unique somme qu'on ait trouvée; on se retire, par cette seule raison qu'il est nuit, et le lendemain, dès six heures et demie du matin, commence la dévastation de Saint-Germain l'Auxerrois, cette vieille et admirable église, l'un des chefs-d'œuvre de l'architecture catholique qui, ainsi que s'exprime Ferdinand-Thomas, est la *seule et la toute*. Je citerais, si l'espace m'en était donné, les éloquentes pages, pleines de douleur et d'indignation, qu'inspira ce forfait à M. Montalembert. Je renvoie le lecteur à l'*Avenir* du 17 février 1831 où parut cet article. L'analyser serait l'affaiblir; et quant aux faits, je ne pourrais que rappeler ici ce que j'ai dit des premiers ravages de l'archevêché, ou ce que je vais dire de sa destruction totale. Comme les vertus, les crimes ont un air de famille qui fait qu'en avoir peint un seul c'est presque avoir tracé l'histoire et la physionomie de tous les autres. On verra, pour peu qu'on y prenne garde, qu'il y a là aussi, et dans tous les cas, plus d'imitation que d'invention, et qu'indépendamment des caractères d'imbécillité féroce qui toujours se trahissent dans chaque détail d'un fait immoral, son principe, sa fin, son ensemble, son existence tout entière, impliquent essentiellement et uniformément, quant à l'idée et quant à l'exécution, les instincts inférieurs, l'impuissance et la nullité. En ce sens, les scélérats sont tous, qu'on me passe l'expression, des bêtes effroyables, et l'histoire de tous n'est que l'histoire d'un seul. *Qui recedit à sapientiâ,* dit St-Ambroise, *hebetatur ; qui recedit à virtute dissolvitur.*

A neuf heures et demie, Saint-Germain-l'Auxerrois n'était plus qu'une ruine. A la même heure l'archevêché, ce vieil et imposant édifice, bâti par le grand Maurice de Sully, et consacré par la vénération de nos pères comme par la sanction des siècles et sa pieuse destination, l'archevêché, cette propriété des catholiques, était détruit de fond en comble, et nous en attendons encore la restitution. Qu'on me pardonne de copier ici M. de Schonen, sans répondre de son bon sens et de sa dignité : « Figurez-vous, dit-il, une fourmi-
« lière d'hommes de tout âge, d'enfants même
« et de femmes..... dès la veille on avait amon-
« celé dans les cheminées des montagnes de
« papiers pour mettre le feu aux bâtiments ;......
« j'envoyais de quart d'heure en quart d'heure
« chercher du renfort qui n'arrivait pas. Pendant
« ce temps-là, les planchers, les plafonds, les
« rampes d'escalier cédaient ; les gros murs étaient

« attaqués, les toits le furent bientôt après. Nous
« employions la voie de la persuasion, nous réussis-
« sions ; mais une autre nuée arrivait par une autre
« entrée, ou les mêmes, après être redescendus,
« remontaient, et c'était l'inverse du tonneau des
« Danaïdes. Le travail paraissait distribué par
« ateliers ; on eût dit des ouvriers payés à la tâche;
« et certes, jamais salarié n'a fait si vite et tant
« en si peu de temps. »

Durant que la Seine charriait sur toute sa surface tous ces débris nouvellement restaurés, les papiers, les meubles et les bibliothèques de l'archevêché, où se trouvait une précieuse collection de manuscrits faite à grands frais par M. l'abbé Trévaux, après un incendie de cinq heures, le peuple se dirigea sur Conflans, et se remit à l'œuvre. Le pillage dura trois jours, c'est-à-dire jusqu'au 17 février.

Or quelqu'un fut puni de tous ces crimes, et ce fut M. de Quélen. Le mardi 15, à trois heures et demie, un Commissaire de Police se présenta au couvent des dames de Saint-Michel, rue Saint-Jacques, pour s'emparer de sa personne. S'il eût été là, c'en était fait de lui, on le massacrait dans la rue. Le Commissaire revint trois fois, l'attendit depuis neuf heures jusqu'à minuit, et se retira sans avoir rempli sa mission, mais non sans avoir vomi d'ignobles propos comme en savent ces gens-là.

C'est alors que des interpellations furent adressées à M. Barthe par M. le Vicomte de Quélen, frère de l'archevêque et député des Côtes-du-Nord ; puis à M. Baude par M. Desjardins vicaire général, et M. Mathieu son collègue. Le dernier répondit : c'est moi qui suis coupable, j'ai déjà fait retirer le mandat d'amener ; et il attesta par un acte public que *depuis plus de trois ans M. l'archevêque était demeuré complétement étranger à toute combinaison politique et s'était* EXCLUSIVEMENT RENFERMÉ DANS LES DEVOIRS ET LES VERTUS DE SON ÉTAT. M. Barthe fit en d'autres termes la même déclaration. Toutefois l'archevêque ne rentra plus dans son Palais, que depuis on a effacé totalement du sol pour y substituer une promenade fermée par des barreaux de fer et d'un aspect si fatal que nul encore n'a osé y poser le pied.

Je me demande maintenant quelle a été la cause de tous ces martyres. Je regarde les sages qui s'inclinent devant la justice de Dieu, et n'ont à me donner que des larmes. Sondant la profondeur des maladies populaires, je me suis dit : Y trouverai-je

l'excuse dans la faiblesse, et l'ignorance a-t-elle cédé à d'insaisissables perfidies ? Voici les mots que j'ai entendus : « Après la conquête d'Alger, M. de Quélen, pour exalter le roi et ses armées, fit un mandement, sublime d'éloquence et d'onction, de style et de pensée, comme tous ceux qu'il a écrits, mais qui finissait ainsi : « Trois semaines ont suffi
« pour réduire à la faiblesse d'un enfant, ce Mu-
« sulman naguère si superbe : *ainsi soient traités,*
« *partout et toujours, les ennemis de notre sei-*
« *gneur et roi : ainsi soient confondus tous ceux*
« *qui osent se soulever contre lui* : Fiant sicut puer,
« inimici domini mei regis, et universi qui con-
« surgent adversùs eum in malum. » Et encore :
« Puissiez-vous, Sire, venir bientôt remercier le
« Seigneur d'autres merveilles non moins douces
« et non moins éclatantes. »

Quand les ordonnances parurent, ces paroles furent expliquées et commentées. Par la première phrase, il avait provoqué des mesures extrêmes contre les libéraux, qui s'appellent en latin : *inimici domini mei regis*; et par la seconde, annoncé qu'un coup d'état réussirait infailliblement, et sauverait *la bannière des lis, inséparable de la croix,* aux dépens de la Charte. Il n'en fallut pas davantage. Les grands meneurs s'en prévalurent et envenimèrent facilement l'interprétation, poussant jusqu'à des proportions incroyables ses conséquences, et amenant les résultats que je viens de signaler. On se garda bien de remarquer que M. de Quélen, depuis quelque temps, avait encouru, de la part de Charles X, une espèce de disgrâce, pour son opposition légale et courageuse en des circonstances délicates; on voulut oublier les motifs qui l'avaient déterminé à ne point entrer dans le ministère Polignac; on trouvait commode et magnifique de ne pas croire qu'il était resté complètement étranger, soit à la sanction des ordonnances, soit à la pensée qui les mit au jour; et on éloigna le plus adroitement possible toute échéance de comparaison entre les événements actuels et l'ovation vraiment effrénée dont il avait été l'objet, lorsqu'il prononça son fameux discours à la Chambre des Pairs sur la réduction de la rente publique, et demanda pour les pauvres de son diocèse une exception à cette funeste loi. Certes, on évita de jeter un regard en arrière sur une existence toute pleine de douceur et de charité; le peuple, si enfin le nom de peuple convient à ce ramas d'êtres dépravés, sanguinaires et stupides qui s'en décore, le peuple ne devinait pas les trésors que recélait le cœur de son archevêque, et qui devait un jour s'épandre sur ses bourreaux eux-mêmes avec plus de profusion que jamais. *Mens quam semel afficit, sui juris esse non sinit caritas.*

N'anticipons point ; et pour mieux juger M. de Quélen et ceux qui l'ont haï, suivons-le simplement dans le cours de sa belle carrière, non pour le justifier, il n'a pas besoin de justification, mais pour ouvrir quelques paupières difficiles à dessiller, et édifier par un spectacle admirable les âmes touchées de l'amour de Dieu et du bien. Ce serait ternir la vertu, dit J. J. Rousseau dans les *Lettres de la Montagne*, que de montrer qu'elle n'est pas un crime.

Hyacinthe Louis de Quélen naquit à Paris le 8 octobre 1778, de Jean Claude Louis de Quélen et d'Antoinette Marie Hocquart. Son père, qui était chevalier, comte et seigneur de la Ville-Chevalier, Quistillic et autres lieux, décoré de presque tous les ordres royaux et militaires, après avoir passé par les différents grades de l'armée de mer, avait été nommé capitaine de vaisseau le 27 novembre 1765, et chef d'escadre le 1er avril 1785. Blessé

3

d'un éclat de bombe au siége de Louisbourg, il fut fait prisonnier par les Anglais, et mourut en novembre 1802. Sa mère était la fille de Louis Jacques Hocquart, chevalier, seigneur de Cœuilly et autres lieux ; elle est morte la même année. L'un et l'autre donc étaient, comme on voit, gens de haute qualité, pouvant remonter à travers bien des gloires et fort loin l'échelle de leur ascendance, depuis la Dame de Quélen, prieure de Notre-Dame de la Blanche, au temps du cardinal de Retz, jusqu'à Paganus de Quélen, secrétaire de Charles de Blois, et Yvon de Quélen, qui vivait en 1132.

Dès son âge le plus tendre, Hyacinthe parut n'attacher à son nom d'autre importance que celle du vieil adage : *Noblesse oblige*. La distinction de ses manières et toute la dignité de sa personne formaient déjà comme un entourage précieux à ses qualités d'un ordre supérieur, et en soutenaient l'éclat naissant. Il eut pour premier maître sa bonne et pieuse mère : Dieu lui ménagea cette grâce ineffable, qu'il a refusée à d'autres. Il passa ensuite sous la direction d'un précepteur avec ses frères aînés, et bientôt manifesta son goût pour l'état ecclésiastique. Eminemment breton par la foi, le courage et l'opiniâtreté, s'il annonçait pour la suite une âme magnifique et un caractère large et vigoureux ; d'autre part, sa piété douce et tendre comme la modestie, ne pouvait manquer de calmer et de sanctifier des exagérations possibles, et de jeter au besoin son onction salutaire sur des plaies involontairement faites. Sa famille connaissait en lui cette double vertu qui, par l'application, devient de l'héroïsme; elle ne gêna en aucune manière sa vocation, et la favorisa même malgré les préjugés du temps. Il fut placé au collége de Navarre, et tonsuré le 14 février, jour terrible, en 1792. Il avait alors onze ans et quatre mois, et la Convention nationale avait décrété, le 2 novembre précédent, la vente des biens du clergé qui était menacé d'exil et de mort.

Le jeune Hyacinthe resta peu de temps au collége; il en fut chassé par la Terreur, rentra dans sa famille, et y continua ses études sous la direction de M. de Grandchamp, vicaire-général de Tulle, et de M. de Sambucy, aujourd'hui chanoine de Notre-Dame, qui fut jusqu'à sa mort son intime ami ; puis il fut jugé digne d'être admis parmi les élèves de M. Émery, dans ses maisons de la rue Notre-Dame-des-Champs et de celle du Pot-de-Fer.

Connaître M. de Quélen, c'était l'aimer. A peine fut-il sous la direction de M. Emery que celui-ci se sentit porté vers lui par une inclination sainte. Doué de ce coup d'œil et de cette pénétration qui faisaient l'étonnement de l'Empereur lui-même, il comprit bien vite quel service ce serait rendre à l'Église que de cultiver pour elle une intelligence aussi précieuse, un cœur si admirable; il lui donna donc des soins tout particuliers, et les effets dépassèrent ses espérances. M. de Quélen avait repris, sous M. Emery, son cours de théologie qu'il avait commencé avec l'assistance de MM. de Grandchamp et de Sambucy; quand il l'eut terminé, il reçut successivement les ordres mineurs, le sous-diaconat et le diaconat, et il fut ordonné à Saint-Brieuc en 1807, il avait vingt-neuf ans, et s'était retiré en Bretagne avec sa famille pour étudier, dans le silence, les hautes questions de la théologie; mais M. Cafarelli, alors évêque de Saint-Brieuc, l'appela presque aussitôt à lui et le nomma son grand-vicaire.

L'année suivante, lorsque le cardinal Fesch alla présider le collége électoral de Rennes, M. Emery, qui était son confesseur depuis 1802, lui conseilla de s'attacher l'abbé de Quélen, et le signala comme une des plus belles espérances du clergé de l'époque. M. Cafarelli, malgré la peine profonde que lui causa cette séparation, autorisa son grand-vicaire à suivre l'oncle de l'Empereur. M. de Quélen revint donc à Paris et se fit remarquer de celui-ci par ses lumières et la sagesse de sa conduite dans plusieurs affaires délicates, à ce point qu'il le chargea de composer sa maison et la grande aumônerie, c'est-à-dire de lui indiquer ceux qui étaient dignes d'y entrer; il fut chargé encore de désigner les familles qui avaient le plus souffert des excès révolutionnaires et dont Napoléon voulait, autant que possible, réparer les pertes et les malheurs par des indemnités et des graces. Un ambitieux, dans cette position magnifique, n'eût-il pas amplement profité pour lui et les siens de son pouvoir, d'autant qu'il avait ses titres comme beaucoup d'autres? M. de Quélen n'a pas fait un pas dans les honneurs, en cette circonstance; un autre que lui obtint la nomination de son frère Auguste comme écuyer de Madame-Mère, et pas un denier ne fut ajouté aux débris de sa fortune.

Horace a parlé de l'homme juste et ferme que le monde en s'écroulant pourrait frapper mais, non fléchir dans sa probité, et il ajoute : « Ni les fureurs du peuple et ses exigences sacrilèges, ni le visage menaçant d'un despote, rien ne jette son âme hors des voies qu'elle veut suivre. » Horace a fait ici un portrait de M. de Quélen d'une ressemblance prodigieuse. Lorsque Pie VII se trouvait à Fontainebleau, Bonaparte mit tout en œuvre pour arracher de lui des concessions impossibles. Les prières furent employées ; il eut recours aux menaces, certains disent même à d'infâmes violences, mais inutilement. L'irritation du maître était à son comble. Il se souvient alors de M. de Quélen qu'il avait déjà distingué depuis longtemps ; il l'appelle, et après mille digressions et mille détours, attaque la question palpitante, se plaint amèrement du Pape, vante la forme religieuse et politique des gouvernements mixtes que se sont faits l'Angleterre et la Russie, et lui annonce que son intention est de rompre, lui aussi, avec le catholicisme et de fonder une église nationale. M. de Quélen veut répondre, il l'interrompt. — Moi le premier, vous le second, dit il, voyez, réfléchissez ; mais pas un mot à qui que ce soit ; je vous attends dans deux jours. — M. de Quélen se retire sans avoir pu obtenir de parler. Il revient deux jours après et déclare à Napoléon que le schisme projeté serait non-seulement un crime, mais une honte ; il épuise tous les moyens de persuasion que lui suggère son cœur et sa raison profonde, et ajoute : « Quant à moi, je ferai tout ce qui dépendra de moi pour l'empêcher. » Bonaparte n'était pas habitué à la résistance ; celle-ci lui causa un nouvel accès de colère ; il frappa la terre du pied, jeta sur son interlocuteur un de ces regards qui foudroyaient, et l'éconduisit brutalement. La France dut peut-être à M. de Quélen d'avoir conservé son rang parmi les nations catholiques.

Cette première mesure restant inutile, Bonaparte en imagina une autre, ce fut de convoquer un concile. Une lettre du 25 avril 1811 informa les évêques de France et d'Italie qu'il s'ouvrirait à Paris, le 9 juin suivant, sous la présidence du cardinal Fesch. La première séance n'eut lieu que le 17 à Notre-Dame, et il s'y trouva 6 cardinaux, 9 archevêques et 89 évêques, dont l'avis fut d'abord de soumettre au Pape la question de compétence quant aux moyens qu'allait prendre l'assemblée de suppléer aux bulles pontificales, et le décret qui donnait aux métropolitains le droit de conférer l'institution canonique, en cas de refus du Pape. Bonaparte, on le pense bien, ne partagea point cet avis; le 10 juillet il prononça la dissolution du concile, et jeta dans le donjon de Vincennes ses principaux membres. J'aurais honte de dire par quelle sorte de guet-à-pens il réussit plus tard, le 5 août, et cela au reste m'éloignerait trop de mon sujet. Le cardinal Fesch, pour avoir fait son devoir, tomba en disgrace; sa nomination à l'archevêché de Paris, signée dix-huit mois auparavant, fut révoquée, et il reçut ses titres pour le diocèse de Lyon avec l'ordre d'y rester en exil. M. de Quélen l'y suivit; et malgré ses instances réitérées et l'offre que lui fit M. Pradt de l'attacher comme chapelain à l'impératrice Marie-Louise, il ne le quitta qu'en 1812, fondé de pouvoir du cardinal pour le représenter, s'il en était besoin, à la grande aumônerie.

Il se consacra dès-lors aux fonctions modestes et difficiles de catéchiste dans l'église de Saint-Sulpice, et les remplit avec un bonheur inouï, secondé par son vénérable ami M. de Sambucy et M. Feutrier.

Nous sommes en 1814. M. Emery vient de mourir; pleuré par de M. Quélen comme un père; les étrangers occupent le territoire français, et avec eux la misère, la famine et l'universelle désolation.

Des combats effroyables sont livrés sous les murs même de la capitale. Les hôpitaux regorgent de morts et de mourants ; le typhus sévit et décime d'autre part la population. M. de Quélen, malgré la faiblesse de sa santé, vole où l'appelle la voix de ses frères malheureux; on dirait qu'il se multiplie, tant sa charité fait de merveilles!.. tant il s'élève au Ciel de bénédictions pour tous ses dévouements et ses sacrifices! Selon le mot sublime et intraduisible de Saint-Augustin : *Illos ille sitiebat.* Il fit alors en quelque sorte son apprentissage pour les jours affreux du choléra.

L'année 1815 lui ouvrit une carrière nouvelle, mais qu'il ne suivit pas longtemps, celle de la chaire. Son premier discours fut prononcé dans l'église de Sainte-Élisabeth, le 9 février; c'était le panégyrique funèbre de Louis XVI ; dès ce moment sa place fut marquée parmi nos excellents sermonaires. « M. l'abbé de Quélen prêche l'Évangile, disait M. Picot, et aspire plus à produire un seul mouvement de piété qu'à étonner par le fracas d'une rhétorique étourdissante et stérile ; la sagesse de sa composition, ainsi que celle de son action oratoire, annoncent qu'il a étudié les bons modèles, et ferait regretter aux amis de l'éloquence de ne pas l'entendre plus souvent, si on ne savait que ses autres occupations ont toujours pour objet le bien de l'Église. »

Cette même année 1815, le grand aumônier, cardinal de Périgord, qui avait la direction des affaires ecclésiastiques, le nomma son vicaire-général. C'est en cette qualité qu'il prit part au Concordat de 1817, signé le 11 juin à Rome, entre le cardinal Consalvi et M. de Blacas représentant le roi de France, et confirmé le 27 juillet par la bulle *Commissa divinitùs*. J'aurai à parler ailleurs de ce concordat et de celui de 1801. Le 1er octobre, M. de Périgord ayant été appelé au siège de Paris, M. de Quélen devint son suffragant sous le titre d'évêque de Samosate, et fut sacré le 28 dans l'église des Carmes, par M. de Pressigny archevêque de Besançon, assisté de MM. de Coucy archevêque de Reims, et de Latil évêque de Chartres.

Trois ans s'écoulèrent dans des agitations perpétuelles causées par les difficultés du dernier concordat, et surtout par les entraves qu'apportaient l'opposition des chambres et les ministres eux-mêmes à la nouvelle circonscription des diocèses. Les actes qui furent publiés à l'appui dans cette occasion sont l'honneur éternel de l'épiscopat français, et, en particulier, de M. de Quélen, qui fut souvent chargé de les rédiger. S'il n'a pas réussi selon ses désirs et ses efforts, la faute en est uniquement au sujet en lui-même. Une puissance comme celle du pape n'admet pas les modifications et le partage ; transiger avec elle, c'est l'anéantir, et l'immortalité pourtant lui appartient. Toutes ces différences d'attributions temporelles et spirituelles dans le domaine catholique, n'étaient logiquement et théologiquement que des hallucinations d'enfants honnêtes, de la part des uns ; et des inconséquences grossières de la part des autres. C'était un spectacle honteux au fond que celui d'une lutte entre les rois et le chef de l'Église, se disputant pièce à pièce un droit canonique, d'où devaient résulter pour les uns plus de moyens d'opprimer la religion, pour d'autres une moindre influence sur son bonheur, sa gloire et toutes ses destinées. M. de Quélen crut, comme les autres, qu'il valait encore mieux conserver quelque chose que risquer de tout perdre en voulant tout, et je suis sûr que ce fut là le seul mobile de sa conduite, admirable du reste, et tellement admirée, qu'en 1819, lorsqu'il fut nommé archevêque de Trajanople et coadjuteur de Paris, avec future succession, nul ne s'en étonna, malgré sa jeunesse, et qu'on applaudit universellement. Le cardinal de Périgord avait compris qu'à son âge, épuisé comme il l'était par tous les travaux d'une gestion périlleuse, et d'un diocèse à refaire après une vacance de douze ans, il ne suffirait plus tout seul à la charge; et c'est pourquoi il demanda un collaborateur, et s'estima heureux d'obtenir M. de Quélen. Le nouvel archevêque fut installé à Notre-Dame le 12 février suivant, et eut pour successeur au vicariat-général de la grande aumônerie le trop célèbre Feutrier.

Deux jours après, M. le duc de Berry tombait sous le poignard de Louvel. J'ai déjà parlé des talents oratoires de M. de Quélen; des succès nombreux avaient sur ce point agrandi sa réputation. Louis XVIII le désigna donc pour prononcer l'oraison funèbre de ce malheureux prince. Madame la duchesse d'Angoulême l'a jugé en disant qu'il avait été digne de son sujet, et que ses paroles avaient été dignes de sa douleur.

Cependant, la santé de M. de Périgord s'affaiblissait de jour en jour; il était même facile de voir qu'il ne tiendrait pas longtemps contre les infirmités et le grand âge. En effet, une maladie se déclara au commencement d'octobre, et fit de rapides progrès. Le 14, M. de Quélen lui administra les sacrements, et il l'entoura de tous ses soins et de toute la tendresse d'un fils jusqu'à sa mort, qui arriva le 20 à cinq heures du matin.

Quelque temps auparavant, lorsque déjà M. de Quélen était coadjuteur, le ministre de l'intérieur s'était rendu auprès de lui, et l'avait prié de lui désigner un prêtre qu'il pût envoyer auprès de Napoléon, avec le titre d'aumônier. L'illustre prisonnier de Sainte-Hélène l'avait demandé lui-même; le souverain Pontife, informé par le cardinal Gonsalvi, avait fait auprès du gouvernement britannique les démarches d'usage, en 1818; l'empereur réitérait en 1821 ses instances. Un choix était difficile, mais nécessaire; le roi ne pouvait répondre par un refus, il fallait se hâter. M. de Quélen, après un moment de réflexion, dit au ministre : « Je connais quelqu'un qui acceptera cette mission de grand cœur, et qui, j'espère, sera favorablement accueilli à Sainte-Hélène : écrivez pour le proposer; j'obtiendrai l'agrément du roi, car c'est de moi que je vous parle. » Le ministre resta interdit, et, comme on le pense bien, cette proposition n'eut pas de suite : elle n'en devait pas avoir. M. de Quélen ne quitta point la France; Dieu l'appelait, lui aussi, à une destinée glorieuse, mais pleine de martyre.

Son premier soin, comme archevêque, fut de visiter son diocèse; il ouvrit ensuite une mission le 24 février 1822. Je ne puis qu'indiquer sommairement les particularités qui accidentèrent sa vie à cette époque : les troubles de l'église des Petits-Pères et l'admirable fermeté dont il fit preuve; la publication d'un nouveau bréviaire; les combats qu'il eut à livrer contre des oppositions sournoises; tout ce qu'il fit enfin pour extirper finalement les scandales du royaume de Dieu et y semer la bonne morale et la bonne doctrine. Le souverain Pontife sut l'apprécier et voulut lui donner une marque de son estime; c'est pourquoi, le 16 mai, M. l'archevêque de Nisibe lui remit le pallium dans Notre-Dame. Le roi lui-même, à part le but politique parfaitement raisonnable qui le déterminait, pensa que les services rendus à l'État par M. de Quélen méritaient une récompense, et il le nomma membre de la Chambre des Pairs le 31 octobre; enfin, le 29 juillet 1824, il remplaça à l'Académie M. de Beausset, et son discours de réception vaut mieux que celui de M. Molé, comme la réponse de M. Auger mieux que les finasseries érudites de M. Dupin. Il avait pris pour sujet : *l'alliance de la religion avec les lettres, les sciences et les arts.* A ceux qui prétendent que M. de Quélen n'avait pas des titres suffisants pour cet honneur (si c'en est un), je réponds en citant, comme M. Auger, son oraison funèbre de Louis XVI, celle du duc de Berry, son mandement sur la mort de M. de Talleyrand, tous ses discours qui, réunis, formeraient un assez beau volume et dépasseraient peut-être certaines capacités reconnues.

En l'appelant à la Chambre des Pairs, le roi fit d'ailleurs preuve complète d'abnégation, et c'est un mérite dont il était capable ; car la franchise de M. de Quélen était grande, et on s'entretenait partout des vérités qu'il avait osé dire au maître. Parvenu à cette éminente dignité, son caractère ne changea pas, et il débuta, comme je l'ai dit, par son fameux discours contre la conversion des rentes, dont l'effet immédiat fut le rejet de la loi à la majorité de 128 voix contre 94 : on sait le reste.

Peu après, les médecins lui conseillèrent, pour rétablir sa santé, de faire un voyage en Italie. Il partit avec MM. Borderies et Desjardins le 14 juin 1815, traversa Genève, passa le Simplon, fit visite à l'empereur d'Autriche, et arriva le 17 à Rome. Il y fut reçu par le pape Léon XII avec une grande bienveillance ; et il n'a cessé d'en parler jusqu'à sa mort dans les termes de la joie la plus vive. Après plusieurs conférences, il prit congé du Saint-Père et se remit en route pour Paris ; c'est à Florence que madame de Feuchères le vit, et écrivit au duc de Bourbon les lignes suivantes :

« L'archevêque qui a refusé de venir en votre Palais parce que j'y étais, est venu me voir en se rendant à Paris pour la fête du 15 août et a été fort aimable avec moi. Dans les 24 heures de son séjour ici, il nous a fait une seconde visite, tenant à la main un bouquet qu'il nous a laissé comme un petit souvenir. »

M. de Quélen n'a connu cette lettre qu'à l'occasion du fameux procès du testament et a tout bonnement déclaré à M. de Belleyme que c'était un indigne mensonge. Il en donne les preuves, que je puis me dispenser de reproduire ici.

Rentré dans Paris, lorsqu'il était encore occupé de rendre à une chère parente les derniers devoirs, un autre événement vint l'arracher à la pensée de ses douloureux regrets : une difficulté s'éleva entre l'archevêque de Paris et le grand aumônier de France. Il s'agissait de régler exactement selon leur limites les attributions des deux autorités. La chose fit du bruit, par la raison que ni M. de Quélen ni son adversaire n'avaient voulu envoyer leur clergé au convoi de Louis XVIII. Enfin M. Frayssinous ayant été pris pour arbitre, définit les points en litige et donna droit à M. l'archevêque.

Alors aussi commencent les dissentiments de M. de la Mennais avec M. de Quélen, qui fut, il faut l'avouer, d'une réserve admirable dans toutes ces occasions et n'oublia peut-être pas une seule fois sa prudence. Il faut abréger. J'en ai assez dit sur les ordonnances du 16 juin 1828; je me hâte de signaler les sermons qu'il fit à Notre-Dame pendant les carêmes de 1827 et 1830; il suffit de rappeler la translation des reliques de Saint-Vincent de Paul; je répète qu'il refusa au mois d'avril 1829 le porte-feuille des affaires ecclésiastiques et la présidence du conseil; et nous voilà ramenés aux événements d'où nous sommes partis.

Les premières années de 1830 sont les plus belles de M. de Quélen, parce qu'elles furent celles où descendit sur son front la couronne des confesseurs, la plus précieuse et la plus brillante qu'il ait pu porter et puisse porter encore, même au ciel; mais elles seront aussi à jamais une tache et une honte pour le peuple qui s'est fait son bourreau. Qu'importe donc des droits de révolte et de liberté, s'il y en avait? que parle-t-on du courage national des trois jours, et d'autre chose? un peu de gloire n'efface pas beaucoup de crimes! pour légitimer des vols et des assassinats, on a bien gratuitement imaginé des calomnies infâmes ou stupides ; on a dit que celui-là voulait tremper ses bras jusqu'au coude dans le sang des Français, qui exposa mille fois sa vie à des périls certains de mort pour les sauver du choléra; on l'accusa de flatter les rois absolus, lui qui dit à Charles X, lors du licenciement de la garde nationale : « Sire, lorsque le troupeau est violemment frappé, le pasteur doit être dans la consternation. » On l'accusa encore de haine contre une dynastie dont sa conscience ni sa logique ne croyait pouvoir admettre la légitimité, et on l'a vu faire auprès de Louis-Philippe des démarches conciliatrices, déplorer hautement les coups portés contre le prince, consulter avec empressement le père des fidèles sur les devoirs à remplir dans la position délicate où il se trouvait vis-à-vis du gouvernement, comme pair et comme archevêque. Cet homme si égoïste et si cupide, a fondé l'établissement des Orphelins du Choléra, donné sa fortune entière aux pauvres ; il est mort pauvre lui même. Encore une fois, le cœur se soulève à l'idée des sales mensonges qui furent débités contre lui et criés sous les murs de son Palais. Du reste, pour lire dans l'âme de cet homme il suffisait, ce semble, de voir son extérieur, ces traits si purs et si nobles, cette physionomie si franche et si ouverte, cette inexprimable dignité de sa démarche, cet air de bonté ravissante, cette calme simplicité des formes, oh ! non, tout cela ne mentait pas ! il y a dans la beauté, dit Cicéron, un témoignage et une révélation de la vertu, *testimonium virtutis, forma oris*. Surabondamment, je voudrais juger par la moralité de ses accusateurs et leur conduite tout entière, de la confiance que je dois avoir en leurs dires, et je leur accorderai que ce qu'ils avancent est la vérité, quand ils m'auront démontré non pas seulement qu'ils valent autant que lui, mais que leurs paroles ne rougissent pas de leurs actions. L'abbé Paganel enfin me pardonnera volontiers, je pense, de passer outre à ses interminables pétitions et à leurs corollaires. Hélas ! la calomnie ne répond pas, elle redit (1).

M. de Quélen est mort le 31 décembre 1839 à dix heures et demie du matin, au couvent des Dames du Sacré-Cœur. J'ose avouer qu'une chose, entre mille, m'a frappé dans des prophéties trop décriées et relatives à cette époque : « *Un grand pontife meurt*, est-il écrit, *et l'année s'ouvre.* » M. de Quélen lui-même n'avait-il pas prédit remarquablement le coup dont a été frappée l'Église, quand il disait, en approuvant le bref de Paris pour 1840 : « c'est moi qui serai, l'année prochaine, en tête de ce nécrologe. » Voltaire croyait à de plus grandes sottises.

Embaumés par les soins de M. Gannal, transportés à Notre-Dame et solennellement exposés sur un lit de parade, ses restes furent l'objet, non pas seulement d'une curiosité, mais d'une vénération sans exemple. Jamais, en effet, on n'avait vu pareille affluence ; jamais révolution pareille et si subite ne s'opéra dans les esprits. On se rappelle la lettre courageuse de M. Gally, homme de lettres, l'un des démolisseurs de l'archevêché, et qui, en pro-

(1) Servan.

testant de son repentir à la face du monde, rendit à son bienfaiteur un prodigieux témoignage. Je pourrais signaler bien des faits du même genre, et reproduire, pour me résumer, le remarquable mandement des vicaires-généraux capitulaires, MM. Affre, Auger et Morel; mais il y a une pensée sur laquelle je préfère fixer les réflexions de mes lecteurs, et surtout l'attention de MM. les curés de Paris. Je cite M. l'abbé Orsini, l'élégant historien de la Sainte-Vierge :

« C'est tout haut, c'est en présence de tout le clergé de la capitale réuni dans la salle des conférences du séminaire de Saint-Sulpice, que Monseigneur s'est plaint de l'énorme disproportion qui existe entre le modique salaire des prêtres des paroisses, salaire strictement calculé pour qu'ils ne meurent pas de faim, et la richesse bien connue des cures de Paris, dont la plupart rapportent *quinze, vingt, trente,* et même, dit-on, *quarante mille livres de rente*. Peu content d'exprimer d'une manière formelle le désir de voir une répartition moins démesurément inégale, il n'a pas caché l'intention de rétablir un équilibre mieux entendu dans la grande famille sacerdotale. « Ce sont vos « confrères, messieurs, a-t-il dit d'une voix accen-

« tuée, en désignant aux chefs des paroisses la
« foule attentive qui se pressait dans la vaste en-
« ceinte, ce sont vos collaborateurs, ils travaillent
« autant que vous... et la vie est si chère dans
« cette grande ville, qu'ils sont souvent réduits à
« de dures extrémités ; déjà dans quelques dio-
« cèses on a senti la nécessité d'une répartition
« plus égale, mais nous n'avons pas eu encore
« cette consolation à Paris. »

« Cette amélioration dans le sort du clergé des paroisses dont Monseigneur s'est occupé souvent, nous a-t-il dit, et *seul*, et dans son *conseil*, est réalisable. On comprend qu'elle ne serait d'une exécution difficile que par les obstacles que les parties intéressées opposeraient à l'expresse volonté de sa Grandeur, et nous sommes convaincus, au contraire, qu'on fera de fort bonne grâce plus de la moitié du chemin. MM. les curés de Paris, qui sont des hommes justes, honorables, consciencieux, ne peuvent disconvenir que ce sont les prêtres pauvrement rétribués qui se partagent les jours de garde, qui veillent au chevet des malades pour épier l'heure souvent lente à venir où il plait au pécheur de se réconcilier avec Dieu ; que ce sont eux qui parcourent les hôpitaux quand la contagion y règne; qui se relèvent là nuit par le vent et la pluie, malades quelquefois eux-mêmes, à l'appel de l'homme du peuple, et qui mettent quelques petites pièces d'argent dans leur bourse pour ouvrir, par un léger bienfait, l'âme des malheureux; ils savent enfin que, lorsque leurs confrères ont usé leur vie au service de Dieu et des hommes, ils n'ont devant eux qu'une perspective d'indigence pour leurs vieux jours, et le corbillard des pauvres pour traîner leur cadavre à la fosse commune. MM. les curés de la capitale, qui sont à l'abri de ce malheur-là, auront des entrailles de justice pour la partie souffrante du clergé; ils abandonneront quelques épis de leur riche moisson aux glaneurs qui marchent après eux dans le champ du père de famille, se souvenant qu'eux aussi ont glané autrefois dans la terre de servitude.

« En prenant une simple mesure d'humanité, il fait un acte de haute portée qui peut influer puissamment sur l'existence future de l'église de France. Ses paroles n'ont pas été jetées au hasard, les suivantes sont si touchantes et si belles, que nous ne voudrions pas qu'on en choisît d'autres que celles-là pour illustrer sa tombe : « QUANT A « NOUS, MESSIEURS, NOUS SOMMES PRÊT A PARTAGER

« LE PEU QU'ON NOUS A LAISSÉ ENTRE CEUX DE NOS
« FRÈRES QUI SOUFFRENT. » Oui, ce serait une noble épitaphe, et il faudrait l'écrire sur une tombe toute simple faite avec les ruines de l'archevêché (1).

(1) Moniteur de la Religion.

Biographie du clergé Contemporain.

M. le Prince de ROHAN

M. LE PRINCE

AL. DE HOHENLOHE

> Je ne craint seulement […]
> d'occuper […] personnes […]
> HOHENLOHE, Lettre, 16 […]

> Il est dit : On […] à l'Église […]
> n'est pas dit […]
> […]
> […]
> […]
> […] (Poésies […])

Le 16 septembre 1849 fut un jour que n'oublieront jamais les habitants d'Elwangen (1). Dès la première lueur du matin, les cloches sonnèrent à grandes volées ; la ville prit un air de fête, une multitude […]

C'est qu'une cérémonie […] ce jour-là.

On a part le plus […] qui […] nouveau par ellc-mème, […]

M. LE PRINCE

AL. DE HOHENLOHE.

> Je ne crains nullement la présence et l'examen des personnes instruites.
> HOHENLOHE, *Déclar.*, 16 fév. 1821.

> Il est dit : Croyez à l'Église ; mais il n'est pas dit : croyez aux miracles ; à cause que le dernier est naturel et non pas le premier ; l'un avait besoin de préceptes, non pas l'autre.
> PASCAL, *Poésies*; 2ᵉ part., VII.

Le 16 septembre 1815 fut un jour que n'oublieront jamais les habitants d'Elwangen (1). Dès la première lueur du matin, les cloches sonnèrent à grandes volées, la ville prit un air de fête, une multitude immense se pressait déjà autour du maître-autel.

C'est qu'une ordination devait avoir lieu ce jour-là.

Or, à part le pieux intérêt qu'elle inspire ordinairement par elle-même, la cérémonie se re-

---

(1) Elwangen, ville du royaume de Wurtemberg, sur la rivière de Jaxt, n'était point un évêché, mais il y avait là autrefois un chapitre dont le prévôt était abbé et prince souverain.

haussait, pour ainsi dire, de tout l'éclat qui avait environné l'existence d'un jeune diacre destiné à en faire partie. (1)

Il parut en effet. Un murmure subit et involontaire s'éleva dans l'enceinte, mais fut bientôt comprimé par le respect et par la même admiration qui l'avait produit. A voir l'extérieur de ce jeune homme, on eût, du reste, deviné son origine. Il était d'une beauté singulière ; son front large et calme semblait refléter une âme surabondante de vertu et de génie ; quelque chose de superbe et de modeste en même temps distinguait sa démarche ; ses yeux, d'un noir humide et brillant, s'ouvraient ou s'abaissaient sous la courbe gracieuse et saillante des sourcils avec une indéfinissable lenteur, et respiraient la pureté, l'amour et l'empire ; sa bouche, d'une expression fine et affable, ses traits délicats et légèrement allongés, ses élégantes et blanches mains jointes, et jusqu'à cette habitude de pencher un peu sur le côté sa noble tête si pensive et si inspirée, tout répondait, je le répète, à l'idée que chacun s'en était formée ; toute cette physionomie

---

(1) Je n'ai pas cru nécessaire de tracer la généalogie des princes de Hohenlohe ; elle appartient à l'histoire, et nul ne l'ignore.

admirable révélait un fils de roi et un saint, et faisait dire : c'est lui!

J'ai nommé Alexandre Léopold, prince de Hohenlohe-Waldenbourg-Schillingsfürst, dix-huitième et dernier fils de Charles-Albert, prince régnant de Hohenlohe et général au service d'Autriche (1).

Il avait alors vingt-deux ans, et il reçut la consécration sacerdotale, par dispense d'âge (2), des mains de son oncle, le prince François-Charles de Hohenlohe-Schillingsfürst, suffragant sous le titre d'évêque de Tempé, et depuis évêque d'Augsbourg (3).

Le lendemain, ce fut même affluence à sa première messe. Le docteur Jean Michel Sailer, professeur à l'université de Landshut (4), y prononça un discours qu'on peut regarder comme une his-

(1) Le Hohenlohe était un comté d'Allemagne, ayant 12 lieues de long sur 8 de large, partie dans la Bavière, partie dans le Wurtemberg.
(2) J'aurai plus tard l'occasion d'examiner toutes les objections faites contre ce genre de dispenses, et si vraiment au neuvième siècle, il y avait des ordinations *per saltum*, et des évêques de quinze ans.
(3) Chef-lieu du cercle de Lech. L'évêque réside à Dillingen; c'est dans le palais épiscopal de cette ville que fut présentée en 1530 à Charles V la fameuse *Confession* par Luther et Mélanchton. — Suffragant, ou *co-évêque*, comme on disait autrefois.
(4) Il fut dans la suite suffragant et évêque de Ratisbonne.

toire prophétique de celui qui en était l'objet (1). Je prouverai ce que j'avance en citant plusieurs fois ce discours pour la moitié de la présente notice, qui est postérieure à l'époque où nous en sommes (2).

Au sortir de l'église, la foule qui l'attendait se précipita vers lui avec enthousiasme et s'agenouilla pour recevoir sa bénédiction. Il était depuis longtemps rentré dans sa retraite que des groupes nombreux, disséminés sur les places, s'entretenaient encore de l'événement du jour. Si l'on présageait d'étonnantes choses, ce qu'on racontait du passé n'était ni moins édifiant ni moins curieux à connaître; les mieux informés multipliaient les détails sur ce dernier point. Pas un incident, si minime qu'il soit, qu'on n'écoutât religieusement; pas une date que les enfants même ne cherchassent à fixer dans leur mémoire. Je résume en quelques mots les particularités biographiques auxquelles je viens de faire allusion.

Le prince de Hohenlohe est né le 17 août 1793 à Kupferzell, dans le territoire de Hohenlohe, près

---

(1) *Le Prêtre sans reproches.* Ce discours fut imprimé et répandu à un très grand nombre d'exemplaires.
(2) De tels faits ne sont pas si rares qu'on le croit généralement. (Voir le P. Antoine Touron, dominicain, Histoire des hommes illustres de son ordre.)

Waldenbourg. J'ai parlé de son père ; j'ajoute qu'il mourut en 1795. La baronne Judith de Rewitzki, fille d'un seigneur hongrois, fut sa mère et sa première institutrice. En observant que cette noble dame vivait dans les pratiques de la dévotion la plus tendre et la plus pure, je m'arrête à une pensée qui m'a constamment frappé dans le cours de cette publication catholique, et que je veux exprimer ici, bien qu'elle ne soit pas positivement neuve : c'est que l'influence de la femme sur la destinée de l'homme est toujours fatale, ou, afin de parler plus correctement, providentielle et constante, soit pour le mal, soit pour le bien. Ainsi, par exemple, à ne considérer que l'enfance, qu'arrive-t-il ? Lorsque l'exercice de la puissance paternelle va commencer, le ministère maternel est fini, et ses résultats sont complets. Les goûts de l'enfant n'ont plus à se déterminer ; qu'ils soient apparents, que le germe en soit imperceptible, peu importe ; ils ont une consistance relative ; ils pourront avorter ou s'étendre, mais toujours est-il qu'ils existent. Les impulsions à venir ne produiront qu'un effet subordonné : elles pourront modifier les formes, mais elles ne prévaudraient pas réellement contre cette éducation du berceau que j'appelle une nature de seconde majesté ; ce qui est tellement vrai, qu'en remontant à la source des grandes vertus et des grands crimes, on s'explique, ou l'on cherche du moins à s'expliquer toujours les uns et les autres par la moralité des mères. De là une prodigieuse responsabilité pour celles-ci, et pour nous le devoir bien doux de bénir Dieu, s'il nous en a donné une comme celle du prince de Hohenlohe.

A l'âge de sept ans, il fut confié au P. Riel, jésuite de Schillingsfürst. C'était un homme de savoir et de haute sagesse, capable comme tous ceux de sa Compagnie, c'est-à-dire plus que personne, de former la jeunesse. Son élève, dans les *Mémoires* qu'il a publiés, lui consacre un souvenir de reconnaissance et d'affection tout-à-fait particulier.

Le prince se disposait dès lors à l'état ecclésiastique; et, ainsi que je l'ai dit à propos de M. de Quélen, sa famille, au lieu de combattre les dispositions précieuses qu'elle avait remarquées en lui, et de sacrifier à des prétentions vaines une vocation manifeste, secondait habilement ses vues, et s'en remettait à la volonté du Seigneur des seigneurs.

Toutefois, un accident malheureux faillit l'éloigner de ce but : son frère aîné fut tué à Ulm en combattant comme un brave pour l'indépendance de son pays. Deux autres frères lui restaient, le prince Albert-Conrad et le prince François ; mais tous les deux passaient aussi leur vie sur les champs de bataille, et n'étaient pas gens à trembler devant une mort glorieuse. Un nouvel accident pouvait donc arriver, et le nom des Hohenlohe s'éteignait.

Pour obvier à ce danger, on essaya une direction contraire, mais sans violence ni brusquerie. On engagea le prince à suivre la carrière des armes.

Il n'était plus temps. La grâce avait agi trop visiblement sur son cœur et sa volonté. L'obéissance produisit des efforts, mais s'arrêta là. Après cinq minutes passées à la salle d'escrime, un penchant irrésistible l'entraînait vers l'église, où on le trouvait agenouillé dans la posture d'un ange. Pendant les exercices de gymnastique et d'équitation, ses livres de prières ne le quittaient pas. Il employait le temps de la chasse à recueillir son esprit et à méditer sur les choses de Dieu, dans les parties les plus retirées de la campagne. On l'appelait universellement le petit séminariste.

En 1804, lorsqu'il eut onze ans, sa mère l'envoya au collège Thérésien de Vienne pour y faire ses humanités, sous les Pères des Écoles Pies. L'un d'eux, le P. Ringel, fut pour lui un conseil précieux et un de ces amis vénérables et sincères dont la jeunesse d'aujourd'hui voit malheureusement le nombre s'éclaircir de plus en plus autour d'elle. Les succès qu'il eut dans ses premières études s'expliqueront par la valeur de ses actions et de ses écrits dans un âge plus avancé ; j'omets à dessein d'en rien dire ici.

Cependant des personnes attachées à sa mère par des liens de parenté ou d'affection, lui firent observer que, si elle croyait devoir éviter la violence et les suggestions, de quelque nature qu'elles fussent, pour déterminer l'entrée du jeune Alexandre dans le monde, une obligation non moins sacrée pour elle serait de ne pas provoquer une résolution contraire en l'environnant toujours d'un appareil ecclésiastique, c'est-à-dire d'hommes excellents, mais naturellement portés à s'incorporer ceux qui les approchent. Sur ces considérations, la princesse le fit passer, en 1808, de l'Académie Thérésienne au Gymnase luthérien de Berne où il acheva ses cours de latinité et suivit ceux de philosophie jusqu'en 1810. Il s'était lié très étroitement avec M. Louis Vock, curé catholique de cette ville protestante, depuis curé d'Araw, prêtre admirable qu'il compte aussi parmi ses éternels amis et dont il écrit des choses sublimes.

De là il revint à Vienne et entra au séminaire, le 10 septembre 1811, après avoir reçu de l'archevêque les ordres mineurs, ce qui était nécessaire apparemment suivant les usages d'Autriche. Il reprit alors ses études de philosophie qu'il continua durant deux nouvelles années; puis se rendit à Tyrnaw, dans la Hongrie, pour commencer sa théologie sous le célèbre Frint, curé de la cour, connu par ses ouvrages et par une des plus remarquables publications du temps : *le Journal Catholique*.

Dans les *Mémoires* déjà cités, le prince avoue que son amour pour le travail s'affaiblit considérablement à cette époque de sa vie, et que sa vocation même chancela ; il attribue clairement une révolution si pénible, et qui pouvait devenir funeste, à certains désagréments que lui causait le supérieur de l'Institut. Il évite de nommer le supérieur et ne précise pas les désagréments, mais je soupçonne fort que son intention, toute de charité lorsqu'il écrivit ces mots, fut de donner l'éveil aux évêques et de leur signaler un abus trop commun d'autorité chez les gens qu'ils préposent à l'éducation de la jeunesse ecclésiastique. Certains supérieurs ne savent pas assez quel jeu c'est jouer que d'en agir cavalièrement ou capricieusement avec des vocations. Combien pourraient dire parmi eux, la main sur la conscience, qu'ils n'en ont jamais immolé une seule à quelque antipathie puérile, à une question déguisée d'amour-propre ou à des raisons plus futiles encore? Dieu veuille que mes appréhensions et mes doutes sur ce point ne se trouvent pas être des réalités! non que j'attaque les intentions, car pour être juste, il faut reconnaître que ces défauts ne sont souvent que des faiblesses mélangées de qualités; mais, dit Larochefoucauld, il y a des méchants qui seraient moins dangereux s'ils n'avaient aucune bonté (1).

Cette digression m'a paru convenable pour expliquer la seule parole un peu amère qui soit échappée à la plume d'un prêtre tel que le prince de Hohenlohe.

Il revint encore, vers 1814, dans sa patrie, et termina sa théologie à l'Institut d'Ellwangen sous des professeurs aussi distingués que M. Frint. Le docteur Bestlin faisait le cours de morale; le doc-

(1) Maxime 284.

teur Gratz, d'exégèse; le docteur Watcher, de droit-canon; le docteur Drey, de dogme; et le docteur Herbst, d'herméneutique sacrée. L'un d'eux, M. Bestlin, s'estima heureux de pouvoir entrer dans son intimité, et le prince l'a nommé dans ses écrits à côté du P. Ringel et du bon curé catholique de Berne. Sous des maîtres pareils, un pareil élève devait marcher à grands pas dans la science et, par une conséquence naturelle, dans les voies de la sagesse. Ses condisciples l'admiraient pour l'incontestable supériorité de son intelligence ; ils l'aimaient pour la douceur de son commerce et pour cette ravissante modestie qui voile et embellit à la fois le talent, pourvu qu'elle soit réelle; « car l'humilité, dit un auteur, n'est souvent qu'une feinte soumission, c'est un artifice de l'orgueil qui s'abaisse pour s'élever; et on lit dans l'Ecclésiaste, 19-23, ces paroles étonnantes : *Est qui nequiter humiliat se, et interiora ejus plena sunt dolo.*

Nul, certes, ne fut plus éloigné de ressembler à ces portraits que le prince de Hohenlohe. Sa candeur était si connue et si parfaitement prouvée, qu'on a pu lui appliquer dans une feuille religieuse la réflexion suivante d'un écrivain cité plus haut :

« L'intention de ne jamais tromper nous expose à être souvent trompés. »

Il avait été nommé en 1814 à un canonicat d'Olmütz, distinction due et donnée à son mérite réel plutôt qu'à sa naissance. Le 13 janvier 1815, il reçut le sous-diaconat à Elwangen. « Ce ne fut pas, dit-il, sans frémissement et sans épouvante, mais non plus sans d'ineffables délices, que je pris pour l'éternité le joug de Dieu. Le sacerdoce est une charge immense; mais en me démettant, par un vœu solennel, de mon libre pouvoir sur moi-même, je savais à qui s'adressait ma confiance : *Scio enim cui credidi.* »

Le 2 février suivant, il parut en chaire pour la première fois et prêcha sur la *Divinité de Jésus-Christ.* Aussi remarquable par la profondeur des aperçus que par l'enchaînement des preuves et l'emploi merveilleux qu'il y faisait de l'Écriture-Sainte, ce discours produisit une sensation profonde, et l'Allemagne put annoncer au monde qu'un grand orateur lui était né.

Peu de temps après il fut fait diacre, et enfin, comme je l'ai dit en commençant, ordonné prêtre le 16 septembre 1815.

En 1816 il fit un voyage en Italie, visita les

villes célèbres de cette contrée, et arriva dans Rome le 21 novembre. Sa première démarche fut, comme l'avait été son but principal en quittant son pays, de visiter le Souverain Pontife. Il obtint effectivement une audience ; mais l'accueil fut froid et pénible, chose inexplicable pour qui voudrait se dissimuler tout ce qu'il y a de misères dans cette pauvre nature humaine. Nous en verrons bien d'autres par la suite. L'âme du prince en fut contristée; les hommes de son genre ne sont pas catholiques à demi; sa soumission, son dévoûment et son amour pour le Saint-Siège, il ne les a pas démentis une seule fois dans toute sa vie, et cette triple vertu brille parmi les plus belles dont il nous ait donné l'exemple. Lui qui écrivait : « S'il y a quelque chose en cela qui déplaise à Votre Sainteté, je dirai : qu'il soit anathême, » quel coup ce dut être, pour lui, qu'une preuve si peu équivoque de mécontentement ? Trop charitable pour en chercher la cause dans des machinations perfides, il prit conseil de la solitude et de la méditation, et fit une retraite de huit jours. Ce fut son directeur qui lui ouvrit enfin les yeux et lui dit qu'on l'accusait, à défaut d'autre chose, d'avoir administré les sacrements en langue allemande et de faire partie de la Société biblique. L'envie a peur du jour, et elle a raison. C'est la tactique de tous les êtres pervers de s'assurer d'abord, pour d'hypocrites motifs, un silence absolu, et d'obvier ainsi à des réfutations possibles et faciles; car il suffit pour les déjouer qu'on les voie faire. Une fois dévoilée, la calomnie fut donc réduite à néant par le prince ; et le Pape, dans une seconde audience, le reçut avec une bienveillance marquée.

Après avoir suivi religieusement toutes les cérémonies en usage à Rome, et prononcé en janvier 1817 un discours sur la fête du Nom de Jésus, vivant déjà dans l'intimité de plusieurs prélats qui se faisaient une gloire de leurs rapports avec lui, et particulièrement cher aux Jésuites qu'il admirait, parce qu'il les appréciait, il quitta la ville de Rome le 27 février, revint par Lorette, où il visita la miraculeuse Notre-Dame, traversa Ancône, Trieste et Saltzbourg, et fut rendu à Munich le 15 mars. Il y resta quelque temps, prêcha à la cour le Jeudi saint, et ouvrit alors cette longue série de prédications apostoliques qu'il n'a pas interrompue depuis. A ce que j'ai dit de sa belle physionomie, j'ajoute qu'il possède un organe sonore et aussi clair que possible. Sa pose dans la chaire est celle d'un envoyé de Dieu, pleine de noblesse et de suavité ; sans être positivement hors ligne, son débit naturel et paisible plaît à l'oreille et va au cœur. Il a des éclats qui émeuvent et subjuguent, mais sa principale puissance consiste dans sa sérénité. Son mérite suffirait à dix réputations, et ce qui seul a pu en diminuer l'éclat, c'est qu'il y joigne une autre espèce de privilège plus merveilleux encore dont j'aurai à m'occuper tout-à-l'heure. On ne citerait pas du reste au 19ᵉ siècle un prédicateur qui ait opéré autant de conversions que lui ; je nommerai seulement ici, pour abréger et m'en tenir à l'époque présente, le baron Edouard de Sezenk, président de la régence à Ratisbonne, qui abjura le protestantisme entre ses mains, après l'avoir entendu durant son séjour à Munich, et devint un fervent catholique ; je citerai encore le prince Frédéric de Saxe-Gotha, qu'il connut à Rome et qu'il fit également rentrer dans le sein de la vraie église par l'onction de ses paroles et la vertu de ses exemples. Ces illustres personnages, ses enfants selon la grâce ; furent aussi ses amis les plus affectueux et les plus inébranlables.

Puisque j'ai prononcé plusieurs fois ce nom si doux de l'amitié, qu'un ancien nommait le mariage de l'âme, mariage trop sujet au divorce, dit Duclos, de cette amitié, qui était un point de religion et de législation chez les Grecs, craignant de fatiguer le lecteur par d'inévitables redites, je me hâte de dresser en cet endroit un catalogue de ceux qui eurent le bonheur de se lier avec le prince d'une façon plus particulière, et que je n'ai pas encore nommés, tels que MM. Frey, Stapf, Brunquell, Fraas et Brenner, tous écrivains fort estimés, et ayant bien mérité du catholicisme. Je n'oublierai pas surtout M. le baron Gross de Trockau, président du vicariat de Bamberg, auquel il fut adjoint par le roi de Bavière, en qualité de conseiller ecclésiastique, le 8 août 1817.

Le Prince se fixa donc à ce vicariat jusqu'au 21 juin 1821, époque de son voyage à Wurtzbourg, et des premiers prodiges qu'il opéra.

Nous avons déjà vu que Dieu avait une fois mis à l'épreuve son serviteur. La vertu la plus pure et la plus douce n'est pas exempte des tribulations ; au contraire, le plus juste des justes, Jésus-Christ, n'est-il pas aussi celui qui a le plus souffert? et l'histoire ne prouve-t-elle pas qu'il y a là une mystérieuse loi de l'humanité? *Nemo sine tribulatione hic vivit,* a dit le pieux et savant Gerson.

Le rédacteur en chef de la Gazette protestante de Bamberg, le docteur Wetzel, étant tombé dangereusement malade au mois de mars 1819, fit appeler le Prince de Holenlohe, et lui déclara qu'il voulait mourir catholique. Après plusieurs visites et des entretiens qui comblèrent l'un et l'autre d'une sainte joie, les sacrements furent administrés, une brebis était retrouvée pour le bercail du bon pasteur, les anges du ciel allaient se réjouir plus que pour la venue de quatre-vingt-dix neuf justes. Mais l'ennemi veillait aux portes. Les protestants, si tolérants en paroles, se concertèrent pour éloigner le prince du docteur ; aucune mesure ne fut oubliée, aucune délicatesse gardée ; et désormais il lui devint impossible de pénétrer jusqu'au lit de son cher moribond.

On ne s'en tint pas là ; les journaux de la secte se mirent à l'œuvre. On défigura les faits, on risqua les suppositions les plus indignes, on affirma effrontément ce qui était faux, ce qui était impossible. Les injures pleuvaient, tantôt sanglantes et grossières, tantôt mesquines et stupides ; on croyait l'avoir terrassé en l'appelant *petit Romain !* et, à mon avis, on n'avait commis en cela qu'une faute, c'était de ne pas dire : *grand Ro-*

main. Car je sais, et mes lecteurs savent aussi tout ce que ce mot signifie : Les calomniateurs sont odieux au Seigneur. *Detrectatores Deo odibiles.* (Ep. ad Rom. 1-30.) A ce sujet il prit conseil de personnes prudentes, selon son habitude; il demeura longtemps en oraison, et résolut de répondre à toutes ces ignominies, parce que le devoir l'exigeait et que notre réputation ne nous appartient pas. « *Conscientia*, dit Saint-Augustin, *necessaria est tibi, fama autem proximo tuo…. Qui fidens conscientiæ suæ negligit famam suam, crudelis est.* »

Il publia donc une brochure intitulée : *Défense nécessaire du prince de Hohenlohe, contre la* FEUILLE D'OPPOSITION *de Weimar, à propos de la conversion du docteur Wetzel,* et un sermon *Sur l'Esprit du Temps.* De l'un et l'autre de ces ouvrages, fort remarquables du reste sous tous les rapports, il suit que le même Saint Augustin et le droit canon n'ont pas eu tort de dire : La calomnie revient à celui qui la fait. « *Ei qui temerè judicat, ipsa temeritas necesse est ut noceat.* (1) » Il parut encore cette année-là plusieurs autres ouvrages de lui, imprimés à Bamberg, tels que *le Chrétien priant dans l'esprit de l'Église catholique;* et un *Ser-*

(1) Sermo in monte.

mon prêché à Nuremberg, dont le *Correspondant* même, journal luthérien, fit éloge.

C'est pendant son séjour en Franconie qu'il avait connu particulièrement M. G. M. Brechtold ou Bergold, doyen et curé de Hassfurt, près Bamberg, et ancien professeur de théologie à Wurtzbourg. M. Brechtold était en outre le beau-frère de Martin Michel. Je laisse parler ici le Prince lui-même :

« La Providence voulut que les relations étroites que j'ai avec M. Bergold, me procurassent la connaissance d'un paysan aisé, parent de ce curé, et nommé Martin Michel, du bourg d'Unterwittighausen, dans le territoire du grand-duché de Bade. J'appris, non sans en être vivement frappé, que cet homme avait déjà souvent opéré des choses étonnantes par la seule invocation du nom de Jésus, sur des paralytiques, des goutteux, des sourds, des boiteux et des personnes affligées d'autres infirmités anciennes, qui étaient sans espoir de guérison. Ma joie fut d'autant plus vive, que je me suis assuré de la piété, de la bonne foi et de la candeur de Michel, que j'appelle volontiers un véritable Israélite.

« Le pouvoir donné d'en haut à ce brave homme

parut manifestement, lorsque appelé par moi à Wurtzbourg, il rendit les forces à la fille du prince de Schwartzenberg, qui, depuis sept ans, ne pouvait se remuer d'elle-même et sans secours. La guérison eut lieu par la vertu d'une prière faite au nom de Jésus, et fut telle que la princesse, dégagée de ses liens et de ses bandages mécaniques, put sur-le-champ se tenir debout et marcher.

« C'est le 20 juin dernier (1821), que ceci se passait à Wurtzbourg. Averti par Michel que, comme prêtre, j'opérerais les mêmes effets et de plus grands encore sur des hommes religieux et pleins de confiance au nom divin de Jésus-Christ, sentant ensuite en moi-même une impulsion extraordinaire, quelque indigne serviteur de Dieu que je sois, je mis, avec une foi ferme, la main à l'œuvre, et, appuyé sur le secours de Dieu, je commençai à guérir diverses infirmités et langueurs, en invoquant le saint nom de Jésus, et avec un tel succès, que beaucoup furent guéris et soulagés. » (1)

Cette lettre, qu'il écrit de Bruckenaw, le 16 juillet 1821, au père commun des fidèles, il la termine en s'abandonnant corps et âme à cette su-

(1) Traduit par l'*Ami de la religion*.

prême sagesse pour l'usage qu'il devra faire *du don gratuit reçu du Tout-Puissant*, et il ajoute : Si cela vous déplaît, je dirai qu'il soit *anathême!*

Le 28 juillet de la même année, il datait des bains de Bruckenaw une déclaration dont je vais extraire quelques passages.

Il établit d'abord la possibilité des miracles en général, et rappelle ceux qui furent opérés par Jésus-Christ ou par les Saints. Il voit là *le pouvoir céleste de la foi*, le succès de l'humble confiance et des prières de l'église, faites au nom des malades et sur eux. « Ces pensées, dit-il, se saisirent de mon âme avec plus de vivacité depuis que, de mon propre mouvement, et dans l'unique dessein de travailler plus efficacement à la gloire de Dieu et au bonheur du prochain, j'embrassai l'état ecclésiastique. Touché de ces paroles du Sauveur : « *Laissez venir à moi les enfants,* etc. » et sollicité par de pieux parents, je prononçai plusieurs fois avec succès sur des enfants malades les prières et les bénédictions autorisées par le rituel. »

Il raconte sa première entrevue avec Martin Michel, et comment celui-ci s'étonna que les prêtres fissent difficulté de prier avec les malades, selon les formules de l'Église, pour obtenir au nom de Jésus leur guérison. Michel lui dit que lui-même avait souvent prié de la sorte avec succès, mais sans prononcer de bénédiction, ce qui ne lui convenait pas comme laïque ; et c'est sur les instances de ce pieux cultivateur qu'il recommanda au bon Dieu la princesse de Schwartzenberg.

« J'amenai avec moi Martin Michel, sur la piété duquel je comptais principalement ; nous nous mîmes tous deux en prières avec la princesse, qui s'y était bien disposée, et avec les personnes attachées à son service, et agenouillées près de son lit. A peine eûmes-nous achevé notre prière, et moi prononcé sur la malade la bénédiction, en ajoutant qu'elle devait se lever et essayer le libre usage de ses membres, à peine eut-on détaché les liens dont son corps était artistement enveloppé, que se sentant animée d'une vie nouvelle, elle se mit en mouvement, pleine de joie, quitta son lit, marcha dans l'appartement, et descendit même l'escalier, au milieu des larmes d'attendrissement et des félicitations des assistants.

Cette nouvelle se répandit avec rapidité dans toute l'Allemagne.

« L'affluence de ceux qui demandaient mon secours, et que je n'avais point appelés, ne me laissa pas de repos à Wurtzbourg, à Bamberg et aux bains de Bruckenaw, où le prince héréditaire de Bavière m'avait engagé à prendre quelque délassement. »

Les choses en étaient à ce point que la multitude se trouvant trop considérable pour entrer dans les églises, les réunions durent avoir lieu sur les places publiques, ce qui troublait parfois l'ordre et l'édification, et ne permettait plus au prince lui-même de conserver le recueillement, la tranquillité et la patience nécessaires. Sous le rapport de la police, il en résultait même des dangers.

« On eut raison de défendre que ces essais de guérisons eussent lieu désormais sur les places. Je respecte les mesures de l'autorité spirituelle et civile à qui je dois l'obéissance. »

Il divise ensuite en plusieurs paragraphes ce manifeste, et déclare : 1° Que ses intentions sont uniquement de glorifier Dieu et son Église, et de soulager l'humanité souffrante ; 2° Qu'il n'attribue rien à ses mérites : *non nobis, Domine, non nobis, sed nomini tuo* ; 3° Que, pour obtenir les guérisons, il ne se sert absolument d'aucun art secret, inventé ou appris d'autrui ; 4° Qu'en particulier, Martin Michel ne lui a pas communiqué, comme certains le prétendent, une science cabalistique ou médicinale ; 5° Qu'il n'exclut pas de ses bénédictions les non-catholiques, et qu'il ne les regarde pas comme des réprouvés ; 6° Qu'il souhaite fort que l'on procède à des enquêtes exactes pour constater les bienfaits obtenus, et que les autorités locales ou les malades guéris publient les guérisons pour la gloire de Dieu et non pour celle de son serviteur ; 7° Enfin qu'il ne craint nullement l'examen des personnes instruites chargées par les magistrats d'assister à ses essais. Il fait observer en passant que ses guérisons ne furent jamais opérées en secret, et qu'on peut les vérifier aisément par la comparaison de l'état présent des malades à l'état de souffrance souvent très longue où tout le monde les a connus.

Si ce sont là des paroles de charlatan, ou les romanesques billevesées d'un enthousiaste et d'un fanatique, je n'entends rien à rien. Le fanatisme, dit Voltaire, est l'effet d'une fausse conscience qui asservit la religion aux caprices de l'imagination et aux déréglements des passions. Je demande où sont ici les caractères indiqués par cette définition plus exacte sans doute que son malicieux auteur n'a prétendu la faire. Par égard pour le bon sens et la probité de conscience de mes lecteurs, je ne veux pas dresser à leurs yeux un inutile échafaudage d'argumentations, et supposer qu'ils aient des motifs de nier l'évidence. Une ingénuité comme celle du prince n'est pas chose qui se puisse contrefaire à volonté; faut-il qu'on soit un grand et profond observateur pour s'en apercevoir? Du reste, les faits sont là, et n'appartiennent pas à la tradition; ils sont présents et palpables. Des multitudes les ont vus et les racontent; nous avons surtout le témoignage oral de ceux et celles qui ont été parties dans l'affaire, c'est-à-dire qui ont été guéris; il existe des lettres authentiques, en manuscrit et publiées, confirmées dans de nouvelles lettres par les personnages qui les ont écrites, par la jeune comtesse de Collovrath, sauvée le samedi 11 août 1821; par ce médecin de Kreuznach, malade depuis longtemps d'un anévrisme et qui le lendemain 22 jouissait d'une santé parfaite; par la jeune princesse Malthide de Schwartzenberg, la comtesse Amélie de Brühl, dame de la cour de la reine de Saxe, et tant d'autres. Je regrette de ne pouvoir copier une lettre du prince Charles de Hohenlohe-Bartenstein, écrite le 18 du même mois au prince de Hohenlohe-Bartenstein, son père, résidant à Lunéville. J'en cite pourtant quelques mots.

« J'ai éprouvé un sentiment bien profond de surprise et d'émotion, lorsque j'ai été témoin de la guérison subite et parfaite de six hommes, tout-à-fait sourds, par la seule invocation du nom de Jésus. Deux paralytiques ont trouvé à l'instant l'usage de leurs membres; la lumière a été rendue à deux aveugles, et la parole à un muet. »

D'autre part, il est vrai, les censures et les railleries ne manquèrent pas. Les journaux hérétiques de l'Allemagne firent feu par tous les pores. Les demeurants des vieilles sectes philosophiques s'armèrent de pied en cap; les académies se cotisèrent, pour former une masse quelconque d'esprit et de science, si elles pouvaient, et déjouer les enchantements. M. Heine, médecin de la princesse de Schwartzenberg, publia que la malade était plus souffrante après la guérison qu'auparavant. M. de Hornthal, magistrat de Bamberg, par une proclamation datée du 30 août 1821, défendit les réunions de malades et les essais de guérison; il affirma que jamais un succès n'avait été obtenu. Dans le grand-duché de Baden, les mêmes mesures furent prises. Or ce sont là des ordres, des défenses, des assertions, mais non des preuves. Ce sont des raisons d'Etat qui ne sont pas des raisons. Il y a plus, le prince est lâchement calomnié, lorsqu'on insinue qu'il éloigne la police et les médecins des lieux où il fait ses miracles. Sa déclaration mentionnée plus haut le justifierait assez s'il en avait besoin, et si la mauvaise foi de ses adversaires n'était chose claire comme le jour. Deux hommes d'un grand mérite et d'une incontestable honnêteté ont répondu à cette honteuse ligue, ou l'ont prévenue par des écrits infiniment curieux : l'un est M. Onymus professeur à Wurtzbourg, l'autre M. Laurent Wolf curé de Kleinrinderfeld. Il faut joindre à ces témoignages ceux d'un ecclésiastique universellement vénéré, M. Mathieu, confesseur à la cour de Saxe, et du prince OEttingen-Wallenstein, qui réfuta victorieusement, dans un écrit public, les sophismes alambiqués du docteur Heyne de Wurtzbourg. Les uns affirment parce qu'ils ont vu ; les adversaires nient parce qu'ils prétendent n'avoir pas vu. A qui s'en rapporter ?

On a observé que les miracles n'étaient pas du tout dans le goût des médecins, par la raison, disent ceux-ci, qu'ils sont trop savants ; parce que, disons-nous, le métier en souffre ; et encore parce qu'ils ne sont, eux aussi, que des hommes, sujets aux gonflements et aux insolentes tyrannies de l'amour-propre, et moins que personne capables de comprendre ces paroles de Voltaire qui n'est pas suspect en matière de religion et de conscience : « Des hommes qui s'occuperaient de rendre la santé à d'autres hommes par les seuls principes d'humanité et de bienfaisance tiendraient de la divinité. » Les médecins, avec leur gigantesque ramas de gros mots hérissés et criards, s'abusent encore plus eux-mêmes qu'ils n'abusent les autres.

Je laisse dans leur fange des libelles que n'eussent pas signés l'impur Wolston et le curé Meslier; et je passe de cette année 1821, la plus extraordinaire de la vie du prince de Hohenlohe, à l'année 1822.

Pour échapper aux sollicitations qui l'assiégeaient, et aux interminables tracasseries de la police, il fit alors un voyage à Vienne. Il faut avouer qu'on l'y reçut avec des préventions fortes. Le suffragant de cette ville, M. Steindl, influencé par les écrits calomnieux dont j'ai parlé, le soupçonnait d'exaltation; il voulut s'assurer par lui-même de la vérité et le fit loger chez le curé de la paroisse de Hof, avec le professeur Ziégler qu'il avait chargé de l'étudier. M. Steindl fut bientôt détrompé; il aima et admira le prince comme tous ceux qui le connaissaient l'admiraient et l'aimaient; il le présenta même à l'Empereur qui se félicita de le voir, et qui ne crut pas à propos de gêner sa liberté.

Le prince quitta Vienne en septembre 1822 pour assister au synode national de Presbourg présidé par l'archevêque de Rudnay, dans l'ancienne maison des jésuites. Il s'y fit remarquer par l'étendue de ses connaissances et la sagesse de son esprit. Un évêque disait qu'en l'écoutant on se reportait de soi-même à ces époques glorieuses pour le clergé de France où ses assemblées fixaient l'œil du monde, et aux admirables Procès-verbaux que nous ont conservés le P. Le Long dans sa *Bibliothèque historique,* et François Hallier dans ses *Commentaires.* Le 21 du même mois, il eut un entretien de deux heures en langue française avec l'Empereur Alexandre qui se mit à genoux pour lui demander sa bénédiction et l'embrassa. L'extrême vénération de l'Empereur pour lui ne s'est pas affaiblie un seul moment, et c'est à son instante sollicitation que le prince de Hohenlohe publia un *Mémoire sur l'influence des sociétés bibliques en Russie* le 27 septembre. On conçoit que les protestants n'adorent pas beaucoup un homme pareil. De 1820 à 1822, il avait publié à Vienne le *Sacerdos Catholicus in oratione positus ;* et *Qu'est-ce que l'esprit du siècle ?* A Bamberg, *Dignité et devoirs du prêtre ; Sermon sur le rétablissement de la princesse de Bavière ; Dévotion adapté à toutes sortes de peines ;* le *Chrétien dans la retraite.* Vers 1823, il publia, à Zug, un écrit fort remarquable sur ce sujet : *Qu'est-ce qui lie le catholique au siège de Rome ?*

Ces excursions toujours utiles à l'Église par les conversions qu'elles occasionnaient, et aux hommes qu'elles sauvaient de l'erreur et même des infirmités corporelles, ces travaux de tous les jours et de tous les instants n'épuisaient pas son zèle et son activité. Sa réputation de thaumaturge avait franchi les limites de l'Allemagne et s'était répandue en peu de temps d'un bout du monde à l'autre. De toutes parts, des lettres de supplication lui arrivaient. Il dut faire face aux difficultés d'une correspondance inouïe ; et des résultats indubitables, universels, se joignirent aux merveilles qui déjà nous ont étonnés.

L'auteur de cette biographie n'a pas agi, qu'on en soit bien convaincu, sous l'influence d'une imagination séduite ou d'une crédulité puérile, lorsqu'il a pris définitivement le parti de croire aux miracles du prince de Hohenlohe. Les 300 pages qu'il a écrites avant celle-ci ne témoignent pas apparemment d'une facilité grande à se laisser tromper par les apparences, ou d'un extrême penchant à croire les hommes sur parole. On lui reproche, avec quelque raison peut-être, de la rigueur et un excès de véracité, car il aime bien Platon, mais il y a une chose qu'il aime mieux encore. Il a lu Voltaire, comme on voit, et le magnifique Traité des superstitions de J. B. Thiers (1). Il sait ce qu'étaient Apollonius de Thyane, Sérapis, Vishnou, Mahomet et les magiciens d'Égypte; et s'il ne croit pas, comme Martin Polonus, à la papesse Jeanne et aux confesseuses des premiers siècles, il n'a jamais non plus pensé, comme ce savant critique, que Pompilius fût père de Numa et Virgile un roi de Rome. Incrédules les plus crédules, s'écrie Pascal; ils croient les miracles de Vespasien pour ne pas croire ceux de Moïse; et puis, ajoute-t-il, le cœur a ses raisons que la raison ne connaît pas.

L'auteur ne juge pas utile de redire ici pourquoi il est catholique, et en conséquence adhérent de cœur et d'âme à tous les enseignements de l'Église. Bien qu'il ait été conduit par le raisonnement au même

(1) J. B. Thiers, curé de Champrond, puis de Vibray, mort en 1703.

but, il a renoncé à consigner ici ses raisonnements, et il a rapporté des faits puisés aux sources les plus pures, parce que les faits et le témoignage lui semblent encore les meilleures des preuves. Ceux-là du reste ne sont pas les seuls qu'il ait pu apprécier; lorsque déjà sa conviction se faisait, il a été témoin de l'évènement qui suit, et n'a plus douté, ni pu imaginer qu'on hésitât à croire.

Dans une ville très voisine de Paris, existe une famille telle que Dieu les aimait aux époques patriarchales. Les vertus y sont héréditaires, et de mémoire d'homme on n'a pas vu qu'un de ses membres démentit une si belle prérogative. La simplicité règne dans son intérieur avec la douceur et l'exquise délicatesse de formes; le nom qu'elle porte peut figurer à bon droit dans le Mémorial de la noblesse de M. Duvergier; il est fort connu dans la haute magistrature, et plus encore par les pauvres du pays.

La providence y fit naître une sainte que j'ai pu appeler une seconde mère, et dont je pleure encore la fin prématurée. En 1829, elle tomba dangereusement malade, et fut aussi héroïque de patience qu'elle l'était de charité. Tourmentée par une fièvre violente et continue, en proie à d'affreuses douleurs d'entrailles et à des paroxismes que rien ne pouvait appaiser, hors d'état de recevoir aucune espèce de nourriture, il était impossible qu'avec une constitution prodigieusement frêle et tout-à-fait épuisée, on pût conserver longtemps ses précieux jours.

J'étais souvent aux pieds de son lit ; et alors, ou je priais pour nous tous, afin qu'elle n'abandonnât pas la terre, ou j'épiais un mouvement, un signe de vie sur son angélique figure. Je la questionnais doucement et en tremblant sans espérer de réponse. Je lui demandai une fois si elle voudrait qu'on écrivît au prince de Hohenlohe ; je la vis faire péniblement un geste négatif, et compris qu'aux yeux de sa modestie c'était trop d'un miracle pour la sauver de la mort. J'insistai le lendemain ; un imperceptible sourire, bien douloureux, mais d'une expression céleste, anima un instant sa physionomie ; une grosse larme jaillit de ses beaux yeux entr'ouverts, et descendit en roulant sur ses joues pâles et amaigries ; elle recueillit visiblement le peu qui lui restait de force, et je devinai, au mouvement mal articulé de ses lèvres, qu'elle avait consenti.

Je m'informai aussitôt des moyens d'écrire au

prince; j'obtins d'un vicaire et chanoine de la cathédrale, qui l'avait connu tout enfant en émigration, d'insérer ma lettre dans une recommandation signée de lui, et quelques semaines après nous reçumes une réponse. « Tel jour, était-il dit, à telle heure, faites célébrer le saint sacrifice ; unissez-vous d'intention avec moi pour prier, et Dieu pourvoira au reste. Si la malade peut assister à l'église, transportez-la ; sinon, qu'elle élève son âme à Dieu, particulièrement à l'élévation. Béni soit le nom de Jésus. »

Le jour indiqué était un mercredi. La malade éprouva dans la matinée un surcroît de souffrance. L'habile médecin qui la soignait et qui était, contre l'habitude, un homme religieux, n'espérait plus rien de son art, et il avait déclaré franchement à la famille qu'un miracle seul pourrait opérer du changement. La messe fut dite par le prêtre qui avait appuyé ma demande, et je suis sûr que le bon Dieu fut bien prié.

Au moment de la communion, une femme accourut et dit à la religieuse qui gardait la porte de la chapelle : « Madame est à son feu ; elle s'est levée toute seule ; on croirait qu'elle est somnambule, elle n'a pas l'air malade *du tout.* » La nouvelle se répandit en un clin-d'œil.

Rien ne pourrait exprimer le premier mouvement qui se manifesta dans l'assistance ; était-ce une folle que cette femme ? fallait-il croire à une indigne supercherie ? Mille sentiments divers, mille appréhensions, mille soupçons, mille espérances partageaient les esprits. On eut peine, malgré toute la majesté du lieu et du sacrifice, à attendre jusqu'au terme. La messe finie, on se précipita vers la demeure de la chère mourante, et on vit que les paroles de la servante n'étaient que vraies. Le dimanche suivant la guérison était parfaite, et aucune maladie n'affligea depuis la sainte Dame, jusqu'à l'époque où elle a été rappelée par le bon Dieu, c'est-à-dire dix ans après.

Voilà un fait qui peut clore dignement et selon mon cœur cette notice.

J'ai suivi le prince de Hohenlohe jusqu'en 1824 seulement, lorsqu'il reçut le 24 août son brevet de chanoine de grand-Veradin en Hongrie, signé par l'Empereur ; ce que je pourrais ajouter rentre textuellement dans l'histoire des trente-deux premières années ; ce sont les mêmes actes répétés, les mêmes prodiges de grâce manifestés; il s'y joint quelques incidents à part, qui sont d'une haute portée sans doute, mais que les limites de mon travail ne me permettent pas de rapporter.

Je renvoie, du reste, pour toute justice, à la biographie du prince publiée à Wurtzbourg par M. Charles Scharold, conseiller de légation, et aussi honorée par les suffrages de tous les hommes d'intelligence et de bien que par les persécutions obstinées dont elle a été l'objet. On ne pouvait parler de choses plus admirables, et plus admirablement parler.

Biographie du Clergé Contemporain

M. l'Abbé SIEYES

H. Appert edit Passage du Caire

M. L'ABBÉ ...

...un grand nombre ...clésiastique, et qu'à cet ...soit bien ancienne et bien

Appert édit. Passage du Caire

M. L'ABBÉ SIÉYES.

> J'avertis le lecteur que ce chapitre doit être lu posément et que je ne sais pas l'art d'être clair pour qui ne veut pas être attentif.
> J.-J. ROUSSEAU, Contrat Social, Liv. 2, C. I.

> Je regarde les nations modernes, j'y vois force faiseurs de lois et pas un législateur.
> J.-J. ROUSSEAU, du Gouv. de Pologne, C. 2.

Voici un homme qui s'étonnerait assurément, s'il vivait encore, de figurer dans la galerie du Clergé contemporain. Siéyes a dit en novembre 1793 : « Mes vœux appelaient depuis long-temps le triomphe de la raison sur la superstition et le fanatisme. Ce jour est arrivé ; je m'en réjouis. Quoique que j'aie déposé depuis un grand nombre d'années tout caractère ecclésiastique, et qu'à cet égard ma profession soit bien ancienne et bien connue, je déclare encore, et cent fois s'il le faut, que je ne reconnais d'autre culte que celui de la liberté, d'autre religion que l'amour de l'humanité et de la patrie... Depuis le moment où ma raison se dégagea saine des tristes préjugés dont on l'avait torturée, si j'ai été retenu par les chaînes sacerdotales, c'est par la même force qui comprimait les hommes libres dans les chaînes royales. »

Ainsi l'apostasie est complète ; il n'y a plus même trace de christianisme.

Si le rôle de Siéyes se bornait là, et que d'ailleurs, par une inconséquence bien étonnante chez cet homme, il n'eût pas réédifié d'une main les principes sacrés qu'il détruisait lâchement de l'autre, j'aurais eu honte de remuer ses cendres impénitentes et d'enlever à son nom cet inexplicable privilége de l'oubli qui le couvre. La vertu n'est pas un spectacle si fatigant à voir qu'il faille toujours l'abréger pour le délassement de ses admirateurs, ou réveiller l'attention, comme fait le grand Shaskespeare, par d'effroyables hors-d'œuvre.

Mais il m'a paru que Siéyes, au point de vue religieux d'abord, devait provoquer des observations curieuses, utiles même. On sait la vaste influence qu'il exerça sur les croyances du siècle, lui plus que personne peut-être. D'autre part, qu'il résume dans son étrange personnalité toute une classe d'hommes systématiques et mixtes, qui épris tout-à-coup d'une opinion quelconque, s'y adonnent éperdument et s'y concentrent, sans renoncer tout-à-fait à certaines convictions antérieures dont leurs idées nouvelles outragent l'inviolabilité. Car il y a chez ces hommes les primitives impressions, maternelles et sociales ; souvent un goût instinctif du juste et du vrai; et avec une organisation passionnée une logique rigoureuse et indomptable. C'est pourquoi lorsqu'ils s'abusent sur un principe ou sur la nature, l'enchaînement et les rapports immédiats des choses, leur esprit marche si violemment d'efforts en efforts vers un terme fatal. Entre des idées extrêmes et jalouses l'harmonie n'est pas possible, ni la paix qui est la tranquillité de l'ordre ; ils le savent, mais ils n'hésiteront pas. Orgueil, conscience de leur force, empire de la fascination, bonne foi relative, tout conspire pour leur persuader qu'ils franchiront d'infranchissables obstacles ; les voilà qui décomposent ou brisent leur passé ; ils s'entourent de ruines qu'ils analysent scrupuleusement; et après un effrayant labeur ils font surgir de cette masse d'éléments rebelles une unité monstrueuse.

Tel était Siéyes lorsqu'il déclara le catholicisme ennemi de la liberté des peuples, mais capable d'ailleurs, sauf modification, d'entrer dans les plans d'une bonne constitution politique. Car le discours de novembre 1793 ne fut, qu'on l'observe bien, ni son premier ni son dernier mot; il n'eut que peur ce jour-là, comme en maintes occasions; des actes évidemment réfléchis prouvent qu'au fond la réalité de sa foi en démentait les apparences (1). Sur tous ces points au reste, je laisse les faits s'expliquer eux-mêmes.

J'ai parlé de constitution; ici la question change, ou du moins veut qu'on s'entende et qu'on définisse.

Si les utopies de Siéyes doivent être appréciées par leurs résultats et par la conduite privée ou publique de celui qui les a conçues; certes, je les trouve peu innocentes d'une part; de l'autre, elles ont assez l'allure d'une funèbre pasquinade;

---

(1) C. Fr. Cramer. — Et *des opinions de Siéyes pendant la révolution.*

et alors que penserai-je donc absolument de cet homme ?

Si au contraire il faut les juger en elles-mêmes et par elles-mêmes, l'opinion se dessinera difficilement encore; car il y a suivant moi en politique, plus de fourberie et plus de sincérité, plus de tort et plus de raison, plus de droit et plus d'usurpation qu'on n'en suppose généralement. Les disputes finiraient bien vite, a dit Larochefoucauld, si le tort n'était que d'un côté. Dieu sait si celles-là sont finies.

En l'une et l'autre hypothèse, les faits prononceront encore.

Quoi qu'il en soit, à le considérer comme publiciste, Siéyes m'a paru intéressant à étudier, aussi bien qu'en sa qualité de philosophe, de prêtre renégat ou non, d'homme de génie, de l'un des plus considérables personnages des temps modernes.

Emmanuel-Joseph Siéyes écrit lui même qu'il naquit à Fréjus, le 3 mai 1748, à 7 heures du matin. Il était à peine viable, et l'extrême faiblesse de sa constitution fit penser durant les deux premières années qu'on ne parviendrait pas à le conserver. Sa famille jouissait d'une fortune modeste et d'une bonne considération, sans être jamais sortie de la sphère commune ni avoir songé même à la célébrité. Joseph-Mathieu Siéyes son père était directeur d'une poste aux lettres ; son autre fils lui succéda. Sa mère était la fille d'un négociant de Marseille. Cette simple et vertueuse personne regarda comme le plus beau jour de sa vie celui où son fils Emmanuel fut fait prêtre.

Fort jeune encore, il fut placé chez les jésuites et se fit bientôt remarquer de ses habiles maîtres par la pénétration de son esprit, son aptitude aux choses sérieuses, sa précoce maturité, sa piété vive et solide. Désireux qu'ils ont toujours été de s'adjoindre des sujets distingués, cette occasion devait leur sourire ; ils dirigèrent donc vers ce but les dispositions de Siéyes ; mais tel ne fut pas le conseil de Dieu.

Toutefois il entra dans l'état ecclésiastique. Tout porte à croire que ce ne fut pas sans vocation, bien que des événements ultérieurs l'aient violemment détourné de cette voie, et qu'il fût au nombre des cadets de Provence ou de Gascogne, comme le remarque M. Chapuys-Montlaville. Le même auteur accuse chez Siéyes des instincts belliqueux et un irrésistible penchant pour les armes qui, dit-il, laissèrent des traces dans sa vie. J'ai cherché à ne pas rire de ces gracieuses suppositions ; M. Chapuys veut-il agréablement badiner?

Une fois ses humanités finies, Siéyes vint à Paris, suivit les leçons de l'université et y prit ses grades. C'est durant son cours de théologie que se révéla définitivement le caractère particulier de son intelligence. Il aimait la controverse, et s'y distinguait à tel point que son professeur de dogme disait aux autres élèves : « Ne prenez pas garde à moi, écoutez-le. » Austère et silencieux par habitude, il s'échappait alors de sa nature, et débordait tout entier. La plus imperceptible nuance, qu'elle affaiblît ou servît un argument, ne lui échappait pas. Il maniait à volonté le latin, s'énonçait clairement et presque solennellement, quoique sa voix eût peu d'étendue; citait sans effort et comme involontairement à l'appui de ses merveilleuses thèses l'Écriture sainte et les Pères ; il était l'admiration de tous, et c'était bien là celui dont Mirabeau devait dire plus tard, le 23 juin 1789 : « Le silence de Siéyes est une calamité publique. »

Il citait plus que les Pères; ses supérieurs l'entendirent avec épouvante faire le procès au philosophisme, l'arguer de faux sur certains points, sur d'autres lui donner gain de cause. Il préconisait Locke, disait du bien de l'abbé de Condillac, et ne détestait pas Bonnet. « Aucun livre politique, dit-il lui-même, ne m'a procuré une satisfaction plus vive que ceux de Locke et de Condillac. Déjà la théorie du langage, la marche philosophique de l'esprit humain, les méthodes intellectuelles l'avaient profondément occupé. Alors on pensa que son inflexibilité dégénérait en obstination, sa gravité en suffisance, sa taciturnité ordinaire en cette mélancolie funeste que maudit l'Ecclésiaste. On prit l'éveil; on s'agita prudemment pour surprendre cette nature *cauteleuse*, disait-on; on n'y réussit pas. Il déjoua tous les pièges; il en triompha même réellement, puisqu'il put se réintégrer sans réserve dans l'estime perdue et goûter encore les séductions de la louange la moins équivoque. Il avait alors 26 ans.

L'idée qu'on s'était faite de sa capacité fut telle qu'à sa sortie du séminaire de Paris, en 1795, plusieurs évêques le demandaient pour grand-vicaire. Il suivit en cette qualité M. de Lubersac, évêque de Tréguier puis de Chartres, qui le nomma de plus en 1784 chanoine et chancelier de la cathédrale. Il avait obtenu auparavant la place de sacristain dans la chapelle de Madame Sophie de France, avec une pension de cette chapelle et une chapellenie au diocèse de Tréguier en Bretagne ; le tout représentant 28,000 livres de rente.

M. de Lubersac faisait si grand cas de sa capacité, qu'il n'eût jamais pris une détermination sans l'avoir consulté préalablement ; il l'aimait d'ailleurs d'une affection tout-à-fait paternelle, et pouvait à peine vivre sans lui. En le montrant à ses chanoines, il disait quelquefois : Voilà mon manuel. Sa confiance s'étendit même jusqu'à ce point qu'il lui donnait la plus grande part dans l'administration de son diocèse, ce dont il n'eut d'abord qu'à s'applaudir pour lui-même, aussi bien que les ecclésiastiques soumis à ses ordres.

Cependant la révolution se préparait ; elle était prête ; elle était même consommée dans les esprits depuis plus de trente ans ; il n'y manquait qu'une formule visible à l'œil ; celle-ci ne se fit pas attendre non plus. Les acteurs du drame avaient textuellement répété leurs rôles dans les salons de la régence et des maîtresses de Louis XV; l'Encyclopédie était une Convention provisionnelle qui, en abattant des idées montrait à sa fille comment on coupe des

2

têtes. Robespierre se nommait alors M. de Voltaire et Diderot sentait bien son Marat ; l'abbé Raynal, Condorcet, Rivarol, Beaumarchais et Champfort, chacun selon les différences spécifiques de son caractère et de son rôle, avaient pu rêver préventivement de leur avenir tout entier sous l'impression de leur présent et de leur passé ; Rousseau écrivait le *Contrat social,* Montesquieu l'*Esprit des Lois,* d'Alembert et Marmontel leurs pages capitales, avec la plume bien ou mal taillée de Siéyes.

Siéyes lui-même avait connu ces hommes-là ; il avait vécu dans l'intimité de plusieurs, écouté Turgot et l'abbé du Terray, et goûté des soupers du baron d'Holbac. Sans blesser jamais la doctrine catholique par les épigrammes courantes, tout en la défendant même avec vigueur et avantage, il étudiait les philosophes dans un ordre de conceptions qui n'était pas positivement celui-là, et ainsi s'imprégnait de sentiments nouveaux, ou sentait s'échauffer et s'agrandir à leur contact ceux qu'il avait conçus de naissance ; je veux parler des théories du pouvoir politique. Non toutefois qu'il suivît ou dût suivre par la suite l'école historique de Montesquieu, l'école logique de Rousseau, métaphysique de d'Alembert, moqueuse et amphigourique ou superficielle de Voltaire et des autres ; on le verra par la suite. A la différence de Rousseau surtout, dit M. Mignet, il pensa toujours que l'individu doit être le but, et non le pur instrument de l'état; que l'homme passait avant le citoyen, le droit avant la loi, la morale éternelle avant les règles mobiles et changeantes des sociétés. Laissons toujours l'histoire marcher.

Or on sait qu'à toutes les causes de dissolution précisées plus haut se joignait une cause plus puissante encore, à savoir la conspiration du gouvernement lui-même contre le gouvernement. Il était de fort mauvaise compagnie en ce temps-là, dans le plus haut monde comme dans le monde ecclésiastique, de ne pas décocher son petit trait contre la noblesse, fût-on Noailles ou Montmorency. Le patriotisme de la noblesse, dit le *Point du jour,* porta lui-même au colosse féodal des coups plus terribles qu'il n'en avait reçu de la politique farouche de Louis XI et de Richelieu. Nous assisterons bientôt à la séance du 4 août 1789, que Rivarol appelait *la Saint-Barthélemi des privilèges.* De son côté, la cour n'était pas non plus en arrière de la mode; on y déclamait aussi contre les abus et les préjugés; on y trouvait joli le terme de réformation radicale. Préoccupés tout entiers par ces déclamations qui auraient dû rester, à certains égards, sonores et vides, partageant d'ailleurs plus ou moins le vertige universel, et entraînant dans leur chute ceux qu'ils s'efforçaient de retenir, comme font des hommes ivres, les ministres ne pouvaient plus rien ; un effrayant désordre régnait surtout dans les finances ; depuis Law le crédit public était anéanti. Vainement Louis XVI avait-il convoqué deux fois l'assemblée des Notables, le résultat des délibérations avait été nul ; il avait été funeste par la raison que, dans ces crises extrêmes, ce qui ne sauve pas le malade le tue. La pensée vint au roi de recourir aux États-Généraux qui n'avaient pas été convoqués depuis 175 ans ; mais cet expédient n'était pas non plus sans embarras; fallait-il voter par ordre comme en 1614, ou voter par tête? Où était le plus avantageux à la cause monarchique? Où était le moyen terme entre les intérêts du pouvoir qu'on aimait encore un peu par coutume, et du peuple, l'idole parfaitement indéfinissable et indéfinie mais pourtant unique du jour? On s'adressait mille autres questions, et l'opinion durant ces incertitudes marchait à grands pas, et les rouages de la machine gouvernementale étaient près de voler en éclats. Définitivement la réunion fut fixée pour le mardi 5 mai 1789. Ce jour-là eut lieu la procession solennelle des États, si bien décrite par le marquis de Ferrières; et M. de la Fare, évêque de Nancy, mort depuis archevêque de Sens, prononça le discours. Le lendemain, les députés s'assemblèrent à la salle des *Menus*. Après le discours de la couronne et les explications de Necker, les députés du tiers se rendirent le 6 mai à la salle commune pour procéder à la vérification des pouvoirs qui suivant eux devait avoir lieu en présence des trois ordres réunis; comme la noblesse ni le clergé ne se présentèrent, il leur fut fait plusieurs sommations qui restèrent sans effet. Rabaut-Saint-Etienne était d'avis qu'on leur envoyât seize commissaires pour conférer avec un nombre égal de députés choisis dans la noblesse et le clergé; Chapelier voulait qu'on leur fit seulement une invitation nouvelle, sauf à se constituer comme seul corps national aussitôt après leur refus. Sur ces deux motions se firent entendre Mirabeau et Siéyes; l'un se révélant alors comme le premier orateur des temps modernes et peut-être de tous les temps, l'autre le plus grand et le plus inflexible de tous les logiciens. Entre l'avis de Rabaut et celui de Chapelier, ils trouvèrent une mesure conciliatrice dont on fit usage, ou plutôt ils opérèrent une fusion des deux dans une sommation unique et définitive. Toutefois les deux ordres s'obstinaient. Ils refusent une réponse le jeudi qui se trouve être un jour férié ; ils répondent le vendredi qu'ils vont délibérer; le roi dit qu'il fera connaître ses intentions. Siéyes fit alors une motion nouvelle, et incontinent la France fut en pleine révolution de fait. Le Tiers va se constituer en assemblée active ; Mirabeau veut qu'on appelle ses membres les *Représentants du peuple Français;* Mounier propose le nom d'*Assemblée délibérante en l'absence de la minorité;* Legrand (de l'Oise) celui d'*Assemblée nationale;* le Tiers adopte ce dernier terme et se constitue solennellement en *Assemblée nationale,* à la majorité de 491 voix contre 90, le 17 juin. Siéyes fut chargé de motiver cette décision. J'analyserais ici sa rédaction si les œuvres d'un homme pareil pouvaient s'abréger, étant elles-mêmes de profondes et substantielles analyses.

Le premier décret des communes, dit M. Mouttet (1) fut un acte de souveraineté par lequel

---

(1) *Tribune française,* tom. 1, 2ᵉ livr.

elles déclarèrent illégales et nulles les contributions qui se percevaient dans le royaume, en ajoutant que toute levée d'impôts qui n'aurait pas été nommément et librement accordée par l'assemblée cesserait dans toute l'étendue du royaume. Elles mirent les créanciers de l'état sous la sauve-garde de la nation et nommèrent un comité de subsistances pour aviser et remédier aux causes de la disette qui affligeait le royaume. Louis XVI eut peur; le 20 juin la salle des États se trouva fermée et entourée de gardes à l'heure indiquée par le président pour la séance. C'est alors, le 20 juin, qu'elles se réfugièrent dans un jeu de paume et que fut prêté ce fameux serment formulé encore par Siéyes, en vertu duquel chaque député s'engagea à se réunir partout où les circonstances l'exigeraient pour établir et affermir la constitution du royaume. » Le 22, la majorité du clergé se réunit au tiers dans l'église de Saint-Louis; le 23, le roi prononça un discours où en rappelant les lois constitutives de la France il développait admirablement ses vues paternelles sur cette chère patrie; d'autre part il fit lire par un de ses secrétaires une déclaration en 35 articles subversive de toutes les mesures adoptées par *l'Assemblée nationale*. Le discours et la déclaration furent accueillis d'abord par un morne silence, mais on n'obéit pas; on délibéra bientôt sur l'un et l'autre; Mirabeau parla; et quand M. de Brézé voulut l'interrompre, il répondit comme chacun sait. Siéyes fut aussi éloquent que Mirabeau. A la fin d'un discours saisissant de concision et de logique, il prononça, lui aussi, de terribles paroles: « Messieurs, vous êtes aujourd'hui ce que vous étiez hier. » *L'Assemblée* arrêta que ses membres désormais étaient inviolables. En trois jours la fusion des trois ordres fut opérée; le cable, suivant l'expression de Siéyes lui-même, était coupé; la noblesse et le clergé, sur une explication de lui, abandonnèrent la question des mandats impératifs et le contenu des cahiers; le tiers avait pour toujours absorbé ces deux ordres; ses travaux commencèrent, ou plutôt continuèrent. Et faut-il rappeler ici tout ce qui fut fait? La pensée a peine à les suivre ces infatigables travailleurs, si puissants à détruire, si puissants à reconstruire, si prodigieux sous tous les rapports. On n'a jamais vu tant de génies divers réunis sur un point; c'était vraiment là un sénat de géants et de demi-dieux. L'antiquité n'a rien produit de majestueux et d'immense comme les luttes qui se livrèrent du temps de la Constiluante; la postérité, puisque des occasions égales ne lui manqueront pas, pourrait bien se donner un spectacle égal, avec la grâce de Dieu.

J'ai cru cet exposé nécessaire pour définir le principal épisode de la vie de Siéyes, c'est-à-dire son rôle politique qui fut le plus grand et le premier de la régénération de 89, quelle que soit d'ailleurs la moralité ou la valeur intrinsèque de cet œuvre sur lequel je n'ai pas à me prononcer ici.

Indépendamment de ses discours qui sont des créations d'idées et des chefs-d'œuvre précieux du genre parlementaire, dont chaque paragraphe a été pour ainsi dire une révolution, dont chaque phrase est un aphorisme social, Siéyes avait écrit; et sa plume jetée dans la balance avait plus fait tout d'un coup pour l'entraîner que ne firent plus tard les tonnerres du tribun d'Aix ou le sabre de Napoléon. Avant que Louis XVI eut décidé la convocation des états-généraux, le cardinal de Brienne fit un appel à tous les publicistes de la France, et particulièrement à l'abbé Siéyes qui s'était déjà distingué en 1787, comme membre de l'assemblée provinciale d'Orléans et président de la commission atermédiaire; il avait aussi figuré comme conseiller commissionnaire du diocèse de Chartres à la chambre supérieure du clergé. Or le ministère voulait ainsi s'éclairer sur ses devoirs, sur ses dangers et sur la disposition des esprits, et tenter une réforme par voie administrative. Siéyes alors publia successivement trois opuscules : 1° l'*Essai sur les privilèges* en 1788, où il traite des questions d'économie sociale fort débattues depuis par le fameux Saint-Simon et par ses disciples. Si Turgot avait déjà consacré le travail comme un droit, Siéyes consacra les droits politiques du travail. 2° *Qu'est-ce que le tiers état?* titre primitif qui, dit-on, lui fut donné par Champfort (1) et auquel il ajouta : *tout*. — *Qu'a-t-il été jusqu'à présent dans l'ordre politique? rien.*—*Que demande-t-il? à être quelque chose.* Cette brochure composée pendant *les Notables* de 1788, parut le 9 janvier 1789, et elle eut un succès prodigieux. 60,000 exemplaires furent vendus en quelques semaines, ce qui suppose 1200,000 lecteurs au moins; on la lisait tout haut sur les places publiques; on ne s'abordait plus qu'en disant : avez-vous lu le *Tiers?* êtes-vous *tiers ?* c'était du reste un coup de hardiesse véritablement étrange qu'un

(1) Lettres de Lauraguais à la marquise d'Urssel, 1802.

tel pamphlet à une telle époque, car il y avait alors peine de mort contre les auteurs d'ouvrages tendant à troubler l'ordre établi. Par bonheur les Parlements étaient fatigués de condamner, et le livre nouveau fut mieux traité que ne l'avaient été l'Encyclopédie, les *Lettres de Mirabeau le marchand à M. Necker le banquier*, et *la Passion, mort et résurrection du peuple.* Il échappa à la proscription.

« Les arguments, disent MM. Rabbe et Sainte-Preuve, y sont aussi clairement qu'énergiquement exprimés. Présentant un nombre total de 80,000 têtes ecclésiastiques et de 110,000 têtes nobles, Siéyes émet cette conclusion : donc en tout, il n'y a pas 200,000 privilégiés des deux premiers ordres. Comparez ce nombre à celui de 25 à 30 millions d'hommes, et jugez la question. » Il y déclare que le meilleur régime est celui où non pas un, non pas quelques uns, mais où tous jouissent de la plus grande liberté possible.

Dans un autre libelle intitulé : *Plan de délibération pour les assemblées de baillages,* il indiqua cette transformation territoriale de la France, qui devint la clef de voute de nos libertés et de nos grandeurs en fondant l'unité nationale. Il faut consigner ici ses paroles. « Ce n'est, disait-il, qu'en effaçant les limites des provinces qu'on parviendra à détruire tous les privilèges locaux. Ainsi il sera essentiel de faire une nouvelle division territoriale par espaces égaux partout. Il n'y a pas de moyen plus puissant et plus prompt de faire sans trouble, de toutes les parties de la France, un seul corps, et de tous les peuples qui la divisent une seule nation. » En 1798 cette idée fut conduite à fin.

Remarquons en passant que, parmi toutes les idées qu'il a conçues dans sa vie, celle-là lui fut toujours singulièrement chère. M. Mignet lui disait un jour depuis 1830 : vous êtes le principal auteur de la circonscription par départements? « Mieux que cela, reprit-il en s'animant, le seul ! » Je cite encore une anecdote racontée par M. Mignet et qui prouve qu'aux avantages d'une pénétration, d'une force de raisonnement et d'une activité sans bornes, Siéyes joignait presque le don de seconde vue; car enfin, qu'il ait prédit ce qui a été fait ou qu'il l'ait amené et produit, c'était chose miraculeuse. Un autre jour donc, comme il passait aux Champs-Elysées, il vit le guet qui alors était presque aussi brutal que les sergents de ville d'aujourd'hui, maltraiter une pauvre vieille marchande de fruits et la chasser avec son étalage ; l'indignation s'était emparée de lui : « Patience, s'écria-t-il en interpellant ces ignobles limiers, patience, brave femme, ces gens-là ne vexeront plus le peuple, quand nous aurons la *garde nationale.* On n'avait jamais pensé à une pareille garde, et s'il y eut erreur de la part de Siéyes, ce ne fut pas quant à l'existence future et prochaine de ces soldats bourgeois dont nos casernes sont meublées dans les temps de bonace politique.

Revenons aux publications de 1789. Trois mois après le *Tiers*, parurent les *Vues sur les moyens d'exécution dont les représentants de la France pourront disposer.* L'esprit de cet ouvrage se trouve tout entier dans son épigraphe, que voici : « On peut, on doit même élever ses désirs à la hauteur de ses droits, mais il faut mesurer ses projets sur ses moyens. »

Siéyes avait acquis dès lors une immense popularité ; c'en était assez pour décider l'assemblée électorale du *Tiers-État* de Paris à l'envoyer aux états-généraux. Mais elle s'était imposé l'obligation de ne faire porter les choix que sur des membres de son ordre ; et ce fut par une espèce de supercherie honnête que Bailly, devenu depuis si fameux, provoqua sa nomination lorsque déjà 19 députés sur 20 avaient été élus. Nous avons vu et nous verrons encore comment il justifia la confiance de ses commettants, et par ses travaux de tribune, quoiqu'il ait déclaré on ne sait comment ni pourquoi, le 17 juin 1789, que se reconnaissant peu d'aptitude à parler en public il s'abstiendrait dorénavant, et par la portée infinie de ses nombreux écrits qui au vis-à-vis de l'opinion peuvent n'être pas du goût de tout le monde, mais qui en tous cas sont trop oubliés aujourd'hui. Je ne crois pas du tout qu'il ait jamais été attaché à la faction d'Orléans et que les rédactions attribuées à Choderlos de Laclos soient en réalité ses rédactions ; c'est pourquoi je n'en parle pas. Ceci nous ramène à la séance de la Constituante que nous avons quittée pour jeter un coup d'œil en arrière sur ses actes de publiciste ; écoutons maintenant les débats relatifs à la question de la dîme.

L'assemblée avait décrété le 4 août que la dîme était rachetable ; deux jours après, sous prétexte d'un changement de rédaction qu'il qualifie de plaisanterie trop *léonine*, elle voulut la déclarer abolie. Siéyes soutint que le premier arrêté, portant que la dîme était rachetable, devait être maintenu, et les fonds employés soit à combler le déficit, soit à divers services publics (La dîme représentait 70,000,000 de rente). Il s'écria : « La dîme, quel que soit son sort futur, ne vous appartient pas; elle n'appartient pas aux propriétaires, car lorsqu'on achète une terre, on l'achète moins les redevances, moins la dîme.... Ils veulent être libres, continua-t-il, et ils ne savent pas être justes! » On lui pardonna difficilement ce mot; il fut souvent depuis contredit et heurté. Nommé membre du Comité de constitution, ce comité lui avait demandé, le 16 juillet, une *déclaration des droits* qu'il présenta le 20 avec un travail important : *les Préliminaires de la Constitution française.* L'archevêque de Bordeaux, M. Champion de Cicé, depuis ministre, en fit comme rapporteur le plus grand éloge; mais on y introduisit dans la suite des modifications et on l'accueillit plus froidement que Siéyes n'avait pensé. On adopta malgré lui et son *dire* (1) le *veto* suspensif; on abolit purement et simplement les dîmes malgré ses éloquentes répliques et ses *observations sommaires sur les biens ecclésiastiques*, réfutées d'ailleurs par A.-B.-J. Guffroy et par Ser-

(1) *Dire de M. l'abbé Siéyes* sur le *veto* royal, 1789.

van. On repoussa ses idées sur l'application du jury à la procédure civile et criminelle ; enfin son orgueil fut froissé en cent manières ; il prit en dégoût et en pitié ces *théoriciens de collége*, comme il les appelait, et s'enferma pour quelques jours dans son silence. Il était dès lors un des principaux membres de la faction des *Constitutionnistes* et des *diplomates*, dont l'influence fut si fatale à la France. Le 19 juin il écrivit un rapport sur l'*Établissement de la représentation proportionnelle*, lu par le magistrat Thouret, et un autre sur l'établissement des assemblées administratives et des nouvelles communes qu'il voulait constituer d'après le modèle du régime municipal des Romains.

Le temps et l'espace me font défaut pour tant de choses, je me hâte et j'abrége. J'ai puisé jusqu'ici mes renseignements dans l'*Histoire de la Révolution française* du vicomte de Toulongeon, car le *Moniteur* n'existait pas encore. J'aurai pour la suite le secours de cette dernière feuille. J'observe du reste que la figure de Siéyes disparaît de plus en plus dans la révolution à mesure que celle-ci s'avance ou du moins qu'elle dévie. J'en conclus que pour terminer à temps, sans écourter désagréablement mon récit, il me suffira désormais de jeter à grands traits sur le papier les accidents plus ou moins rares ou curieux qui vont se présenter.

En 90, il avait publié, le 20 janvier, et présenté un projet de loi *contre les délits qui peuvent se commettre par la voie de l'impression et par la publication des écrits et gravures.* Il publie en mars son *Aperçu d'une nouvelle organisation de la justice et de la police en France.* Ce projet, lu par le marquis de Bonnay sur la demande de l'assemblée, n'eut aucun résultat, comme je l'ai dit; il fut réfuté par Garat et Servan. A l'anniversaire de la constitution des États-Généraux, la même année, Siéyes fut nommé président, et presque en même temps apprit que les électeurs de Paris voulaient le nommer leur évêque. Il fit alors paraître son libelle : *Renonciation à la dignité cléricale;* c'était l'expression de son refus. En 1791 il fut nommé membre du directoire de Paris, et chargé de l'instruction publique. Pour arrêter des excès graves qui se commettaient à la porte des églises, surtout de celle des Théatins, il prit des mesures sévères dont l'assemblée lui sut mauvais gré; on l'accusa même à ce propos d'avoir outrepassé ses pouvoirs; il fut obligé de se défendre à la tribune, et il le fit avec son talent et son austérité accoutumés. Mais sa popularité décroissait sensiblement, et cela se conçoit. La passion, qu'elle s'empare des individus ou des nations, n'admet point de tempéraments, elle ne discerne pas. De ce qu'il fallait détruire un abus elle en induit que la destruction doit porter sur l'universalité des choses, bonnes ou mauvaises, salutaires ou mortelles, sacrées ou abominables, n'importe. Si un homme se lève, l'ayant puissamment secondée dans son action tant qu'elle a été logique ou nationale, mais qui arrache à ses mains furibondes les usages, les objets vénérables de religion, les droits incontestables, les lois constitutives de l'État, elle se croit trahie, elle gronde et s'emporte, elle double de vitesse et d'énergie, elle entraîne et enveloppe souvent celui qui lui oppose des digues avec ses réclamations et les débris palpitants de toutes les institutions sociales et humaines. A bien plus forte raison, si celui qui la gêne actuellement portait un caractère mélangé de quelque faiblesse, et l'avait habituée à confondre un peu, dans je ne sais quelle proportion rigoureuse et obscure d'idées, les choses les plus essentiellement distinctes. Or Siéyes était ainsi fait; et d'ailleurs, pour lui-même peut-être, les conséquences s'enchaînaient aux conséquences, émanant d'un principe souverain, et aboutissant à l'unité morale par des voies hardies et imprévues (qui oserait dire qu'il ne fut pas de bonne foi?); et si le résultat ne répondait pas à son attente, le génie lui restait pour recommencer son argumentation. Mais les intelligences vulgaires et brutales, qui sont la force effective des révolutions, n'en sont pas là; et, le principe posé, laissent aller les conséquences où elles veulent, c'est-à-dire qu'elles font ce qui a été fait en 93.

Ainsi, pour nous en tenir à Siéyes, celui-là même qui avait défendu la liberté du culte catholique sur un point, publia en 1790 un projet de décret provisoire sur le clergé, portant qu'on ne pourrait s'engager dans l'état ecclésiastique sans l'autorisation de la municipalité et du district, que les ecclésiastiques n'auraient plus de costume particulier, que toute corporation religieuse était suprimée. Il y a dans ce projet, dit M. Picot, un article curieux : le vingt-sixième, qui autorise tous les titulaires du clergé séculier qui n'ont pas en bénéfice plus de 6,000 livres de revenu à en conserver la pleine jouissance leur vie durant. Cet article était fait tout exprès pour l'auteur qui avait précisément 6,000 francs en bénéfice. Ce projet fut réfuté par l'abbé Barruel en mai 1790 dans son *Journal ecclésiastique.*

Toutefois Siéyes parla encore, le 7 mai de la même année, en faveur de la liberté du culte pour les prêtres qui ne reconnaissaient point l'église constitutionnelle, et je signale aux rédacteurs de la *Revue ecclésiastique* le passage suivant de son discours : « Le Comité, s'écria-t-il, semble n'avoir vu dans la révolution qu'une superbe occasion de relever l'importance théologique de Port-Royal et de faire enfin l'apothéose de Jansénius sur la tombe de ses ennemis. » Cela prouve, dit toujours M. Picot, qu'il jugeait assez bien l'esprit de la Constituante.

Nommé membre du Comité de révision de l'Assemblée nationale après le retour de Varennes, mais en opposition ouverte avec ces comités, il fut bientôt obligé de se retirer; et depuis lors, jusqu'à la fin de la Constituante et de la Législative, il vécut à la campagne et resta étranger aux affaires.

Il fut tiré de sa retraite par les électeurs de l'Orne, de la Sarthe et de la Dordogne, qui l'envoyèrent en 1792 à la Convention. Le rôle qu'il y joua n'a rien de bien saillant. Sa popularité alors ne se releva pas; il lut inutilement quelques projets de loi comme membre du Comité de Constitution. Son projet sur l'instruction publique, adopté d'abord par le Comité d'instruction, fut rejeté par les jacobins, lorsque Lakanal le présenta. Robespierre, à cette occasion, courut à la tribune et s'écria : « Citoyens, on vous trompe; cet ouvrage n'est pas de celui qui vous le présente; je me méfie beaucoup de son véritable auteur (1). » Ses idées sur l'organisation nouvelle du ministère de la guerre n'obtinrent non plus aucun succès. Il siégea ensuite dans la Plaine, parmi ces députés immobiles et silencieux qui semblaient étrangers à tout ce qui se passait et étaient aux ordres des plus forts. Il résumait lui-même son rôle de conventionnel, lorsqu'une personne lui demanda ce qu'il avait fait à cette époque : « Ce que j'ai fait? dit-il, j'ai vécu! » En effet, c'était beaucoup. M. Mignet observe qu'il avait résolu le difficile problème de ne pas périr; le mot n'est pas exact; il avait fait plus : il avait d'un mot tué un roi; je dis d'un mot, car, à la décharge de sa mémoire, on lui doit d'affirmer

(1) Hassenfratz dénonça ce projet, qui fut imprimé ensuite dans la *Feuille Villageoise* fondée par Condorcet et continuée par Ginguené.

qu'il n'ajouta pas à l'atrocité de ce premier mot la double atrocité de ces deux autres : *sans phrases.* Je veux ici qu'on écarte toutes les raisons de logique sociale, qui, de plus, sont pur mensonge et sauvage brutalité. L'ordre ne fut jamais le fils du crime. Il est dit dans la loi : *Tu ne tueras point.* Ces juges-là n'étaient les mandataires de personne. L'épouvante saisit l'âme ; et, à part ces terreurs et ces dégoûts immenses, ce qui suffirait seul à ridiculiser les explications bizarres dont je parle, ce serait l'usage qu'en font tous les jours certains politiques de mœurs perdues ou des génies de carrefours. Je ne crois pas qu'au fond Siéyes fût un homme cruel ; il était orgueilleux, point sympathique ni chevaleresque, mais bien d'une nature ambitieuse, peureuse et lâche; il était égoïste ; il était de plus ivre de sa métaphysique constitutionnelle, ce qui entraîne souvent d'incalculables suites; et je suis bien sûr qu'en prononçant cette affreuse sentence : *la mort!* il ne sentait pas la terre sous ses pieds. Il avait soutenu d'abord que l'assemblée ne devait pas cumuler le pouvoir législatif et judiciaire ; mais quelque chose de plus fort que son bon sens l'entraîna.

Après le 9 thermidor, lorsque la Plaine envahila Montagne, Siéyes se leva et en peu de jours domina la Convention. Il fut heureux un instant. On adopta le 31 mars 1795 plusieurs de ses décrets, dont l'un rappelait les Girondins proscrits; il fit constater, à ce propos, qu'il y avait eu oppression sur la Convention, et par la Convention asservie oppression sur le peuple français. Un autre, son décret de grande police, proclamait *la loi martiale* contre les émeutes, et en cas de violence proposait de transférer le siége de l'assemblée à Châlons-sur-Marne; on l'accepta. Il fut même nommé président de la Convention et membre du Comité de salut public. Il concourut aux traités diplomatiques faits avec la Prusse, l'Espagne, Bâle, et avec la nouvelle république de Hollande, à la quatrième conférence. Il n'avait voulu concourir en rien à la constitution de l'an III (juillet 1795). Cet éclair de popularité disparut encore bientôt. Le 5 août il présenta ses idées sur le jury constitutionnaire, où on a pris depuis le modèle du Sénat conservateur, moins quelques exceptions; mais alors sa proposition ne fut pas admise. Il eut encore de l'humeur, et ne reparut plus aux débats depuis le 13 vendémiaire. Il participa pourtant, comme par le passé, aux délibérations particulières, et on l'accuse d'avoir donné, du haut du pavillon de Flore aux Tuileries, le signal du combat entre les troupes de ligne et les Parisiens insurgés ; on l'accuse aussi, et c'est à tort suivant moi, d'avoir pris part à l'affaire de Quiberon.

Lorsqu'on voulut le nommer membre du Directoire avec La Réveillère-Lepaux, il refusa et préféra rester an Conseil des Cinq-Cents ; mais il assista aux principaux comités et fut chargé des travaux les plus importants.

Le 18 floréal an V, un nommé Poule, neveu du célèbre abbé Poule, et moine augustin de Draguignan, se rendit chez lui sous prétexte de lui demander quelque service en sa qualité de compatriote, et lui tira un coup de pistolet à bout portant. Siéyes parvint à détourner le coup, mais il fut blessé à la main, au bras et au côté gauche. Poule était l'ennemi zélé des jacobins et le regardait comme leur chef le plus influent. Il fut arrêté et condamné à vingt ans de fers et à l'exposition ; il est mort depuis dans les bagnes. Ce procès, du reste, fut si singulièrement conduit que Siéyes en rentrant chez lui dit plaisamment à son portier : « Si Poule revient, vous lui direz que je n'y suis pas. » Cet accident le rendit encore populaire pour quelques jours. Revenons au Tiers.

Le Tiers avait pris séance et voulait donner aux affaires une direction que Siéyes était loin d'approuver. D'un autre côté, dans les clubs, dans celui de Clichy entre autres, on invoquait hautement la nécessité d'un nouveau 9 thermidor; et comme un membre demandait contre qui s'opérerait la réaction, Rovère s'était levé et avait dit : contre Siéyes! ce que Tallien et Fréron répétèrent à ce dernier. Il eut donc peur plus que jamais, et loin de faire une opposition qu'il jugeait dangereuse, rentra dans son silence et son inaction jusqu'au coup d'état de fructidor. A cette époque il reparut pour rédiger, avec quatre autres députés, le décret de proscription qui frappa cinquante-deux de ses collègues, puis accepter de nouveau une présidence, bien que par le fait, et dans ses principes, l'assemblée dont il faisait partie se trouvât dissoute. Il en sortit en 1798, et fut envoyé avec le titre de ministre plénipotentiaire près la cour de Berlin, où il fut accueilli avec une grande bienveillance et devint l'objet des hommages des savants et des penseurs de l'Allemagne (1). Après des négociations difficiles avec le ministère prussien qu'il appelait *le ministère des ajournements*, le 27

(1) Rabbe.

floréal an VII, il fut de nouveau nommé membre et président du directoire exécutif, puis envoyé aux Cinq-Cents par le département d'Indre-et-Loire. Il compléta les proscriptions de fructidor en faisant inscrire sur la table de déportation plusieurs noms oubliés.

On dit que dès 1798 il avait agi clandestinement pour pousser Bonaparte à la tête des affaires. A entendre les discours ultrà-républicains qu'il prononça lors des anniversaires, le 10 août en particulier, on aurait une idée bien différente; mais sa correspondance imprimée à Berlin tendrait à le convaincre de fourberie et de trahison. « Siéyes, dit un biographe, n'était pas scrupuleux sur les moyens pratiques, et ne craignait pas de déshonorer le droit en le mettant à la merci de la force. » Quoi qu'il en soit, quand Bonaparte revint d'Égypte, Siéyes s'aboucha sans peine avec lui par l'entremise de Rœderer, et le 18 brumaire fut préparé. Au Directoire composé de Barras, Moulin, Roger-Ducos, Siéyes et Gohier, succéda un triumvirat composé de trois consuls : Siéyes, Roger-Ducos et Bonaparte; mais cette puissance s'absorba aussitôt dans celle d'un consul à vie, consul unique, qui fut Bonaparte. Siéyes vit, mais un peu tard, qu'il était la dupe du jeune général ; et je laisse à penser s'il se consola d'avoir perdu à Novi le républicain Joubert, qu'il avait voulu d'abord s'adjoindre pour reconstituer par les armes l'état des choses. Bonaparte lui ferma la bouche en l'envoyant au sénat-conservateur, dont il devint président par la suite, et il lui fit donner comme récompense la terre de Crosne qu'il n'habita pas, et des dotations considérables qu'il accepta sans répugnance ; car Siéyes était avare, chose singulière autant que déplorable à dire, et sa conduite nous a prouvé qu'en abandonnant 10,000 fr. de rente viagère lors de la *loi des sacrifices,* il avait vu là une manière de les placer à gros intérêts. Ses réclamations dans la biographie Arnault (notice faite par lui-même) suffisent-elles pour prouver qu'il n'a pas enlevé 900,000 fr. de la caisse du Directoire? On l'a vu donner, lorsqu'après les Cent-Jours il se retira en Belgique, frappé par la proscription commune à tous les régicides, les preuves les plus flagrantes d'une insatiable cupidité.

Ensuite il devint comte et fut décoré de différents ordres ; il passa les jours de l'empire dans un silence de brebis ; et certes, sans mériter qu'on l'accuse d'avoir conspiré, soit tout haut soit tout bas, contre le maître; Napoléon ne se plaignait pas de lui. Toutefois il donna son adhésion au rappel des Bourbons; et nonobstant cette conduite fit partie de la Chambre des Pairs formée par l'empereur le 2 juin 1815. Il comprit alors que la fortune avait décidément changé, et refusa de signer les actes additionnels; il ne parut donc ni au Champ-de-Mai, ni à l'ouverture du Corps législatif.

Sa vie, depuis 1815, a été insignifiante, comme je l'ai dit. 1830 lui rouvrit les portes de la France; mais il n'a fait acte de présence jusqu'à sa mort, arrivée le 20 juin 1836, qu'en rentrant à la cinquième classe de l'Institut (Sciences morales et politiques) rétablie le 26 octobre 1832. Il avait 88 ans quand il mourut. Il existe une biographie de Siéyes écrite par lui-même en 1797, et imprimée en Suisse. On a parlé d'un ouvrage de métaphysique en trois volumes qu'il aurait écrit; l'auteur de cette biographie, qui a beaucoup connu Siéyes, ne lui a jamais entendu dire qu'il s'occupât de ce travail.

Qu'était-ce donc que Siéyes? Napoléon l'appelait un honnête homme. Madame de Staël disait qu'il n'avait jamais servi la tyrannie. M. de Quélen lui a refusé la sépulture ecclésiastique. Que le lecteur juge à présent.

Biographie du Clergé Contemporain

Abbé de la trappe

A. Appert édit Passage du Caire

M. LE BARON DE GÉRAMB.

> Avec une imagination vive et un cœur tendre, on s'imagine tout ce qu'on imagine.
>
> Guizot.

Je vais raconter un voyage que j'ai fait à Laval, maison de la Trappe, où le P. de Géramb est resté si longtemps. Comme les règles de l'Observance sont universelles et uniformes, décrire l'intérieur d'un couvent ce sera les décrire tous d'une part ; et en racontant d'autre part, jusqu'aux détails les plus minutieux de la vie qu'on y mène, je ne sortirai pas de mon cadre, puisqu'on aura pu dire à chaque ligne, à chaque mot : voilà ce qu'a fait M. de Géramb, où il a été, ce qu'il a été, et ce qu'il est.

Le monastère du *Port du Salut* est situé à deux lieues sud de Laval, commune d'Entrammes, entre la Mayenne et la Jouanne. Avant la révolution, il appartenait aux Génovéfins, et s'appelait Porreingehard. Le frère convers qui m'ouvrit la porte, se prosterna et me demanda ce que je désirais. Lorsqu'il sut que je resterais jusqu'au lendemain, il me fit préparer un dîner. Tout homme qui arrive est un frère; là se réalisent vraiment l'égalité et l'unité sociales.

Je lus une carte manuscrite qui contient les avis nécessaires pour se conduire dans la maison : il faut éviter la rencontre des religieux, n'en questionner aucun autre que l'hôtelier. Celui que vous auriez connu dans le monde, faites en sorte qu'il ne puisse vous reconnaître ; ne troublez pas le silence, il est sacré, il est obligatoire comme un serment; les religieux communiquent entre eux par le moyen des signes. L'hôtelier me conduisit à la cellule que je devais occuper : elle était petite; j'y trouvai une table, un Christ, deux livres de piété, une chaise et un lit fort simple, mais d'une exquise propreté.

Après avoir dîné, je visitai l'intérieur de la maison; et d'abord, il y a une tombe toujours entr'ouverte dans le cimetière; mais je n'ai pas vu creuser cette tombe, et je ne sais pourquoi on dit que chaque trappiste bêche la sienne. C'est encore une erreur de croire que les trappistes rompent de temps à autre leur silence pour se dire : *Frère, il faut mourir!* Ils étaient occupés au travail; ils avaient quitté leurs habits de chœur et pris leurs sabots ; les uns cultivaient la terre, d'autres faisaient la lessive, d'autres traînaient des pierres ou aidaient les ouvriers, chacun selon les ordres reçus. Il y a parmi eux des tisserands, des forgerons, des relieurs, des imprimeurs en caractères, etc., etc. Pendant la mauvaise saison, ils travaillent à l'intérieur dans un *laboratoire*; en tout temps, ils distribuent la soupe aux indigents qui se pressent à la porte, et ils instruisent de petits paysans. Je m'arrêtai longtemps à considérer trois frères convers qui n'eurent pas la curiosité de me regarder.

Durant l'été, ils dînent à dix heures, et ils ont ensuite une heure pour faire *la méridienne.* A dîner, ils n'ont jamais plus de deux portions ; le pain est bon, mais ne se cuit que de dix en dix jours; leur boisson habituelle consiste en une chopine de bière qu'ils font eux-mêmes ; on leur donne quelques fruits pour le dessert. Ils ne mangent ni beurre, ni œufs, ni poisson ; et leurs mets sont assaisonnés, non pas avec de l'huile, mais avec du lait et du gruau qu'on remplace en Carême et dans l'Avent par du sel et de l'eau. Qu'un frère laisse par mégarde tomber son couteau, il se jette à genoux, et reste en cet état jusqu'à un signal du supérieur. Ils ne boivent pas sans toucher leur gobelet des deux mains, afin d'agir avec une lenteur forcée et de réprimer ainsi les mouvements de l'appétit sensuel. Il y a au fond du réfectoire une tête de mort, sous laquelle sont écrits ces mots si connus : *Fut-il roi?..... Fut-il pâtre?* Rangés sur deux lignes, les frères chantent le *Benedicite* et les *Grâces*. Une lecture est faite à haute voix.

A l'heure de la méridienne, l'hôtelier m'introduisit dans le cloître; c'est un des *lieux réguliers*, comme l'église, le réfectoire, le dortoir et le chapître, où personne ne peut parler avec les étrangers, pas même l'hôtelier. Là sont suspendus aux murailles les habits des religieux de chœur et les chapes brunes des convers. Le costume des premiers consiste en une tunique blanche, serrée d'une ceinture de cuir à laquelle est suspendu un chapelet; ils prennent souvent la coule, c'est-à-dire une large robe à manches pendantes assez semblable à la toge romaine. J'entrai ensuite dans l'église : le chœur des Pères est fort grand; il contient deux rangs de stalles de chaque côté; les novices occupent celles d'en bas, les profès les plus élevées; celle du R. P. abbé se distingue par la crosse qui est toujours enclavée à son adossement, et l'abbé lui-même ne diffère des autres que par sa croix pectorale, son cordon violet et l'anneau qu'il porte au doigt.

Au dortoir, je trouvai les cellules des religieux fermées par un simple rideau; une lampe y reste allumée toute la nuit. Leurs lits se ressemblent tous; ils se forment d'une paillasse piquée et d'un *lodier*, espèce de couverture fort épaisse.

J'assistai ensuite à l'office; les Vêpres durèrent une heure. Ils psalmodient Complies avec une lenteur extrême; et rien ne peut exprimer l'effet que produisent ces chants cadencés dans le silence du soir, à la lueur faible et tremblottante des deux lampes du sanctuaire. Qui n'a entendu parler du *Salve Regina* de la Trappe?

A sept heures ordinairement, et à huit heures depuis Pâques jusqu'au 14 septembre, l'heure du coucher sonne pour les religieux. Vient l'office de la nuit; ils se lèvent à deux heures. Excepté aux Vêpres, comme nous l'avons vu, et en récitant Prime à cinq heures du matin, ils ne peuvent jamais s'asseoir. A sept heures, ils se rendent au chapitre qui dure une demi-heure, et plus longtemps si le R. P. abbé donne un sermon. Là aussi chaque religieux s'accuse des fautes qu'il a commises contre la règle; ou, s'il ne le fait pas, ses frères l'accusent souvent, par un motif de Charité.

Quand un frère est malade, la seule douceur qui lui soit accordée c'est de coucher sur une paillasse non piquée et de manger la viande la plus commune; s'il est mourant, on l'étend sur la paille et la cendre; ses frères sont appelés par *la tablette* au spectacle de sa dernière agonie, et récitent en chœur sur lui les prières des agonisants. A peine est-il expiré qu'on le porte à l'église; on dit la messe des morts; on chante les psaumes, et son corps est enterré sans bière, enveloppé seulement de son habit.

Je fus à la sacristie et me trouvai face à face avec le P. Prieur, D. Amand, ancien cluniste, qui me fit un accueil amical. Il avait été aussi Prieur de Darfeld.

Ce dernier nom me rappelle la tombe entr'ouverte du cloître, dont j'ai déjà dit un mot. J'avais vu un convers agenouillé auprès de cette tombe qui était celle de M. Leclerc de la Roussière; voici ce que j'appris : Le vertueux gentilhomme avait connu les Trappistes dans l'émigration; en 1814, il voulut en établir une maison. Le P. Eugène, abbé du monastère de Darfeld, en Westphalie, obtint cette année là une audience de Louis XVIII et la permission de s'établir en France. Il autorisa donc, de son côté, le P. Bernard de Girmond à fonder le couvent de Laval; et quelques religieux se réunirent au château de la Doyère chez M. de la Roussière. Celui-ci acheta le monastère qu'ils possèdent maintenant, et ils y entrèrent le 21 février 1815. Les Cent-Jours ne troublèrent pas leurs exercices; des Trappistes de la forêt de Senart se joignirent à eux; ils furent bientôt une vingtaine; et leur nombre s'est beaucoup augmenté depuis. On compta neuf couvents de cet ordre: la Trappe, dans le Perche; c'est le berceau de la réforme, et de là vient le nom de Trappistes que prirent les Cisterciens aux temps de l'abbé de Rancé; Belle-Fontaine, dans la Vendée; le Gard, près Amiens; Aigue-Belle, en Dauphiné; la Melleraye, près Nantes; Saint-Aubin, dans la Guyenne; la Sainte-Beaume, en Provence; Bricquebec, au diocèse de Coutances. On dut la plupart de ces établissements au saint abbé D. Augustin de l'Estrange.

Des hommes de haute distinction se sont revêtus de la coule des Trappistes. On a compté parmi les frères les comtes de Santena, de Rosembert et de Thalouet, le chevalier de Charny, le baron de la Motte, etc., etc. Un grand nom se joignit à ceux-là en ces derniers temps: M. le baron de Géramb, chambellan de l'empereur d'Autriche.

On dit que le baron Ferdinand de Géramb naquit à Lyon, le 17 avril 1772, d'une noble et ancienne famille de Hongrie.

M. de Géramb, je le tiens de source certaine, affirme qu'il est né ailleurs. J'observe cependant qu'il a une prédilection toute particulière pour la ville de Lyon. Chaque fois que l'occasion s'en présente, il ne peut s'empêcher d'en parler comme on parle d'une patrie, dans les termes de l'amour le plus vif et le plus naturel. (Voir la p. 7 de son *Voyage à Rome*.)

En opposition à ce que j'ai dit de sa famille, plusieurs donnent à ses titres nobiliaires la simple origine que voici : ces personnes racontent que Julien Ferdinand Géramb, son père, brave et honnête tapissier de la Guillotière (Rhône), quitta son pays pour aller tenter la fortune au loin; fixa sa résidence à Vienne et réussit dans son état selon qu'il l'avait espéré. Il eut bientôt acquis une réputation singulière d'habileté; sa clientèle s'étendit, dans les hautes classes surtout ; et l'empereur le chargea de décorer un appartement de son palais, ce qu'il fit si bien, dit-on, qu'en récompense il fut nommé chevalier de l'ordre du Saint-Empire et pourvu d'un titre de noblesse.

Quoi qu'il en soit, sa mère se nommait Mademoiselle Lasausse ; et il passa les premières années de sa vie en Allemagne sous les yeux de cette vertueuse femme. Il a un frère et deux sœurs. Son frère Léopold, baron de Géramb, plus jeune que lui, un des plus braves généraux de l'armée autrichienne, couvert d'ordres et de blessures, ne manquait jamais, étant colonel de hussards de l'Archiduc Joseph, de communier à la tête des officiers de son régiment. On annonce qu'il s'est aussi retiré dans la solitude pour ne plus songer qu'à son salut. De ses deux sœurs, l'une épousa un protestant et resta veuve peu de temps après, avec un fils qui depuis s'est converti et fait prêtre ; l'autre habite la Hongrie et possède une vaste fortune, où le Trappiste, moyennant permission, puise souvent à belles mains, ôtant aux hommes pour donner à Dieu.

Son éducation fut apparemment comme celle de tant d'autres, mélangée de perfections et d'imperfections, de craintes et d'espérances. On devinerait sans peine, à voir ses actions ultérieures, qu'il fit preuve dès l'abord d'une activité rare et d'une égale richesse de sensibilité. Cette nature nerveuse et ardente à l'excès devait passer rapidement de la croyance à la passion, et de la passion à la violence. Il étudiait avec frénésie, ou se livrait de même aux étourderies de son âge. Questionneur intrépide, il y avait dans ses instances, l'espèce de despotisme suppliant qui distingue admirablement ses brûlantes *Aspirations* à Dieu; c'était bien là celui dont M. de Cheverus dira plus tard, après l'avoir visité, qu'*il a vu un baril de poudre sous un capuchon*.

A 17 ans, son père le conduisit à Rome, lui, son frère, et toute sa famille. La vue de cette ville, autrefois reine du monde, aujourd'hui plus grande et plus divine encore, produisit sur lui des impressions qui ne s'effaceront jamais : « Étant monté sur la coupole de Saint-Pierre, je montai jusque sur la boule et sur la croix, et j'y écrivis mon nom avec de la craie. J'étais à 600 pieds de terre; en descendant la tête me tourna ; je criai donc à mon frère qui était passé devant, que réduit à rester où j'étais, je le priais de faire mes adieux à ma famille, de ne pas m'oublier et de vouloir bien donner à mes amis ma nouvelle adresse : « *A M. le baron Ferdi-*

nand de Géramb, en dehors de la boule du Dôme de la Basilique de Saint-Pierre, à Rome. Je ne sais, ajoute-t-il, si mes adieux parvinrent à ma famille et comment je sortis de là (1). (*Voyage à Rome.*) »

La carrière des armes lui souriait nécessairement avec ses aventures et ses dangers ; il y entra et acquit tout aussitôt une réputation d'officier distingué. Il parvint, en quelques années, aux grades les plus élevés. Vers 1804, il commandait comme colonel un corps-franc qui portait le nom de l'impératrice Marie-Thérèse. En 1806 il fut élevé à la dignité de Chambellan et fait chevalier de Malte. Après la paix de Tilsitt, il demanda du service à Ferdinand d'Espagne et l'obtint avec le titre de lieutenant-général. C'était pendant la guerre contre la France. Comme les troupes espagnoles étaient presque toutes acculées dans l'Ile de Léon, il ne put les rejoindre et se distinguer, comme il brûlait de le faire. Il se rendit donc en Angleterre pour solliciter des secours, former une légion nouvelle d'Autrichiens, revenir sur l'Espagne et la sauver. Mais un nouvel obstacle se présente : ses affaires personnelles n'étaient guère plus brillantes

(1) Tous les passages guillemetés sont tirés des œuvres de M. de Géramb.

que celles de la Péninsule ; un séjour trop prolongé à Londres les avait vivement compromises ; ses ennemis, à lui, étaient ses créanciers, ennemis nombreux et féroces qui le poursuivent à outrance et le traquent enfin dans une maison de campagne voisine de Londres. L'intrépide général ne se déconcerte pas : il ferme ses portes, construit des barricades, arbore sur le toit un drapeau bigarré portant la vieille et fameuse devise anglaise : *My house is my castl* (1); et il soutient durant quinze jours un siège en règle contre tous les schériffs et constables du pays. Une affluence considérable s'était portée sur les lieux ; on attendait l'issue de la lutte, et la justice était fort embarrassée d'elle-même, lorsque le ministère se mit de la partie et trancha la difficulté par l'application de *l'alien-bill* au baron de Géramb (2). Il eut beau protester de toutes ses forces, déclarer qu'il s'était ruiné à faire la guerre contre la France, montrer qu'il lui restait pour toute propriété son uniforme et son sabre; il fut déporté et jeté sur les côtes du Danemarck. Bonaparte le réclama, Bonaparte le fléau de son époque, dit M. de Géramb, au moment où, sui-

(1) Ma maison est ma citadelle.
(2) Loi contre les étrangers.

vant un biographe, il lui dédiait un de ses ouvrages. Il fut arrêté à Husum, port de mer à 200 lieues de la France ; puis conduit à Hambourg, de Hambourg à Paris, ayant deux gendarmes dans sa voiture et un sur le siège ; on le jeta au donjon de Vincennes en février 1812.

Le 6 février suivant, il fut transféré de Vincennes à la Force. « Comme je descendais le second étage du château, dit-il, je vis sortir d'un cachot un homme d'un certain âge, enveloppé dans une douillette de soie grise. Il me parut être ecclésiastique. Cet inconnu s'approcha de moi et me dit : Je parie que les alliés sont près de Paris? — Quels alliés? répliquai-je. — Mais les Russes, les Autrichiens, les Prussiens. — Ah! pour le coup, me dis-je, c'est un fou. Le malheureux! la captivité lui aura tourné la tête. Sur ce, je monte en voiture, mais je me place aussi loin que possible de sa personne, ayant entendu dire qu'il faut se défier des fous. Une heure après, nous étions à la Force. Quand nous eûmes passé le guichet, on nous demanda nos noms. Je prêtai avidement l'oreille à ce qu'allait répondre mon homme. Il répondit qu'il était évêque de Troyes. — Bon! le voilà évêque; il n'en coûtait pas plus de se faire pape ; et je riais tout bas. J'appris bientôt que le fou n'était rien de moins que le célèbre abbé de Boulogne; et quand je lui fis part de ma méprise, il s'en amusa beaucoup. Je fus logé seul. On mit M. de Boulogne avec M. de Gregorio et le P. Fontana; mais au bout de quelques jours, pour laisser plus de place à ces Messieurs, il me pria de le recevoir dans ma chambre, ce que je fis avec plaisir. Je n'oublierai jamais les six semaines que j'ai passées avec ce digne prélat, si admirable sous tous les rapports. »

A Vincennes, M. le baron de Géramb trouva encore l'abbé Pedicini, secrétaire du cardinal Pacca. Il eut avec ses compagnons de captivité des entretiens qui durent seconder efficacement l'opération de la grâce. Rendu à lui-même, aux paisibles pensées de la solitude, il vit le monde comme il est: fastueux et pauvre, hypocrite et séduisant, un peu de boue sous un chiffon doré; et la lumière se fit. Sa femme était morte en 1808 à Palerme; c'était sa cousine Thérèse, noble de Adda, charmante et pieuse personne, trop pure pour que ciel ne l'enviât pas à la terre. Il avait perdu sa mère le 21 février 1815. De six enfants qu'il avait eus, deux avaient suivi leur mère au tombeau; quatre vivaient encore : Edouard, officier dans les gardes nobles de l'empereur de Russie; Gustave, élève à l'École militaire de Vienne; Adélaïde, pensionnaire dans un couvent d'Ursulines ; Eugénie, qu'il avait confiée aux soins de sa sœur la baronne de Hedl.

Rien donc ne l'attachait plus forcément au monde. Il résolut de le quitter et de passer le reste de sa vie au couvent de Jérusalem.

Effectivement, comme l'avait dit M. de Boulogne, les alliés entrèrent dans Paris le 30 mars, et les prisonniers furent mis en liberté. Sans plus s'occuper désormais de ses intérêts de fortune et autres, la première et la seule idée de M. de Géramb fut de partir pour la Palestine.

En passant à Lyon il apprit que Dom Eugène, abbé de la Trappe de Westphalie, allait établir son institut en France. Cette nouvelle changea ses desseins. Il se dirigea immédiatement vers l'abbaye de Darfeld où il passa une année. Au sortir de Darfeld il vint au Port-du-Salut. Il conserva son costume militaire jusqu'au moment de son entrée à la Trappe, le 11 février 1816, *disant qu'il était toujours général jusqu'à ce qu'il fût Trappiste.* Mais quand parut le P. abbé, il se prosterna et le pria de daigner le recevoir pour son religieux et son fils.

En effet, sa vie dès lors fut celle d'un Trappiste selon l'acception la plus large du mot. Durant que le monde se perdait en conjectures et en suppositions de toutes sortes sur une détermination si violente, les religieux étaient comme frappés de stupeur en voyant la simplicité, l'ardeur, la sainteté du nouveau Frère, et de quelle façon naturelle et modeste il savait s'imposer des mortifications inouïes. Le supérieur dut modérer son zèle et ses austérités ; il lui fut seulement accordé de coucher sur des planches, d'occuper une place après le dernier profès dans les stalles hautes du chœur et de ne boire que de l'eau. Sur le catalogue du monastère, on lisait ces mots indiquant sa place au dortoir et au réfectoire : *Frère Marie-Joseph*. Ses autres noms et qualités n'eussent eu aucun sens dans le monastère : il les avait dépouillés et laissés sur le seuil de l'entrée comme un vêtement nuisible et incommode.

Tel fut son début. La suite y répondit ; sa persévérance ne se ralentit pas un instant. Le 13 avril 1817, après quinze mois de noviciat, il prononça ses vœux, et crut s'ensevelir pour toujours dans le silence et l'obscurité, pour ne plus converser qu'avec Dieu et n'être vu que de lui; mais une circonstance le força presque aussitôt de se produire.

L'Eglise du Port-du-Salut devenait vieille et trop étroite. Elle ne suffisait plus, car le nombre des cénobites augmentait; on résolut, pour la rebâtir, d'avoir recours à la charité des fidèles. Le R. P. Abbé chargea précisément le P. Marie-Joseph de faire la quête. Il parcourut alors successivement Mayenne, Château-Gontier, Laval, Angers surtout, ville bien-aimée où sont bien des souvenirs, la Flèche où le général Daulion le reçut dignement et lui présenta 600 francs, produit d'une collecte faite par ses élèves.

Plus d'une fois durant son voyage il s'arrêta dans les vieux châteaux de la Vendée militaire où se conservent de père en fils les bonnes vertus hospitalières et la simplicité de la vraie noblesse. Là, le Trappiste racontait ses campagnes, ou faisait une ravissante peinture de la vie religieuse. Il touchait aussi le *piano*, et on ne se lassait pas d'admirer son habileté comme sa grâcieuse complaisance, sa politesse supérieure, et l'exquise délicatesse de ses formes.

M. de Géramb, dit *l'Ami de la religion*, est un très bel homme, d'une figure distinguée, d'une éducation parfaite ; il est instruit et parle toutes les langues de l'Europe.

Il revint au monastère avec les offrandes nombreuses qu'il avait recueillies, et fut chargé par le R. P. Abbé de diriger la reconstruction ; il eut le bonheur de la voir achever et bénir. Alors il reprit son silence et l'observation stricte de la règle. Il rentra dans sa chère cellule, pour contempler encore le squelette qu'il avait peint à la tête de son lit et les pensées dont il avait orné les murs : *Cette nuit, peut-être ! — Se taire, souffrir et mourir ! — La sainte volonté de Dieu*, etc., etc.

Quelques années après, il fut chargé de recevoir les étrangers comme frère hôtelier. L'épreuve était délicate ; il y avait là un ressouvenir du monde ; il l'accepta, et s'en tira avec un rare succès. Mais ce fut avec bonheur qu'il rentra de nouveau dans sa retraite de simple frère.

Le frère Marie-Joseph n'est point dans les ordres. Nous saurons bientôt que pour lui donner le titre d'abbé, S. S. Grégoire XVI l'a autorisé à recevoir la tonsure, ce qui était nécessaire, et ce qui suffira si, comme on le prévoit, il était élevé à la dignité de cardinal.

Il mena ainsi purement et simplement la vie religieuse jusqu'en janvier 1827. A cette époque il quitta Laval pour se rendre dans une autre maison de l'Ordre située près de Mulhouse, dans le diocèse de Strasbourg, et connue sous le nom de Notre-Dame de la Trappe du Mont-des-Olives. En 1828, lorsque M. Feutrier voulut d'un coup de plume anéantir les jésuites en France, le P. Marie-Joseph publia une lettre que reproduisirent tous les journaux; et ses éloquentes protestations firent dans le public un effet immense. On n'entendit plus parler de lui jusqu'à la révolution de juillet.

On sait ce qui arriva. L'Église du couvent fut fermée; il fallut quitter l'habit monastique; tout religieux qui n'était pas français dut évacuer le territoire. « Nous, propriétaires, dit-il, étrangers aux évènements, obéissant aux lois, payant nos contributions, nous étions chassés de notre asile par des gens sans droit et sans mission. » Il erra quelque temps comme ses frères; et il écrivit ensuite à l'abbé de Saint-Urbain pour qu'il voulût le recevoir dans la célèbre abbaye de Saint-Bernard, au canton de Lucerne; peu après il s'y rendit.

Cependant les tracasseries en ces lieux même ne manquaient pas aux pauvres trappistes. Vainement le P. Marie-Joseph avait fait de longs séjours à

Soleure et à Berne pour intéresser en leur faveur le gouvernement de ces cantons ; voyant que la réunion des frères en communauté devenait de jour en jour plus difficile, il demanda la permission de faire un pélerinage en Palestine ; il l'obtint. Il obtint également l'agrément du S. Pontife et des lettres de recommandation de la sacrée propagande ; et le 21 juin 1831, à 3 heures du matin, il partit.

Mais avant son départ eut lieu la cérémonie ordinaire. Lorsqu'un religieux quitte le monastère pour un long voyage, il se prosterne devant l'autel, et toute la communauté réunie prie sur lui à haute voix. « O Dieu, s'écrie-t-il, vous savez ce qu'éprouvait votre pauvre serviteur ! »

Il s'embarque pour Altorf sur le beau lac de Lucerne ; une fièvre violente le retient du 2 juillet au 24 août dans cette dernière ville, où il demande la permission d'assister un condamné sur les marches de l'échafaud. Il parcourt le trajet de Fluelen à Altorf. Là il visite la colline de Grütly, et salue les courageux libérateurs de la Suisse, Walter Furst, Arnold de Melchthal, Verner Stauffacher. Il s'agenouille dans la chapelle où se célèbre l'anniversaire de la révolution suisse, au lieu même où Guillaume Tell échappa aux tyrans.

Après avoir traversé le Gothard, admiré cette route nouvelle, digne du génie romain, et senti Dieu de plus près sur ces cimes élevées, comme disent Silvio Pellico et Jean-Jacques, il arrive au Lac Majeur ; il apprend là ce que c'est qu'un bateau à vapeur. Il y a dans son *Pélerinage* des pensées admirables sur ce lac d'un aspect imposant. M. de Géramb l'avait déjà traversé à 18 ans, et ce souvenir l'attriste et l'enchante. Il entre dans Milan dont il décrit la cathédrale comme ferait un artiste consommé ; il rencontre des soldats, des soldats Hongrois, ô douce pensée de la patrie ! son frère lui-même était dans la ville ; depuis Vincennes il ne l'avait pas vu. Devait-il le voir ? il hésite ; mais enfin les deux frères s'embrassent... le Trappiste était bien changé : il avait le front sillonné de rides et la tête chauve.

Le 4 septembre il était à Venise. Il contemple avec stupeur la reine de l'Adriatique, cette veuve oublieuse et méprisée, mais belle et superbe encore, en face de laquelle il faudrait lire les chants funèbres des prophètes sur Tyr et Sidon. Du rivage où le doge épousait la mer et jetait un anneau dans son sein pour assurer sa fidélité, il s'embarque le 7. Le 8 il s'habille en religieux, attache au grand mât une image de la Sainte Vierge, avec un marteau et des clous que lui donne le capitaine Ragazzi, et parvient à faire réciter les litanies à bord. Il peint de la façon la plus charmante le caractère de ce capitaine « si excellent homme, si superstitieux, si enfant, qui lisait *en bredouillant* son breviaire derrière moi, chantait le *Te Deum* ou le *Magnificat*, ouvrait mon portefeuille et ma boîte de pains-à-cacheter, mettait mes lunettes sur son nez, et venait me demander le plus naturellement du monde si j'avais la vue basse. » Il passe devant Corfou et Zante, découvre l'île de Candie. Je voudrais que l'espace me fût donné pour reproduire ses poétiques rêveries sur la lueur argentine de la lune, cette amie des voyageurs et des infortunés, qui eut toujours pour lui des charmes indéfinissables. « Que d'heures j'ai passées à la contempler ! »

Que ne puis-je raconter l'histoire de cette pauvre tourterelle qui s'était réfugiée sur le vaisseau par un temps de tourmente ? « les matelots voulaient la saisir, mais j'étais là pour la défendre. De grand matin, j'entends des cris de joie : on me présente une aile ensanglantée ; un horrible animal, un chat, *Rosso* avait tué la colombe ; y a-t-il du remords dans le cœur d'un chat ?.... Rosso n'a jamais osé se présenter devant moi. »

Le 27 il aperçoit l'île de Chypre. Il jette l'ancre à Larnaca, et débarque le 30. On lui raconte dans l'île de Chypre de vieilles traditions sur saint Paul et saint Barnabé qui l'évangélisèrent. Atteint d'une maladie qu'on nomme *fleur du Nil,* espèce de lèpre qui couvre tout le corps, il était paralytique. « Ce qui m'effraya le plus, ce fut cet œil droit, malgré moi toujours ouvert, qui me regardait fixement et qui semblait me dire : tu vas mourir ! Cependant, dit-il, le mot *peur* n'est pas dans mon dictionnaire. » Il s'applique les paroles et les dispositions de Job.

l arrive à Jaffa le 3 décembre sur la Goëlette Turque Elpis. Il se prosterne pour baiser le sol sacré de la Palestine. Lisez à la page 76 ce qu'il dit du petit Moustapha et des charmantes fredaines de cet enfant. Le P. Marie-Joseph excelle à rendre ces légers détails comme à exprimer les plus sublimes idées. Jaffa était tombé au pouvoir d'Ibrahim-Pacha. « Je pars demain pour Rama, et de là je m'acheminerai vers Jérusalem. » Voici des paroles à consigner : « Le Père Gardien du tombeau de N. S. est toujours un italien, le vicaire toujours un français, le procureur un espagnol. »

Il sort de Jaffa, monte sur un mulet qui avait

pour selle un énorme sac, pour étrier des cordes, pour bride une chaîne passée au cou. « Il me fallut grimper et m'y tenir les jambes si écartées que je suis arrivé presque éreinté à Rama. »

Enfin le 8 décembre il vit Jérusalem, où il entra pieds-nus, par la porte Bab-el-Kzalil. Ici pour le suivre pas à pas, il faudrait plus d'un gros volume, et j'ai bientôt couvert mes 36 pages ; j'indique la page 101 du *Pélerinage*, et j'abrège.

« Sous ce tas de pierre était le palais d'Hérode; sous ces décombres, le lithostrotos ; sous ces pilastres, Jésus rencontra sa mère ; près de ces arcades brisées il parla aux saintes femmes; à cette colonne tenait la porte judiciaire où fut attachée la sentence de Pilate, etc. etc. Ici fut le Prétoire. L'escalier par où monta Jésus a été transféré à Rome (*scala santa*). » Il lit sur le tombeau du Crucifié un livre qu'il avait fait quelques années auparavant : *Au tombeau de mon Sauveur*. Il pénètre dans la mosquée d'Omar où nul ne peut entrer sous peine de mort. Il se baigne dans le Jourdain; s'arrête devant l'endroit où se tenait Lazare. Il lave les pieds à douze petits pauvres, là même où Jésus-Christ les avait lavés à ses apôtres. Il prononce ces paroles inexplicables pour moi : « J'ai été calomnié, persécuté, j'ai fait des ingrats ; jamais mon âme ne fut déchirée comme à l'instant où je m'arrache pour jamais de l'église du Saint-Sépulcre. » Il chante les lamentations de Jérémie sur la malheureuse Jérusalem dont *les rues pleurent,* dont les vierges sont abîmées d'affliction, les portes détruites et les enfants traînés en captivité.

Pour écrire cette partie de sa vie, j'ai suivi, comme on voit, les données du P. de Géramb lui-même ; pour l'autre les notes du savant et saint prêtre M. Badiche. Je répète que le *Pèlerinage à Jérusalem* est un chef-d'œuvre de style, d'exactitude historique et topographique, de philosophie et d'éloquence. On a comparé M. de Géramb à M. de Châteaubriand, et on n'a pas eu tort ; il y a la différence unique et remarquable de l'éducation et du milieu où ils se trouvent. Plus paisible et plus combiné, plus littéraire et plus mondain, l'auteur de l'*Itinéraire* a voyagé comme eût fait Platon ; il a écrit dans son salon d'ambassadeur, avec sa plume d'académicien et sa poésie contemplative et savante. « Je n'ai appris nulle part à écrire, dit M. de Géramb. » Son imagination brûlante, ses caprices aventureux, ses éclats d'enthousiasme, sa verve impatiente et orageuse, voilà le fond de ses ouvrages; la forme a revêtu d'elle-même la pensée, sans étude de long cours, sans apprêt. Le comble de l'art chez le premier fut d'atteindre à la nature de l'autre, tout en évitant ses incorrections; le comble du beau pour le second serait de joindre à ses illuminations sublimes le fini prosodique de l'autre. Qui sait si M. de Géramb n'eût pas été M. de Châteaubriand dans le siècle, et M. de Châteaubriand le frère Marie-Joseph à la Trappe.

J'invite mes lecteurs à lire le *Pélerinage* dont je n'ai pu donner qu'un aperçu trop incomplet, et je traverse rapidement la distance qui sépare 1836 de 1840.

Dans un écrit publié en 1838, il explique les motifs qui déterminèrent son voyage de 1837 à Rome. Son premier soin fut de baiser les pieds du Saint-Père; il lui rendit compte de son voyage en Terre-Sainte, et s'établit dans une communauté, faisant dès-lors les fonctions de procureur-général de la Trappe, congrégation de France, et porté sous cette rubrique dans l'Ordo de la congrégation. Il fut ensuite nommé abbé, ainsi que je l'ai dit, et j'ai vu le bref honorable et flatteur que le Pape lui adressa. Grégoire XVI l'affectionne beaucoup ; le peuple de Rome le sait si bien qu'on entend souvent dire : *Il padre Geramb sarà cardinale.* Lorsqu'il revint à Paris, en 1838, le S. P. le chargea de remettre à la reine Marie-Amélie un grand cierge de N. D. de Lorette. Le P. de Géramb fut donc à la cour en grand costume d'abbé, tenant le cierge à deux mains, et non sans peine, tant le cierge était gros et lourd ; ce qui fit sourire, dit-il, tous les valets de ce pays-là ; il ajoute que ces sourires lui causèrent de l'impatience, et qu'il se sentit un peu trop de feu au cœur ; mais il se contint. La reine fut pour lui d'une affabilité ravissante ; Louis-Philippe, ayant appris son arrivée, vint le trouver dans la chambre de Marie-Amélie et le nomma aussitôt par son nom ; ils eurent un entretien de plus d'une heure. Louis-Philippe et le P. Marie-Joseph se séparèrent en se donnant la main, et la reine lui fit présent d'un crucifix d'ivoire.

La reine lui rappela comme la princesse Christine avait eu peur de lui lorsqu'après la mort de sa femme, il se présenta vêtu de noir à la cour. La naïve enfant le prenait pour un diable, et en le voyant, tombait dans des crises alarmantes. On se rappela aussi le fait suivant : Le roi et la reine de Naples venaient de marier Marie-Christine avec le duc d'Aost, depuis roi de Sardaigne. Le moment de la séparation fut cruel, surtout pour la princesse Marie-Amélie qui n'avait jamais quitté sa sœur. Le couple royal s'embarqua sur le *Tancrède* pour Cagliari. Le lendemain, le baron de Géramb trouva la reine à la fenêtre, suivant de l'œil avec une lunette, le vaisseau qui portait deux personnes si chères à son cœur. « Regardez, dit-elle, comme mes enfants doivent souffrir. » M. de Géramb n'eût pas plus tôt quitté la princesse, qu'il prit une barque, se lança sur la mer en habit de cour, en bottes garnies d'éperons, et le sabre au côté. Il avait pris avec lui cinq matelots. Une vague suffisait pour les ensevelir. Le temps était à la tempête. Les marins lui criaient : *O molto m'inganno o siamo qui sette matti*. Vingt fois ils faillirent couler; mais enfin la barque toucha au vaisseau; il demanda des nouvelles de Leurs Altesses, et après plus d'un péril encore, vint les rapporter à la reine qui lui fit quelques reproches, mais ajouta : « Je vous gronde, mon cher Géramb, croyez pourtant que je ne vous oublierai jamais. »

Dans l'automne de 1838, il passa par Lyon, cette ville qu'il aime tant, pour se rendre de nouveau à Rome. Il fut une fois malade à Frascati où il reçut la visite du Pape avec une instante invitation à dîner lorsqu'il serait rétabli. Le Saint-Père lui ordonna aussi l'usage du gras dont il s'était abstenu depuis 1815. Sa santé ne s'est plus améliorée. On lui conseilla les eaux de Vichy ; et là, comme partout ailleurs, il fut l'objet de la curiosité générale? Est-ce un Évêque, demandait-on? « Oui, dit une bonne femme, c'est celui qui est le premier après le Pape...! » Déjà un jeune prêtre, en le voyant au palais quirinal avec son grand habit blanc et au milieu de plusieurs ecclésiastiques, l'avait pris pour le Pape, et s'était jeté à ses pieds, ce qui divertissait beaucoup Grégoire XVI.— Nous sommes deux papes à présent, disait le saint vieillard : *Il padre Geramb, ed io.*

Dernièrement le P. Marie-Joseph demeurait à l'hôtel du bon La Fontaine. Sa maladie avait pris un caractère plus grave, et résistait aux soins des religieuses du Bon-Secours et du savant M. Récamier. Il appela près de lui le P. Bernard, l'ex-prieur de la Trappe, et voulut recevoir le Saint-Viatique avec la permission de M. le curé de Saint-Thomas-d'Aquin. M. Badiche lui donna donc la communion, en présence du P. abbé vicaire-général. Il portait sa coule monastique et sa croix abbatiale.

Au mois de septembre, il pria le P. Bernard de porter aux Pères sa démission de Procureur-général. Le Chapitre, dans une lettre charmante signée de tous les Abbés et Prieurs, lui annonça au contraire sa confirmation. C'est pourquoi il repartit pour Rome, en passant toujours par Lyon où il ressentit ses premières attaques de goutte. Il avait appris, quelque temps auparavant, un accident terrible : son fils, qui combattait pour la Russie, dans les provinces circassiennes, avait été blessé grièvement ; il était mort des suites de ses blessures. Le P. de Géramb offrit à Dieu son sacrifice, et adressa une lettre aux communautés pour réclamer leurs prières.

Le 7 mai, il quitte Jérusalem à six heures du matin, et revient par Jaffa ; il adore à Nazareth Jésus naissant ; il traverse la Galilée, le Thabor ; contemple ce lac de Tibériade si plein de souvenirs, Capharnaüm le champ de consolation, la montagne des Béatitudes, le Mont-Carmel où il reçoit l'hospitalité de ces excellents Carmes si ingénieux à perdre leur origine jusque dans la nuit des siècles, et à trouver des Carmes en tout et partout (1). On lui conseillait de faire une visite aux ruines de St-Jean-d'Acre, et à Ibrahim ; « Non, dit-il, je n'aime ni les révoltes ni les révoltés. » Il rencontre à Beyrouth M. et Madame de Lamartine avec Julia, cette charmante enfant sitôt ravie à l'amour de la terre. « Je ne saurais vous dire combien fut vif le plaisir que me causa cette rencontre. Les poésies de M. de Lamartine m'ont fait passer des moments si doux ! » Le 14 mars 1832, il sort de Damas. Le 7 octobre, Méhémet-Ali est informé de son arrivée à Alexandrie et désire le voir ; M. de Géramb se présente à lui ; il a fait en quelques lignes (2) la meilleure biographie que je connaisse du vice-roi. Il le juge ainsi : « Méhémet est un de ces esprits vastes, mais inquiets et turbulents dont parle Massillon, un de ces esprits capables de tout soutenir hors le repos, qui tournent sans cesse autour du pivot qui les fixe et les attache, et qui aiment encore mieux ébranler l'édifice et être écrasés sous ses ruines que de ne pas s'agiter et faire usage de leurs talents et de leurs forces. Le 2,

---

(1) Les Carmes disent qu'Adam fut Carme, J.-C. Carme, la Vierge Carmelite, et Dieu lui-même Carme.
(2) Page 31, 3ᵉ vol. *Pélérinage*.

à quatre heures du soir, accompagné d'un drogman et des janissaires du consulat, le frère Marie-Joseph parut au palais du Pacha ; il était vêtu en trappiste, ayant à sa ceinture la croix de bois surmontée d'une tête de mort et son chapelet. Méhémet était assis dans son divan, sur un tapis d'or, et fumait sa pipe. « Nous le saluâmes à l'européenne, et il mit la main sur son cœur et nous fit signe de nous asseoir, le consul à sa gauche, moi à sa droite. On nous apporta aussitôt du café, et la la conversation, qu'il ouvrit lui-même, dura trois heures, au grand étonnement de toute sa cour. Il me questionna sur l'Europe, et m'écoutait avec une attention particulière. Il me raconta sa vie, me vanta surtout sa prodigieuse mémoire, et aborda la question de sa lutte contre le sultan. Il prononçait souvent le nom de Dieu, et alors sa tête, dont une barbe blanche, longue, épaisse, relève la la beauté, prenait une attitude religieuse ; son regard vif et perçant se dirigeait et s'arrêtait vers le ciel. Méhémet non-seulement fume, mais il prend habituellement du tabac ; tous les quarts-d'heure un officier vient lui présenter une tabatière en or où il puise une prise, et se retire en silence. En entrant, on m'avait regardé comme un objet de curiosité ; en sortant, comme le puissant Mohamed m'avait accordé une conférence extraordinaire, je vis les courtisans d'Alexandrie faire pour moi ce que j'avais vu les courtisans d'Europe faire pour tant d'autres ; je fus comblé de prévenances, de politesse et d'égards ; j'avais obtenu du vice-roi un firman et des lettres de recommandation pour les gouverneurs d'Égypte. » Ce firman, si curieux à connaître, se trouve traduit page 43 de son Voyage.

M. de Géramb quitta Alexandrie le 6 janvier 1833 et se rendit au Caire. Enfin ses yeux purent voir le Nil, ce roi des fleuves que les Egyptiens appellent le *bon,* le *béni,* le *sain,* l'*abondant,* le *sacré,* le *don de Dieu.* Il récite son bréviaire aux pieds des Pyramides et du Sphynx. Il donne une larme à la mort malheureuse du brave Kléber. Arrivé à Suez, dont les environs sont d'une mélancolie difficile à décrire, il découvre, sous la poussière de cette ville sale et infecte, les traces de l'ancienne Arsinoé et les souvenirs de Cléopâtre, l'impudique maîtresse d'Antoine. Il trouve à Suez une affluence extraordinaire de pélerins mahométans qui étaient venus sur une barque pour aller jusqu'à Thor et de là se rendre à la Mecque. Il entre dans l'Arabie-Pétrée, s'approche des *sources de Moyse* ; et là, le 20, Mercredi des Cendres, ramasse un peu de terre et s'en marque le front. Il aperçoit la cîme auguste du Sinaï, et s'assied à la table des religieux de la Transfiguration. Il visite la Haute-Egypte avec MM. d'Estourmel et de Gontaut. Enfin il revient à Alexandrie, s'embarque pour Malte sur un bâtiment maltais, le *Conradino*, et se propose de passer par Naples pour aller à Rome et regagner ensuite le monastère de Saint-Urbain. A Rome, il déposera aux pieds du S. P. l'hommage de sa reconnaissance ; il reverra ses compagnons de cachot de Vincennes ; mais des lettres l'avertissent de renoncer à ce projet. Nouveau sacrifice dont il est un peu consolé lorsqu'il apprend que les religieux de la Trappe sont heureusement rentrés au Mont-des-Olives. Le 22 décembre, il écrit : « Me voici au terme de mon pèlerinage, je suis à Saint-Urbain. » Il fut reçu avec une joie vive, conduit processionnellement à l'église, et le supérieur récita sur lui le *suffrage* prescrit par les saintes règles.

Je termine par l'anecdote suivante, qui mérite bien une place ici.

Il est d'usage qu'à la Purification, chaque supérieur d'ordre présente un cierge au Saint Père. Le 2 février 1840, le P. de Géramb présenta le sien. Il était vraiment colossal, et enrichi de deux vers dont voici le sens : « Puissiez-vous vivre autant d'années qu'il y a de gouttes de cire dans ce cierge. — A condition, père Géramb, dit Grégoire XVI, que vous viendrez me le présenter chaque année jusqu'à la fin. » Que ce double vœu s'accomplisse !

Or, que dirai-je en me résumant sur M. de Géramb ? Dans les positions extraordinaires où il s'est trouvé, il a dû faire naître bien des suppositions et bien des fables. Il a quelque chose des héros d'Homère ou de l'Arioste : ses proportions sont en même temps vastes et insaisissables ; ses vertus sont des passions. Je ne sais si réellement il s'est battu en duel sur le Vésuve pour une fantaisie de jeune homme, mais je crois qu'il le ferait comme St-Ignace pour défendre l'immaculée conception. Il faut être pur comme un séraphin ou d'une grande poésie d'imagination pour s'expliquer par l'envie de glorifier Dieu les apparences vaniteuses de ses autobiographies. On le dit fort sensible à la critique, lui qui est un trappiste inouï ; qu'il égare son anneau d'abbé, c'est assez pour qu'il gronde, et s'irrite contre les choses et les gens qui l'entourent, tandis qu'il se jette à plat ventre au réfectoire du couvent et qu'il demande grâce pour un couteau qu'il aurait laissé tomber par mégarde. Quelqu'un me dit avoir dîné avec lui et l'avoir jugé un excellent convive; au couvent, nul n'égale ses austérités.

On dit aussi qu'il aime la vie des salons et les sociétés bruyantes, et on sait qu'il faisait fermer sa porte à tous les visiteurs, quelle que fût leur distinction, durant ses séjours divers à Paris. N'est-il pas vrai que sa sœur elle-même ne put obtenir de lui parler aux Missions Étrangères, qu'après des explications répétées, sa sœur qu'il n'avait pas vue depuis quinze ans! Comme tous les hommes d'une haute valeur, il a beaucoup d'admirateurs dans le Clergé, et quelques détracteurs. En égard à ces contradictions bien déplorables, les générations à venir s'enquerront de ce qu'il fut, et le sauront difficilement; son histoire partagera le sort de toutes celles du monde. En attendant, je souhaiterais à ce pauvre monde un peu des vertus du P. de Géramb, et je me réjouirai d'autant plus dans ma conscience chrétienne que les ecclésiastiques eux-mêmes s'approcheront davantage de ce modèle admirable.

Paris.—Imprimerie de A APPERT, passage du Caire, 54.

www.ingramcontent.com/pod-product-compliance
Lightning Source LLC
Chambersburg PA
CBHW072211240426
43670CB00038B/748